dtv

W0053278

Wie gelingt es Paaren, den hohen Scheidungsraten zum Trotz eine gute Ehe zu führen? Was ist ihr Geheimnis? Die bekannte Ehetherapeutin Judith S. Wallerstein und die Journalistin Sandra Blakeslee haben fünfzig Paare aus verschiedensten sozialen Schichten und Altersgruppen über mehr als zwei Jahre hinweg begleitet. Sie widmen sich der Frage, welche »Hausaufgaben« diese Paare für ihr Glück gemacht haben. »Denn letztlich«, so Judith S. Wallerstein, »ist es absurd zu behaupten, daß die Sehnsucht nach Liebe und Vertrautheit in der Ehe passé ist.« In jeder Partnerschaft gibt es neun notwendige Aufgaben, die das Paar gemeinsam lösen muß, zum Beispiel die richtige Balance zwischen Wir und Ich zu finden und Raum für Auseinandersetzungen, aber auch für gemeinsames Lachen zu schaffen.

»Gute langlebige Partnerschaften funktionieren ›ganz anders‹. Eine Mammutstudie der bekanntesten Scheidungsforscherin der Welt beweist es.« (›Hörzu‹)

Judith S. Wallerstein ist Klinische Psychologin und hat sich international als Expertin für die Auswirkungen von Ehescheidungen auf die Partner und deren Kinder einen Namen gemacht. Sie ist Gründerin des »Center of Family in Transition« in Kalifornien und seit über vierzig Jahren glücklich verheiratet.
Sandra Blakeslee ist Journalistin bei der ›New York Times‹.

Judith S. Wallerstein
Sandra Blakeslee

Gute Ehen

Wie und warum die Liebe bleibt

Aus dem Englischen
von Sonja Hauser

Deutscher Taschenbuch Verlag

Ungekürzte Ausgabe
Dezember 1998
2. Auflage Juni 1999
Deutscher Taschenbuch Verlag GmbH & Co. KG, München
© 1995 Judith S. Wallerstein, Sandra Blakeslee
Titel der amerikanischen Originalausgabe:
The Good Marriage. How and Why Love Lasts.
Houghton Mifflin Company, Boston/New York 1995
© der deutschsprachigen Ausgabe:
1996 Beltz Quadriga Verlag, Weinheim und Berlin
ISBN 3-88679-280-3
Umschlagkonzept: Balk & Brumshagen
Umschlagfoto: © P. Sinclair/IFA-Bilderteam
Gesamtherstellung: C. H. Beck'sche Buchdruckerei, Nördlingen
Gedruckt auf säurefreiem, chlorfrei gebleichtem Papier
Printed in Germany · ISBN 3-423-36119-0

Inhalt

Die traditionelle Ehe

Ein zweiter Blick auf die Ehe

Anhang

Gedanken über die Ehe

Glückliche Ehen:
Gibt es sie wirklich?

————•◦•————

Meine ersten Überlegungen zu diesem Buch stellte ich einer Gruppe von ungefähr hundert berufstätigen Freundinnen und Kolleginnen vor. Wir treffen uns jeden Monat, um unsere jeweiligen Arbeiten zu diskutieren.

»Mich würde interessieren, wie gute Ehen funktionieren«, sagte ich voller Erwartung. »Über die glückliche Ehe ist so gut wie nichts bekannt. Deshalb habe ich beschlossen, einige langjährige Ehen unter die Lupe zu nehmen, in denen sich Mann und Frau wohlfühlen.« Ich sah mich in dem Raum voll attraktiver, gebildeter Frauen um. »Würden sich ein paar von euch zusammen mit ihren Männern für diese Studie zur Verfügung stellen?«

Alle lachten.

Ich war verwirrt. Im Lachen dieser Frauen schwangen Zynismus, Nervosität und Ungläubigkeit mit, als wollten sie sagen: »Du glaubst doch wohl nicht, daß es in den Neunzigern noch so etwas wie eine glückliche Ehe gibt?«

Viele Frauen in der Gruppe waren geschieden, manche hatten wieder geheiratet, andere waren Singles. Eine ganze Anzahl von ihnen war zu dem Schluß gekommen, daß man die Ehe nicht so ernst nehmen sollte. Doch wenn ihre Kinder beschlossen zu heiraten, berichteten eben diese Frauen voller Stolz darüber und ließen sich von den anderen Angehörigen der Gruppe gratulieren. Niemandem schien der Widerspruch aufzufallen.

Erst später wurde mir klar, daß ich einen wunden Punkt getroffen hatte. Für viele weckte meine ahnungslose Erwähnung glücklicher Ehen verschüttete Erinnerungen an Liebe und Vertrautheit. Einen Augenblick lang hatten sich die Sehnsüchte der Frauen zu Wort gemeldet, dann war ihnen die Enttäuschung darüber wieder eingefallen, daß diese Sehnsüchte nie erfüllt worden waren. Deshalb hatten sie gelacht.

Diese Mischung aus Zynismus und Hoffnung ist mir genauso vertraut wie Millionen von anderen Männern und Frauen. Wir alle fühlen uns beim Gedanken an die gegenwärtige Form von Ehe und Familie zutiefst unwohl und fragen uns sogar manchmal, ob die Ehe als Institution überleben kann. Doch gleichzeitig hegen wir für unsere Kinder die Hoffnung, daß ihre Ehe halten wird. Ich persönlich glaube nicht, daß diese Hoffnung falsch ist.

In Amerika und Europa ist es in den letzten Jahren so häufig um Scheidung und familiäre Krisen gegangen, daß wir die guten Ehen um uns herum, von denen wir lernen könnten, nicht mehr wahrnehmen. Schließlich ist unser Zuhause der einzige Ort, an dem wir eine Welt nach unserem Geschmack schaffen können; es ist der letzte Ort, an dem wir Verzweiflung empfinden sollten. Zum ersten Mal in der Geschichte können heute Männer wie Frauen ihre Ehe selbst gestalten, nach ihren eigenen Regeln und Erwartungen.

Es ist meines Erachtens absurd zu behaupten, daß die Sehnsucht nach Liebe und Vertrautheit in der Ehe passé ist. Die Männer und Frauen, mit denen ich es in meiner fünfundzwanzigjährigen Beschäftigung mit Scheidungen zu tun gehabt habe, sahen sich zum größten Teil noch vor Abschluß der Scheidung nach einer neuen Beziehung um. In Umfragen zur Lebensqualität steht bei Amerikanern und Europäern nach wie vor der Wunsch nach einer glücklichen Ehe an erster Stelle – noch vor dem nach Freunden, einer Arbeitsstelle und Geld. Mehr denn je brauchen wir in unserer schnelllebigen Welt einen dauerhaften Lebenspartner. Wir wünschen uns erotische, einfühlsame, leidenschaftliche, zärtliche, fürsorgliche Liebe. Wir sehnen uns nach Freundschaft, Einfühlungsvermögen, Ermutigung, Verständnis und Bewunderung nicht nur für das, was wir erreichen, sondern auch für das, was wir versuchen und nicht schaffen. Wir wünschen uns eine Beziehung, in der wir unsere unausgegorenen Ideen und tiefsten Ängste ohne Scham aussprechen können. Wir wünschen uns einen Partner, für den wir einzigartig und unersetzlich sind.

Eine gute Ehe kann der Einsamkeit in überbevölkerten Großstädten und dem Wettbewerbsdruck des Arbeitsplatzes entgegenwirken. Sie kann eine Zuflucht bieten vor einer zunehmend anonymen Welt, in der so viele Leute mehr mit Maschinen als mit ihren Mitmenschen zu tun haben.

Männer und Frauen in einer guten Ehe mit Kindern haben einen Bezug zur Vergangenheit und ein Interesse an der Zukunft. Die Familie stellt ein wichtiges Bindeglied in der menschlichen Geschichte dar. Indem Eltern Verantwortung für die nächste Generation übernehmen, finden sie einen Lebenssinn und eine gestärkte eigene Identität.

Leider wissen wir erstaunlich wenig darüber, was eine gute Ehe tatsächlich ausmacht.

Ich habe mich fast mein ganzes berufliches Leben lang mit der Familie auseinandergesetzt und viele Veränderungen bei Männern und Frauen sowie in der Einstellung der Gesellschaft gegenüber der Ehe und Kindern beobachtet. 1980 gründete ich ein großes Forschungszentrum in der San Francisco Bay Area für Untersuchungen dieser Art.

In den letzten zwanzig Jahren hat sich der Charakter der Ehe durch die veränderte Rolle der Frau und die höheren Erwartungen beider Geschlechter gewandelt. Ohne es zu merken, haben wir einen Rubikon überschritten. Zum ersten Mal in der Geschichte ist die Entscheidung, verheiratet zu bleiben, vollkommen freiwillig. Alle Beteiligten können jederzeit gehen – das wissen alle, auch die Kinder.

In Amerika wie in Europa endet eine von zwei bzw. drei Ehen mit der Scheidung; eins von drei Kindern hat mit der Trennung der Eltern zu rechnen. Junge Erwachsene machen sich Sorgen über das Wesen der Ehe. Bei jeder Hochzeit fragen sich die Gäste insgeheim, ob diese Ehe halten wird.

Um zu verstehen, wie die Struktur der Gesellschaft und ihre Erwartungen sich verändert haben, sollten wir uns die Ehe im Zentrum zentripetaler Kräfte, die nach innen ziehen, und zentrifugaler Kräfte, die nach außen drücken, vorstellen. Früher waren die zentripetalen Kräfte – Gesetz, Tradition, Religion, Einfluß der Eltern – stärker als diejenigen, die eine Ehe zerbrechen konnten, zum Beispiel Untreue, Mißbrauch, Geldnot, enttäuschte Erwartungen oder die Verlockungen des Neuen. Heute hat sich das Gleichgewicht verschoben.

In modernen Ehen, in denen die Menschen mehr Überstunden machen, oft verreisen müssen und Beruf und Familie unter einen Hut zu bringen versuchen, wirken mehr Kräfte auf die Beziehung ein als je zuvor: die Anforderungen, die die Arbeitsplätze beider Partner erheben; die sich wandelnden Werte des gesellschaftlichen Umfelds; die Sorge, finanziell über die Runden zu kommen; geographische Veränderungen, Arbeitslosigkeit und Rezession; Kindererziehung und viele andere Fragen.

Im Ehebett drängen sich mindestens sechs Menschen – das betroffene Paar und die jeweiligen Eltern. Dazu kommt eine

Ansammlung von einander widersprechenden persönlichen Werten und sich verändernden sozialen Einstellungen: die Verwirrung über die jeweiligen Geschlechterrollen, die Gleichgültigkeit der Gesellschaft gegenüber langjährigen Ehen, das Vermächtnis einer egoistischen, übertrieben feministischen oder vom Machoideal geprägten Gesellschaft. Die Leichtigkeit, mit der man sich scheiden lassen kann, und die veränderte Einstellung gegenüber der Dauerhaftigkeit der Ehe sind selbst zu zentrifugalen Kräften geworden.

Jahrelang hatte ich über die Folgen einer Scheidung für alle Betroffenen geforscht, doch nun war es an der Zeit, intensiver über die Ehe nachzudenken. Ich beschloß, eine qualitative Studie von fünfzig Paaren zu entwerfen, denen es trotz der allgemein verbreiteten Schwierigkeiten gelungen war, dauerhafte, glückliche Ehen aufzubauen. Als erstes stellte ich eine Liste von Fragen zusammen: Sind die Menschen in guten Ehen anders als die Männer und Frauen, deren Ehen zerbrechen? Gibt es allgemein gültige Strategien, um mit unausweichlichen Krisen umzugehen? Was können wir lernen über die Partnerwahl, über den Sex, die Belastungen am Arbeitsplatz, die Untreue, ein neues Baby, über die Pubertät, den mittleren Lebensabschnitt, das Alter und den Ruhestand? Wie sieht eine glückliche Ehe für verschiedene Altersgruppen aus? Was sind die wichtigsten Themen in den jeweiligen Lebensabschnitten? Was macht Männer glücklich? Was macht Frauen glücklich? Was schätzen die Partner aneinander? Was erachten sie als den Kitt der Ehe?

Ich war mir von Anfang an darüber bewußt, welchen Beschränkungen eine solche Studie unterliegt. Unter anderem besteht das Risiko, daß sich labile Paare melden, die durch die Befragung eine Anerkennung ihrer Ehe erhoffen. Außerdem ist man in seiner Auswahl möglicherweise voreingenommen;

man muß sich auf Freiwillige verlassen und hat nur wenige Paare zur Verfügung. Trotzdem hatte ich das Gefühl, daß der Nutzen, das heißt die Erkenntnisse über das subjektiv definierte Glück in der Ehe, größer sein würde als alle Risiken. Ich beschloß, alle Beteiligten über einen Zeitraum von zwei Jahren einzeln und mit dem Partner zu befragen.

Fünfzig Paare mögen als zu geringe Basis für allgemein gültige Feststellungen über die Ehe erscheinen, doch meine Absichten sind viel bescheidener. Ich habe nach Gemeinsamkeiten und individuellen Unterschieden gesucht, weil ich hoffte, Strukturen zu finden, auf denen sich generelle Hypothesen aufbauen lassen. Ich betrachte das Unternehmen als Pilotstudie. In weiteren Projekten könnten mehr Paare aus einem breiteren ethnischen, geographischen und wirtschaftlichen Spektrum sowie homosexuelle Lebensgemeinschaften erfaßt werden.

Die Paare in meiner Befragung gehören der Mittelschicht an. Sie stellen einen ersten Ausschnitt aus einer vorgegebenen sozioökonomischen Gruppe dar – einer Gruppe, die starken Einfluß auf die gesellschaftlichen und kulturellen Trends ausübt.

Die Gruppe teilte sich fast gleichmäßig in Leute auf, die in den fünfziger, sechziger, siebziger und frühen achtziger Jahren geheiratet hatten. So gelangten wir zu einem Überblick über die Veränderungen, die sich in bezug auf die Ehe in den letzten vier Jahrzehnten ereignet haben: die sexuelle Revolution, die Frauenbewegung, die wachsende Zahl der Doppelverdiener.

Meine Kriterien für die Auswahl der Paare waren simpel: Mann *und* Frau mußten der Meinung sein, daß sie eine glückliche Ehe führten. Sie mußten seit mindestens neun Jahren verheiratet sein, weil die Zahl der Scheidungen in den ersten

Jahren besonders hoch ist. Die kürzeste Ehe der Befragten währte bereits zehn Jahre, die längste vierzig. Die Teilnehmer mußten sich zu ausgedehnten Interviews bereit erklären. Ich befragte sie einzeln und dann zusammen, jeweils bis zu drei Stunden lang. Die meisten Leute wurden zu Hause oder an ihrem Arbeitsplatz interviewt, weil ich sie in der Umgebung sehen wollte, die sie selbst geschaffen hatten.

Anfangs wollte ich mich nur mit Erstehen befassen, doch schon bald beschloß ich, Zweitehen mit Kindern in die Befragung einzubeziehen. Zu diesem Schritt habe ich mich entschlossen, weil Verheiratete ohne Kinder sich psychologisch und gesellschaftlich ziemlich anders verhalten als Paare mit Kindern. In manchen Fällen habe ich die Kinder kennengelernt, einige Male habe ich sogar mit ihnen gesprochen oder gespielt.

Ein sehr wichtiges Ziel der Studie bestand darin herauszufinden, was die Verheirateten unter »glücklich« verstanden. Worauf führten sie ihr Glück zurück? Waren sie von Anfang an glücklich, und wenn nein, wie schafften sie es dann, es zu werden?

Viele Jahre der Beschäftigung mit scheidungswilligen Paaren haben mir gezeigt, wie wenig man von außen über eine Ehe sagen kann. Oft stimmt das Innere nicht mit der Fassade überein. Deshalb besteht das Problem darin, wirklich bis an die Basis der Ehe vorzudringen und sich nicht vom äußeren Schein trügen zu lassen.

In meinen Interviews mit verheirateten Paaren interessierten mich nicht nur ihre Ansichten über die Ehe der Eltern, sondern auch ihre Beziehung zu den jeweiligen Elternteilen. Ich erkundigte mich nach Erfahrungen in der Pubertät und im jungen Erwachsenenalter, zum Beispiel ihre ersten sexuellen Erfahrungen, die Schritte, die zur Ehe führten, und eventuelle Bedenken in dieser Hinsicht. Ich versuchte, mir ein Gesamtbild über die Ehe zu machen. Dazu gehörten Konflikte, Sex, außereheliche Beziehungen, Haushalt, Arbeit, Freunde, Familienangehörige, Krisen, Todesfälle und natürlich auch die Kinder. Mein Ziel war es, die Lebenserfahrungen der Partner vor der Ehe zu verstehen, die Faktoren, die sie zusammengebracht hatten, und die Veränderungen während der Ehe. Mich interessierten auch Phantasien, Wege, die nicht eingeschlagen worden waren, und Wünsche, die nie erfüllt wurden. Schließlich wollte ich etwas über die Einstellung der Partner der Vergangenheit gegenüber erfahren und ihnen Ratschläge für andere Paare entlocken.

Glückliche Ehen sind nicht ohne Probleme. Es gibt gute und schlechte Zeiten, und die Partner müssen sich allein oder gemeinsam schweren Krisen stellen. Auch glücklich verheiratete Männer und Frauen haben Depressionen, streiten sich, müssen sich mit den Anforderungen am Arbeitsplatz oder dessen Verlust auseinandersetzen, sehen sich mit den Schwierigkeiten von Kindern und fast Erwachsenen sowie mit sexuellen Frustrationen konfrontiert. Sie weinen und brüllen einander an. Sie kommen aus labilen oder stabilen Familien. Alle Ehen haben immer auch mit den Geistern der Vergangenheit zu tun.

Bei der Beschäftigung mit diesen Paaren stellte ich fest, wie sehr der Charakter der Ehe sich im Verlauf der letzten Jahrzehnte verändert hat. Das spiegelt sich in den unterschiedlichen Erwartungen und Erfahrungen der Männer und Frauen wider, die in den fünfziger bis frühen achtziger Jahren heirateten. Besonders auffallend ist dabei die sexuelle Erfahrung der Frauen vor der Ehe und ihre Rolle innerhalb dieser Ehe. Alle Frauen, die in den fünfziger Jahren heirateten, waren entweder noch Jungfrau oder bei der Hochzeit schwanger. Von denen, die Anfang der achtziger Jahre heirateten, war keine mehr Jungfrau. Manche von ihnen hatten seit ungefähr dem fünfzehnten Lebensjahr sexuelle Erfahrungen mit mehreren Partnern gesammelt. Auch die zunehmende Zahl von Doppelverdienern und die wachsende Angst vor einer Scheidung schlugen sich auf die Erfahrungen dieser Paare nieder.

Die Ehe ist eine sich ständig wandelnde Beziehung und muß deshalb immer wieder von neuem beleuchtet werden. Deshalb habe ich mich zwei Jahre nach dem ersten Interview noch einmal mit jedem Paar in Verbindung gesetzt, und alle erklärten sich zu einer zweiten Befragung bereit. In dieser verhältnismäßig kurzen Zeit, einer Periode der wirtschaftlichen Rezession, hatten sich alle möglichen Veränderungen ergeben. Aber keins der Paare hatte sich scheiden lassen.

Ich möchte betonen, daß ich nicht über langjährige Ehen an sich schreibe. Es gibt Menschen, die Lethargie, Angst, beiderseitige Ohnmacht oder wirtschaftliche Abhängigkeit jahrzehntelang in Ehen zusammenhält, die meiner Meinung nach nichts weiter sind als eine leere Hülle. Dies jedoch ist ein Buch über Ehen, in denen sich beide Partner darüber einig sind, daß die Beziehung sie zufriedenstellt.

Ich sollte außerdem noch sagen, daß dies kein Ratgeber ist. Sie werden auf den folgenden Seiten keine Ratschläge darüber finden, wie Sie mit Ihrem Mann streiten sollen, um Ihre Ehe zu festigen, wie Sie Ihr Sexleben mit neuen Techniken bereichern können oder was Sie machen sollen, wenn ein Arbeitskollege Ihnen immer wieder erzählt, daß seine Frau ihn nicht versteht. Ich werde Ihnen weder zehn einfache Schritte zum Glück noch ein Allheilmittel gegen familiäre Auseinandersetzungen anbieten. Ich glaube nicht nur, daß diese Ansätze nicht helfen, sondern auch, daß sie die zentrale Beziehung des

Erwachsenenlebens trivialisieren. Statt dessen habe ich versucht, in diesem Buch das Innere einiger geglückter Ehen zu beschreiben.

Wie frühere Kartographen habe ich wahrscheinlich große Ozeane übersehen oder ungewollt ganze Kontinente miteinander verbunden. Zweifelsohne gibt es mehr Arten von glücklichen Ehen, als ich auf diesen Seiten dargestellt habe. Doch es handelt sich dabei ja auch um eine Pilotstudie mit allen Stärken und Vorbehalten eines solchen Projekts.

Ehemodelle

—◦—

Bereits das erste Gespräch, das ich für diese Untersuchung führte, steckte voller Überraschungen. Ich traf mich mit einem zweiundfünfzigjährigen Ingenieur in dessen Büro, wo er hinter seinem Schreibtisch mit Tabellen, Berichten und Computerausdrucken saß. »Ich habe meine Frau mit dreißig geheiratet«, sagte er, »und da habe ich sie gemocht, mehr nicht. Davor war ich ein recht aktiver Junggeselle gewesen und hatte mit vielen schönen Frauen geschlafen. Aber von meiner jetzigen Frau erwartete ich mir etwas anderes. Als wir heirateten, habe ich sie nicht geliebt. Zwei oder drei Jahre später allerdings wurde mir klar, daß sie die erste Frau war, die ich wirklich liebte.«

»Und was lieben Sie an ihr?«

»Sie ist nicht nur schön, sondern auch integer und läßt sich kein X für ein U vormachen. Bestimmte Dinge sind ihr wichtig, und da hält sie mit ihrer Meinung nicht hinterm Berg.«

Später fragte ich: »Wie treu sind Sie ihr gewesen?«

»Ich bin fremdgegangen.«

»Wie oft?«

»Zweimal. Das waren kurze Affären, auf Geschäftsreisen.« Er mußte lachen. »Aber das kann man vergessen, das hat sich nicht gelohnt.«

Ein paar Tage später führte ich mein zweites Interview. Die Frau, die ich besuchte, legte ein Kaffeeservice aus Sterlingsilber auf und servierte die schönsten Erdbeeren, die ich je gesehen hatte. Ich fragte: »Wieso empfinden Sie Ihre Ehe als glücklich?«

»Das Schöne an meiner Ehe«, antwortete sie, während sie mit einer eleganten Handbewegung den Kaffee einschenkte, »ist, daß mein Mann es mir ermöglicht hat, mich innerhalb dieser Ehe weiterzuentwickeln. Ich führe ein erfülltes Leben. Beispielsweise habe ich mehrfach den Beruf gewechselt, und er hat das unterstützt. Außerdem habe ich drei Söhne großgezogen, auf die ich sehr stolz sein kann. Und er hat als Vater einen großen Teil zu ihrer positiven Entwicklung beigetragen.«

Später fragte ich sie: »Was würde er Ihrer Meinung nach über Ihre Ehe sagen?«

Sie lachte. »Er würde sagen, ich habe ihn vor dreißig Jahren verhext, so daß er meine Fehler nicht gesehen hat. Er würde sagen, ich mache ihn sehr glücklich, und wir haben uns beide unseren Sinn für Humor erhalten.«

»Sie finden den Humor also wichtig?«

»Aber ja«, sagte sie, »das Leben ist ernst genug.«

Am nächsten Tag fuhr ich auf der Suche nach meiner dritten Familie herum. Schließlich fand ich ihr Haus hinter einem dichten Gestrüpp aus Geißblatt, Efeu, Farn und Bambus versteckt. Auf dem Weg zur Haustür stieg ich über ein Fahrrad, einen Waschzuber und den Reifen eines Lastwagens. Die Frau öffnete mir die Tür mit breitem Lächeln, schob einen großen Hund weg und begrüßte mich freundlich.

Drinnen fielen mir die Fotos von vier kleinen Kindern auf dem Klavier auf, ein Käfig mit herumflatternden Finken und zwei Katzen. In dem Haus sah es aus, als hätte eine Bombe eingeschlagen – die Füllung schaute aus dem Sofa heraus, auf allen Tischen lag Papier herum, auf dem Boden wimmelte es von Spielsachen – doch die Frau begrüßte mich wie in einem

Schloß. Da wurde mir klar, daß jede dieser Ehen anders war, eine Welt für sich.

Im Verlauf meiner Untersuchung begann ich zu verstehen, daß sich gute Ehen in deutlich voneinander unterscheidbare Typen einteilen ließen, in die leidenschaftliche, die kameradschaftliche und die traditionelle Ehe sowie die Ehe als Zuflucht. Manche der von mir interviewten Paare fielen ganz klar in eine einzige Kategorie, andere gehörten mehreren gleichzeitig an. Zweifelsohne gibt es auch andere Ehetypen, und dauerhafte homosexuelle Beziehungen wären ebenfalls in Betracht zu ziehen.

Jeder Ehetypus weist ein unterschiedliches Maß an Nähe zwischen den jeweiligen Partnern auf. Die Einstellung gegenüber der Rolle von Mann und Frau unterscheidet sich von Typ zu Typ; das gleiche gilt für die Ansichten über die angemessene Aufteilung der anfallenden Pflichten sowie der Kindererziehung. Bei manchen Paaren verändert sich das Muster während der ganzen Ehe nicht. Bei anderen verlagert sich die Basis allmählich oder auch sprunghaft durch drastische äußere Veränderungen wie die Geburt des ersten Kindes, den Auszug der Kinder, die Midlife-crisis oder den Ruhestand.

Manchmal sind sich die Partner von Anfang an in den meisten Dingen einig, häufig jedoch verständigen sie sich erst in den ersten Jahren der Ehe über die unterschiedlichsten Fragen. Die Basisbeziehung nimmt in dem Maße Gestalt an, wie die Partner an der Ehe arbeiten. Eine Partnerschaft, in der die Beteiligten nicht zueinander passende Erwartungen oder unveränderliche Forderungen haben, ist mit ziemlicher Sicherheit zum Scheitern verurteilt.

Der erste Typus, mit dem ich mich hier beschäftigen werde,

ist die leidenschaftliche Ehe, die auf dauerhaft intensivem sexuellem Interesse beider Seiten basiert. Die Partner in solchen Ehen haben oft das Gefühl, daß sie füreinander bestimmt waren. Erregende, sinnliche Erinnerungen an ihre erste Begegnung verblassen auch später nicht.

Die Ehe als Zuflucht unterscheidet sich insofern von anderen Typen der Partnerschaft, als in ihr die früheren Erfahrungen der Partner traumatisch gewesen sind. Sie haben mit tiefen Verletzungen zu kämpfen, wenn sie ihr Zusammenleben beginnen. In der Ehe geht es dann hauptsächlich um das Verheilen dieser Wunden.

Die kameradschaftlich Ehe findet sich heutzutage vermutlich am häufigsten unter jüngeren Paaren, da sie am besten die gesellschaftlichen Veränderungen der letzten beiden Jahrzehnte widerspiegelt. Ihr liegen Freundschaft, Gleichheit und das Wertesystem der Frauenbewegung zugrunde. Als Folge davon muß sich auch die Rolle des Mannes verändern. Einer der Hauptfaktoren der kameradschaftlichen Ehe besteht darin, das emotionale Engagement innerhalb der Beziehung und den Kindern gegenüber im Gleichgewicht zu halten.

In der traditionellen Ehe herrscht die klare Verteilung der Rollen und Verantwortungsbereiche vor. Die Frau kümmert sich um Haus und Familie, während der Mann für den Lebensunterhalt sorgt. Frauen in solchen Ehen teilen ihr Leben im allgemeinen in einzelne Kapitel ein: die Zeit vor der Ehe und den Kindern, die Jugend der Kinder und schließlich ihr Erwachsenwerden, das unter Umständen für die Frau eine Rückkehr in den Beruf oder die Verwirklichung anderer Pläne ermöglicht.

Alle Beziehungen müssen sich im Lauf der Jahre immer wieder neuen Gegebenheiten anpassen, besonders wichtig ist dieser Aspekt jedoch in Zweitehen, unabhängig zu welchem Ehetyp sie gehören, denn sie bringen ganz eigene Herausforderungen mit sich. In ihnen macht sich die Vergangenheit stark bemerkbar. Die Exfrau, der Exmann und die Kinder aus der ersten Ehe melden sich immer wieder zu Wort. Traumata aus der früheren Beziehung müssen verarbeitet und in der neuen Ehe verhindert werden.

Erwähnung verdient auch die Ehe im Ruhestand. Zwar habe ich für die vorliegende Studie nur wenige betroffene Paare befragt, aber es stellte sich heraus, daß diese viele Gemeinsamkeiten hatten. Das wichtigste an solchen Beziehungen dürfte sein, daß die Beteiligten jetzt viel mehr Zeit miteinander verbringen als früher.

Jedem der vier Grundtypen der Ehe wohnt ein gewisses Gefahrenpotential inne, das sich realisiert, wenn die negativen Aspekte, die es in jeder Ehe gibt, die Oberhand gewinnen. Als Folge kann die Partnerschaft zur leeren Hülle werden oder zu einem bloßen Arrangement degenerieren, das nur durch die neurotischen Reaktionen der Partner aufrechterhalten wird. Die leidenschaftliche Ehe kann dazu führen, daß Mann und Frau sich krankhaft symbiotisch aufeinander konzentrieren und nicht nur der Welt, sondern auch den eigenen Kindern den Rücken kehren. In der Ehe als Zuflucht wiederholen sich unter Umständen die früheren Traumata. Möglicherweise unterwirft sich einer der Partner dem anderen vollständig und erträgt dessen Schikanen, ohne sich zu wehren oder ihn zu verlassen, weil er meint, das Leben sei nun mal so.

In einer kameradschaftlichen Ehe besteht die Gefahr, daß sie sich in eine rein geschwisterliche Beziehung verwandelt. Die Partner sind so sehr mit ihrer jeweiligen Karriere beschäftigt, daß sie sich nur noch selten sehen und kaum noch miteinander schlafen. Die traditionelle Ehe schließlich konzentriert sich möglicherweise so sehr auf die Erziehung der Kinder, daß die Partner sich nur noch in ihrer Rolle als Eltern verstehen. Sie haben Angst vor dem Zeitpunkt, wenn ihre Kinder ausziehen, weil sie wissen, daß ihnen dann nicht mehr viele Gemeinsamkeiten bleiben.

Natürlich entscheiden sich Paare nicht bewußt für den einen oder anderen Ehetypus. Vielmehr ist er Ausdruck ihrer jeweiligen bewußten und unbewußten Übereinstimmung.

Eine gute Ehe ist insofern ständigen Veränderungen unterworfen, als sie sich mit immer neuen Problemen auseinandersetzen muß. Alle langjährigen Ehen entwickeln sich weiter, und sei es nur, weil die Menschen sich verändern, wenn sie älter werden. Bedürfnisse, Erwartungen und Wünsche der Partner wandeln sich im Laufe des Lebens; das Altern geht einher mit psychologischen Umstellungen auf allen Gebieten, darunter Arbeit, Gesundheit, Sex, Erziehung und Freundschaften. Auch das gesellschaftliche Umfeld und die anderen äußeren Umstände verändern sich. Individuen, Ehe und Außenwelt befinden sich in ständigem Wandel und nicht unbedingt immer im harmonischen Verhältnis zueinander.

Ich glaube, eine gute Ehe gründet sich auf psychologische Aufgaben, die Mann und Frau gemeinsam bewältigen müssen.

Das Konzept der psychologischen Aufgaben geht auf das Modell des Psychoanalytikers Erik Erikson von den Lebenszyklen zurück. Erikson erklärt, daß das Individuum sich in jedem Entwicklungsstadium von der Kindheit bis zum Alter besonderen Aufgaben gegenübersieht. Wenn es sich nicht damit auseinandersetzt, kommt die psychologische Entwicklung zum Stillstand.

Im Zusammenhang mit der vorliegenden Studie habe ich Eriksons klassisches Konzept dieser Aufgaben, die das Individuum bewältigen muß, erweitert. Meiner Ansicht nach sehen sich Ehepaare insgesamt neun Herausforderungen oder psychologischen Aufgaben gegenüber, die ich im Verlauf dieses Buches darstellen und diskutieren werde. Dabei handelt es sich nicht um Anleitungen zum Erfolg, die sich eine nach der anderen abhaken lassen. Vielmehr habe ich diese Aufgabe aus den Erfahrungen meiner Interviewpartner und meiner eigenen Ehe destilliert und sie mit Namen versehen. Sie werden dem Paar nicht von außen auferlegt und können somit angenommen oder abgelehnt werden, sondern liegen in der Natur der Ehe. Sie stellen das Wesen des funktionierenden Zusammenlebens von Mann und Frau dar.

Die neun Aufgaben sehen folgendermaßen aus: Die Partner sollten

1. sich emotional von ihren Eltern und Geschwistern lösen, damit sie ihre ganze Kraft in die Ehe investieren und gleichzeitig ihre Beziehungen zur jeweiligen Herkunftsfamilie neu definieren können;

2. ein Zusammengehörigkeitsgefühl aufbauen, das sich sowohl auf Vertrautheit als auch auf Unabhängigkeit gründet. Diese beiden Punke spielen die ganze Ehe hindurch eine große Rolle, sind aber ganz am Anfang, in der Mitte des Lebens und im Ruhestand am wichtigsten;

3. die Herausforderungen der Elternrolle annehmen und sich gleichzeitig Freiräume gegenüber dem Kind schaffen;

4. sich den unvermeidlichen Krisen des Lebens stellen und dabei die Stärke ihrer Bindung erhalten;

5. Freiräume für die Bewältigung von Konflikten schaffen;

6. eine interessante sexuelle Beziehung aufbauen und erhal-

ten, sie vor den Belastungen durch berufliche und familiäre Verpflichtungen schützen;

7. sich ihren Humor erhalten und durch gemeinsame Interessen und Freunde gegen die Langeweile ankämpfen;

8. einander trösten, stützen und ermutigen;

9. einen idealisierenden wie einen realistischen Blick auf den
Partner bewahren.

Die leidenschaftliche Ehe

Matt und Sara Turner

———•·•———

Die meisten Leute glauben, daß die leidenschaftliche Liebe kurzlebig ist, daß spätestens nach ein oder zwei Jahren die Ernüchterung einsetzt und daß die Liebenden durch einen Ganztagsjob und Windeln wieder auf den Boden der Tatsachen zurückgeholt werden.

Doch schon vor dieser Studie kannte ich langjährige Ehen, in denen die Partner sich ein liebevolles, romantisches und oft auch leidenschaftliches Verhältnis zueinander erhalten hatten. Ich fragte mich, wie verbreitet solche Ehen sind.

Voller Überraschung stellte ich fest, daß etwa fünfzehn Prozent der glücklichen Ehen in meiner Untersuchung in diese Kategorie fielen. Noch nach zwanzig, dreißig, manchmal sogar vierzig Jahren Ehe sprachen die Partner von gegenseitiger Liebe und Leidenschaft, von Schmetterlingen im Bauch und höchster Erregung.

»Es gibt keinen Moment, in dem ich meine Frau nicht geliebt hätte«, sagte ein Mann, der seit sechzehn Jahren verheiratet war. »Sie ist ausgesprochen feminin, das ist mir sehr wichtig. Sie ist schön, anschmiegsam, warmherzig. Doch ihre Leidenschaft ist männlich. Manchmal ist mir das fast unheimlich. Sie läßt sich nichts vorschreiben, übernimmt nie die passive Rolle. Sie baut mich auf, nimmt mich so, wie ich bin, und sie ist aufregend.« Seine Frau sagte mir: »Wir haben tollen Sex miteinander. Das ist ein wichtiger Teil unserer Beziehung; wir sind uns sehr nahe und kennen die Bedürfnisse und Wunschträume des anderen. Wir haben eine sehr, sehr enge Beziehung, so etwas wie eine Seelenverwandtschaft. Diese Vertrautheit und diese Liebe – irgendwie war das vorherbestimmt.«

Ich lernte Matt und Sara Turner über zwei Kollegen kennen, die wiederum über ihre Tätigkeit für Umweltschutzorganisationen mit ihnen bekannt geworden waren. Matt hat eine führende Position in der Unternehmensberatung, Sara half mit, eine Umweltschutzorganisation ins Leben zu rufen. Sie heirateten Ende der fünfziger Jahre an dem Tag, als sie ihren Collegeabschluß gemacht hatte.

Ich traf mich im Frühjahr 1991 zum erstenmal mit Matt und Sara. Ihr hübsches kleines schindelgedecktes Haus befand sich hinter einer ordentlich zugeschnittenen Hecke an einer engen Straße in den Hügeln von Oakland. Die groben Kiefernregale und die leuchtenden mexikanischen Teppiche im Innern verbreiteten ein Gefühl der Wärme und Gemütlichkeit.

Sara führte mich in ein Wohnzimmer mit einfachen Möbeln. Die chinesische Truhe beim Erkerfenster, erzählte Sara mir später, hatte Matt von seiner Großmutter geerbt. Sara schenkte zwei Tassen Kaffee ein, und wir setzten uns, um uns zu unterhalten. Sie war einundfünfzig Jahre alt, schlank, leger gekleidet und wirkte bodenständig. Die rotblonden Haare hatte sie so geschnitten, daß ihre Augen und hohen Wangenknochen betont wurden. Sie saß mit übereinandergeschlagenen Beinen da, die Ellbogen auf die Knie gestützt, und beugte sich ein wenig vor, um sich meine erste Frage anzuhören.

»Wieso meine Ehe glücklich ist?« sagte sie lächelnd. »Nun, ich würde sagen, es ist Magie. Von Anfang an, und jetzt, zweiunddreißig Jahre später, noch immer.«

Sie fuhr fort: »Jetzt werden Sie mich gleich fragen, was ich unter ›Magie‹ verstehe. Das ist wie bei den meisten wirklich religiösen Fragen. Wenn man sich intensiv damit auseinandersetzt, merkt man, daß man eigentlich nichts darüber sagen kann, nur, daß es wie ein Wunder ist. Auch in den harten Zeiten ist das Gefühl nie verschwunden, es war immer da. Es ist etwas ganz Besonderes, wenn wir zusammen sind. Besser kann ich es nicht ausdrücken. Diese Magie haben wir beide schon beim ersten Treffen gespürt. Wir haben uns damals darüber unterhalten, und das tun wir immer noch.« Sie zuckte mit den Achseln. »Ich erzähle Ihnen, wie wir uns kennengelernt haben. In der Geschichte steckt auch so etwas wie Magie. Ich war damals mit jemandem zusammen, und er hat mich an einem Abend zu einem großen Fest außerhalb der Uni mitgenommen. Ich war grade neunzehn und sicher, daß das die große Liebe war und daß sie nie aufhören würde.« Sie lächelte bei der Erinnerung daran. »Ich stand gleich neben einer Trennwand und hörte jemanden lachen. Ich habe meinen Freund gefragt: ›Wer lacht denn da so wunderbar?‹ Und er hat geantwortet: ›Das ist mein früherer Zimmergenosse. Er heißt Matt.‹ Ich habe gesagt, ich würde ihn gern kennenlernen, und als wir ihm dann gegenübertraten, habe ich zum erstenmal bewußt den Geruch eines Menschen wahrgenommen.«

Sara machte eine kleine Pause. »Eigentlich sollte mir das peinlich sein, aber das ist es nicht. Als ich so neben ihm stand, habe ich das erste Mal bewußt den Geruch eines Mannes wahrgenommen. Es war toll, ein wunderbarer Geruch. Genau wie meine Babys. Ich wollte nicht mehr weg von dem Geruch. Ich kann mich noch erinnern, daß mir der Geruch ein Gefühl der Sicherheit vermittelt hat.« (Das Wort »Sicherheit« tauchte in überraschend vielen Schilderungen von Partnern in glücklichen Ehen auf.)

Im Verlauf meiner Studie stellte ich fest, daß Paare in leidenschaftlichen Ehen oft das Gefühl haben, durch eine Art Magie miteinander verbunden zu sein, die Zeit und Raum transzendiert. Wie Sara halten viele ihre Beziehung für außergewöhnlich. Manchmal beschreiben sie sie fast mystisch, als sei ihr Zusammentreffen vorherbestimmt gewesen oder die Antwort auf ein Gebet.

Sara fuhr mit ihrer Geschichte fort: »Hinterher sind wir zu dritt zum Essen gegangen, und wir haben uns übers Lachen unterhalten, über das Lachen, das von der richtigen Stelle im Körper kommt – genau wie bei einem Musiker. So war das. Ich hatte bis dahin nicht allzuviele Erfahrungen mit Jungs, meistens entschied ich mich für ziemlich komplizierte Freunde. Und da war dieses erfrischend offene, unkomplizierte Lachen – aus dem Bauch, wie beim Weihnachtsmann.«

Dieses Lachen und dieser Geruch, sagte sie, waren immer gleich für sie, frisch und erotisch heute wie damals vor zweiunddreißig Jahren. »Unsere Beziehung ist zärtlich und liebevoll. Ich habe die richtige Entscheidung getroffen. Ich bin richtig süchtig nach ihm.«

Ich fragte, welche Vorgeschichte Sara hatte, wieso sie sich so bedingungslos in eine leidenschaftliche Beziehung stürzen konnte.

»Schon in der Kindheit war ich umgeben von einfühlsamen Männern. In meiner Familie gab es mich, meinen Bruder, meinen Onkel, meinen Vater, meine Mutter und meinen Großvater. Wir lebten in Alturas, einer kleinen Stadt im nordöstlichen Kalifornien. Der Ort ist umgeben von Weidegründen, es ist richtig ländlich dort.«

Sara holte eine gerahmte Fotografie von einem Fensterbrett. »Das ist unsere Familie«, sagte sie und reichte mir das ausgebleichte Schwarzweißbild. Sie deutete auf jeden Mann einzeln und sagte mir seinen Namen. Ihre Mutter überging sie und zeigte mir ein kleines Mädchen mit einem groß getupften Badeanzug auf dem Schoß des Vaters. Er war schlank, hatte einen Bart, große Hände und lachende Augen. »Das bin ich mit fünf Jahren. Ich hab' auf Fotos nie gelächelt. Das Leben war zu ernst.«

Ich fragte sie, was sie damit meinte.

»Mein Vater«, wich sie meiner Frage aus, »war der tollste Mann der Welt. Er war immer für mich da. Er liebte nicht nur mich, sondern alle Frauen, nicht sexuell. Seine Mutter starb, als er noch klein war, und er hat seine sechs Geschwister zusammen mit seinem Vater aufgezogen. Meine Freunde haben immer gesagt, erst wenn mein Vater sie akzeptiert, sind sie wirklich meine Freunde.«

Saras zentrale Beziehung war also die zu ihrem Vater, der sie liebte und bewunderte. Sie löste die Hände von der Kaffeetasse und legte sie an die Wangen. »Eines Sonntagmorgens sind wir in dem kleinen Ort miteinander die Hauptstraße hinuntergegangen. Das war seine Art, mir zu zeigen, daß ich zu ihm gehörte. Und dann haben wir uns Pfannkuchen geholt, und er hat mich allen Leuten vorgestellt, die er kannte, und ich hab' gespürt, wie stolz er auf mich war. Ich hab' gewußt, daß dieser gemeinsame Sonntagsspaziergang ein Liebesbeweis war. Er hat mich sozusagen der Stadt präsentiert.«

Über ihre Mutter hatte Sara bisher geschwiegen. Als ich sie direkt nach ihr fragte, veränderte sich ihr Gesichtsausdruck. »Meine Mutter wollte eigentlich keine Kinder«, sagte sie leise. »Für sie war es eine Pflicht, uns zu bekommen. Ihre Familie wollte einen Jungen, und alle haben sich gefreut, als mein Bruder auf die Welt kam. Als ich noch ein Kind war, haben meine Tanten mir erzählt, daß sie sich zu ihrer Tochter, zu mir, nur überreden ließ, damit mein Bruder nicht zu sehr verwöhnt würde. Meine Mutter hat alle Frauen gehaßt, mit mir konnte sie nichts anfangen. Mein Vater hat das gewußt. Wahrscheinlich hat er mich deshalb beschützt.«

Dann sagte sie, ganz in Erinnerungen versunken: »Manchmal ist sie eine ganze Woche weggelaufen.« Sara sank auf ihrem Stuhl zusammen. »Sie ist die Treppe runter und rüber zur Bushaltestelle und zu ihrer Schwester nach San Francisco gefahren, aber sie hat sich nicht mal verabschiedet oder mir gesagt, wann sie zurückkommen würde. Viel mütterliche Zuneigung und Liebe habe ich nicht gekriegt. Sie sagt, sie hat mich das erste Mal berührt, als ich sechs Monate alt war. Aber wenn sie mich gestillt hat, stimmt das wahrscheinlich nicht. Einmal hat sie mir erzählt, daß sie keine Milch mehr hatte und eine Amme holen mußte. Ich weiß nicht mehr so genau, was stimmt und was nicht. Ich weiß lediglich, daß sie sich nie um uns gekümmert hat, wenn wir krank waren. Letztlich hatte ich nie eine richtige Mutter. Ich habe nie eine körperliche Beziehung zu meiner Mutter gehabt.«

Am Anfang einer Beziehung steht immer der brennende Wunsch, daß jemand kommen und wie durch ein Wunder alle Verletzungen und Enttäuschungen des Lebens heilen möge. Der Geliebte wird einen auf immer und ewig lieben, beschützen und Feinde vertreiben. Er wird einem das Gefühl geben, seine verlorene Hälfte gefunden zu haben, geschätzt zu werden und schön zu sein – bis ans Ende seiner Tage. Doch der Anfang einer Beziehung ist immer auch von der Angst geprägt, daß sich keiner dieser Wünsche erfüllen wird, daß sich frühere Enttäuschungen wiederholen, daß man verletzt, betrogen und verlassen wird.

Diese Wünsche und Ängste haben mit unseren frühesten Lebenserfahrungen zu tun. Die Vorstellungen eines jeden Menschen über eine Beziehung werden in der Kindheit geformt und durch alle späteren Beziehungen und Erfahrungen geprägt. Ein Kind weiß bei seiner Geburt noch nichts über Liebe und Haß, aber es beginnt von dem Moment an zu lernen, in dem es seiner Mutter in den Arm gelegt wird. Die erste Bindung des Kindes – normalerweise in seinem ersten Lebensjahr die zu seiner Mutter – übt starken Einfluß darauf aus, wie es alle späteren Beziehungen betrachten wird. Die Liebe und der Trost, die die Mutter spendet oder ihm verweigert, bestimmen, wie der Erwachsene später seinen Partner sieht. Wird er da sein, wenn ich ihn brauche? Wird sie mir helfen, wenn ich sie um etwas bitte?

Für die meisten von uns sind die frühen Erfahrungen eine Mischung aus Liebe und Zurückweisung. Abgesehen davon wird die Weltsicht eines jeden Menschen von seinem angeborenen Temperament und seiner Persönlichkeit geprägt. Manche Kinder haben Probleme mit Veränderungen, andere sind von vornherein flexibel. Manche Kinder sind geborene Optimisten, andere neigen immer zu düsteren Gedanken.

Die Mutter-Kind-Beziehung wird schon sehr bald um die Beziehungen zu Vater, Geschwistern, Großeltern und anderen engen Bezugspersonen erweitert. Innerhalb der Familie und der Nachbarschaft lernt das Kind nicht nur, wie die anderen es behandeln, sondern auch, wie sie miteinander umgehen. Davon wird unser Erwachsenenleben später beeinflußt.

Jedes Kind erfährt in der Zeit des Aufwachsens Verletzungen und Verluste, egal, wie liebevoll die Eltern sind. Viele der Partner in leidenschaftlichen Ehen hatten in der Kindheit schwere Verluste erlitten, darunter auch den Tod oder die Krankheit eines Elternteils. Sara und in geringerem Maße auch Matt hatten das Gefühl, von ihrer Mutter nicht geliebt zu werden. Beide sprachen von einem »Loch« in ihrer Kindheit. Möglicherweise beruht die Vorstellung von Magie in einer Beziehung, die Zeit und Raum überdauert, auf der unbewußten Verbindung, die der Liebende zwischen seinem Partner und der geliebten Person in der Kindheit herstellt.

Diese Vorstellung wird nicht nur von unseren Erfahrungen geprägt, sondern auch von unserer Interpretation dieser Erfahrungen. Ein Kind sagt: »Meine Mutter schlägt mich, weil sie nicht anders kann«, ein anderes: »Meine Mutter schlägt mich, weil ich es verdient habe.« Dabei hat die objektive Wahrheit unter Umständen nur wenig mit dem zu tun, was das Kind empfindet, doch in beiden Fällen wird aus der inneren Wahrnehmung des Kindes die Realität, die es ins Erwachsenenalter mitnimmt. Die Einschätzung der Welt und seiner selbst hängt für das Kind von der Summe all seiner Beziehungen zu anderen Menschen und seiner Beobachtungen ab.

Jede neue Beziehung, die wir eingehen, verändert oder bestätigt unsere Vorstellungen im positiven oder negativen Sinn. Wie werde ich auf mein Gegenüber reagieren? Wie wird dieser Mensch seinerseits mit mir umgehen? Wie werden wir miteinander zurechtkommen? Unsere innere Stimme beantwortet diese Fragen im Regelfall lange, bevor wir auch nur daran denken, sie zu stellen.

Alle Situationen, mit denen wir uns auseinandersetzen müssen, stecken voller, wie Psychoanalytiker das nennen, Übertragungen, sozusagen Schatten früherer Erlebnisse, die auf die gegenwärtigen Beziehungen fallen. Diese Übertragungen reflektieren unsere unbewußten Erwartungen an andere Menschen, an uns selbst und an die Beziehung, die sich vielleicht ergibt. Doch trotz ihres starken Einflusses bestimmen diese Übertragungen nicht unbedingt, was sich in einer gegebenen Situation tatsächlich abspielt. Wenn man das begreift, geht man mit zukünftigen Begegnungen anders um.

Die Erkenntnis, daß solche Übertragungen unbewußt ablaufen, ist wesentlich. Im Regelfall sind wir uns unseres Verhaltens bewußt, doch über unsere Ängste, Erwartungen und Wünsche, die es beeinflussen, wissen wir oft nur sehr wenig. Die Psychologen haben auch noch nicht herausgefunden, warum Menschen mit ähnlichen Erfahrungen sich für unterschiedliche Wege entscheiden. Ein Kind, dessen Vater oder Mutter früh stirbt, verbringt möglicherweise sein ganzes Leben mit der Suche nach jemandem, der diese Lücke füllt, oder es kommt zu dem Schluß, daß Menschen einfach verschwinden und daß man sich deshalb auf keine Liebesbeziehungen einlassen darf. Ein Kind, dessen Eltern sich scheiden lassen, stürzt sich unter Umständen immer wieder in neue Beziehungen, um sich nie mit dem Schmerz über einen wirklichen Verlust auseinandersetzen zu müssen, oder läßt sich nie auf eine ernsthafte Beziehung ein. Jeder Mensch reagiert auf frühere Erfahrungen anders.

Am Anfang einer Beziehung oder Ehe werden Übertragungen besonders heftig ausgelebt. Kein anderer Zeitpunkt in Beziehungen sagt mehr über unser Selbstbild aus, wie wir behandelt werden möchten und wozu wir selbst uns im Gegenzug in der Lage fühlen.

Wenn zwei Menschen sich ineinander verlieben, beginnen sie einen Pas de deux des bewußten und unbewußten Verhandelns. Der bewußte Teil, der in hohem Maße von den Wertvorstellungen und dem familiären Hintergrund der Beteiligten bestimmt wird, definiert, wer in sozioökonomischer und kultureller Hinsicht akzeptabel ist und wer nicht. Man wählt einen Partner, der zur eigenen Herkunft paßt oder in krassem Widerspruch dazu steht.

Der unbewußte Teil wird von den Übertragungsbildern

beeinflußt, die sich schon früh herausgebildet haben. Normalerweise sucht man nach einem Menschen, der dem eigenen Wunschbild entspricht, oder nach jemandem, der sich um einen kümmert, vielleicht jedoch auch nach jemandem, der einen betrügt. Dabei kommen die schlimmsten Befürchtungen an die Oberfläche. Man wird die Angst nicht los, daß der Geliebte die Aufgaben, die vor ihm liegen, nicht bewältigen wird. Gerade am Anfang einer Beziehung spielen Hoffnungen und Ängste eine besondere Rolle. Wenn man jemandem begegnet, der die tiefsten Wünsche und Vorstellungen anspricht, kann der Sog zu stark werden.

Als Sara hinter der Trennwand ein »Lachen wie von einem Weihnachtsmann« hörte, das »von der richtigen Stelle« kam, war sie fasziniert von einem Symbol. Denn der Weihnachtsmann ist nichts anderes als das Übertragungsbild des immer liebevollen Vaters, des Mannes, der Wünsche erfüllt und all die Dinge bringt, die man sich ersehnt hat. Matts Lachen war ein Symbol für das, was Sara sich am meisten wünschte. »Ich möchte diesen Mann kennenlernen«, sagte sie voller Zuversicht, und sie begann zu prüfen, ob der Mann mit dem Lachen eines Weihnachtsmannes auch ihren anderen bewußten und unbewußten Vorstellungen entsprach.

In vielen Geschichten über das Kennenlernen und die Liebe auf den ersten Blick kommt ein aussagekräftiges Symbol oder Bild vor, an das sich die Beteiligten auch später noch erinnern. Sara vergaß nie, wie Matt roch in der Nacht, in der sie sich kennenlernten, und sie hörte immer wieder dieses Lachen.

Saras Fähigkeit, eine leidenschaftliche Beziehung einzugehen, liegt in ihrer herzlichen und liebevollen Beziehung zu ihrem Vater begründet. Anders als viele Mädchen, die in den vierziger Jahren aufwuchsen, hatte Sara nicht das Gefühl, ein Mensch zweiter Klasse zu sein. Sie wurde nicht nur als Kind, sondern auch als Mädchen und später als junge Frau bewundert. Da Sara mit einem liebevollen und moralischen Vater aufwuchs, konnte sie sich im Erwachsenenalter selbst als attraktiv und liebenswert betrachten. Sie war in der Lage, sich bewußt für einen Mann zu entscheiden, weil sie wußte, daß die meisten Männer sie attraktiv finden würden.

In den leidenschaftlichen Ehen, mit denen ich mich im Rahmen dieser Untersuchung beschäftigt habe, sagten abgesehen von einer alle Frauen, der Vater wäre der liebevollere Elternteil gewesen. Die Beziehung dieser Frauen zur Mutter war konfliktbelasteter.

Die Frauen bezeichneten ihre Väter als moralisch; eine meinte, ihr Vater sei »ein Heiliger«. Mehrere erwähnten, sie seien das Lieblingskind ihres Vaters gewesen. Saras Vater übernahm sowohl die väterliche als auch die mütterliche Rolle.

In den leidenschaftlichen Ehen färbt die Vater-Idealisierung des Mädchens auf den Ehemann ab. Die junge Frau ist sich ziemlich sicher, daß ihr Partner zuverlässig ist, sie lieben und bewundern wird.

Saras Kindheit wurde von einer Mutter überschattet, die sie vernachlässigte und abwies. Diese Mutter unternahm jedoch auch keinen Versuch, sich in das Verhältnis zwischen Vater und Tochter einzumischen. Obwohl Sara es immer als schmerzlich empfand, von ihrer Mutter zurückgewiesen zu werden, konnte sie sich von ganzem Herzen an einen Mann binden. Sie hatte keine Angst davor, betrogen oder verlassen zu werden. Symbolisch gesprochen war Matt so etwas wie der verlängerte Arm ihres liebevollen Vaters.

Ich war neugierig, ob Matt der Beschreibung entsprechen würde, die Sara mir von ihm gegeben hatte. Als ich ihn das erste Mal traf, wurde ich nicht enttäuscht. Ich lernte ihn an einem Donnerstag am späten Nachmittag in seinem Büro im Zentrum von San Francisco kennen. Er war dreiundfünfzig, ein bißchen übergewichtig und hatte nicht mehr viele Haare auf dem Kopf. Er wirkte entspannt und wie ein Gentleman, der sein Leben hehren Zwecken widmete. Er trug eine Nikkelbrille, ein blaues Oxford-Hemd und eine Freizeithose. Es war nichts Spießiges an ihm.

Während unseres Gesprächs war ich immer wieder beeindruckt davon, mit welcher Selbstverständlichkeit Matt von seiner Leidenschaft für Sara redete. Ich spürte, daß er mit allen anderen Menschen nicht so umging. Als ich fragte: »Was finden Sie gut an Ihrer Ehe?« antwortete er: »Wir lieben uns. Sara liebt mich und unterstützt mich. Ich fühle mich gut in ihrer Gesellschaft, und wenn sie nicht bei mir ist, komme ich mir vor wie amputiert.«

»Hatten Sie in anderen Beziehungen auch schon mal solche Gefühle?«

»Nie. Sie ist einzigartig. Ich hatte vor ihr andere Beziehungen mit Frauen, die ziemlich eng waren, aber in diesen Beziehungen fehlten ihr Einfühlungsvermögen und ihre Sensibilität. Ich habe noch nie so viel mit einem Menschen geteilt wie mit ihr. Sie ist schön, sie ist sensibel, sie ist auf so vielfältige Art einfach liebevoll. Wissen Sie«, sagte Matt, »sie liebt mich, und sie teilt nicht nur meine Interessen, sondern sie setzt sich auch dafür ein. Sie versteht, was ich mache. Das, was ich heute tue, wäre ohne ihre aktive Mithilfe nie möglich gewesen. Sie macht mir immer wieder Mut.«

»Können Sie mir ein Beispiel dafür geben?«

»Ja«, sagte er und beugte sich ein wenig auf seinem Stuhl vor, »aber sicher. Der Wendepunkt in meinem Leben war, als ich meinen Beruf gewechselt habe. Ich war im internationalen

Handel tätig, arbeitete jeden Tag zwölf Stunden und kam immer völlig erschöpft nach Hause. Ich hatte genau den Beruf, der meinen Eltern gefiel. Man könnte sagen, daß sie mich auf diesen Beruf vorbereitet hatten. Ich tat genau das, was sie von mir erwarteten.« Er schüttelte traurig den Kopf. »Eines Tages hat Sara dann aus heiterem Himmel gesagt: ›Matt, du hast den falschen Job am falschen Ort und zur falschen Zeit. Warum hörst du nicht auf mit dem internationalen Handel? Ich brauch' keine Unmengen Geld zum Glücklichsein. Tu lieber, was dir Spaß macht.‹ Mir hat's die Sprache verschlagen, wie sie mir das ins Gesicht gesagt hat. Es war ihr Ernst.«

»Und wie haben Sie reagiert?«

»Ich hab's nicht geglaubt. Ich konnte es einfach nicht glauben. Ich selbst hätte nie an so etwas gedacht. Vielleicht war mir der Gedanke mal gekommen, aber ich hatte ihn verdrängt. Doch sie hat mir keine Ruhe gelassen, und irgendwann habe ich es ihr geglaubt, und da habe ich eine Kehrtwendung gemacht. Ich habe mich bei einer Umweltschutzorganisation beworben und wurde genommen. Da habe ich ganz unten angefangen, doch schon bald arbeitete ich mich hoch. Mir haben die Leute dort gefallen, das Arbeitsklima. Aber am meisten hat mir die Sache gegeben, für die wir uns einsetzten. Das war wie bei meiner Leidenschaft, der Musik. Ich werde Sara ewig dafür dankbar sein, daß sie mich überredet hat, mich aus der Abhängigkeit von meinem Vater herauszubegeben.« Matt lehnte sich lächelnd auf seinem Stuhl zurück.

Matt erzählte mir weiter von seiner Familie, und ich erfuhr, daß seine Vorgeschichte sich von der Saras unterschied. Seine Familie genoß gesellschaftliches Ansehen und war betucht. Sein Vater, ein bekannter Anwalt, war mit vielen Politikern auf du und du, und unter Eisenhower war er sogar selbst in der Politik tätig gewesen. Auch Matts Mutter stammte aus einer begüterten Familie. Zu Hause ging es ziemlich förmlich zu; oft gab es Abendeinladungen.

»Ich habe meinen Vater bewundert«, sagte Matt, »und wollte genauso werden wie er. Mit meiner Mutter war das eine andere Geschichte. Mein Vater hat sie behandelt wie ein rohes Ei. Als Junge mußte ich sie immer mit besonderer Vorsicht und besonderem Respekt ansprechen, weil sie so impulsiv und launisch war. Es war mir immer peinlich, wie sie mit Leuten umsprang, die schwächer waren als sie, zum Beispiel Kellnerinnen. Wahrscheinlich habe ich sie geliebt, allerdings habe ich mir nie viele Gedanken darüber gemacht. Ich war kein Einzelkind, kam mir aber vor wie eins.« Dann beschrieb er seine einsame Kindheit. Er hatte in der Schule keine Schwierigkeiten, litt aber unter mangelndem Selbstbewußtsein. »Ich war nie unter den Beliebtesten in der Schule.«

Ich fragte Matt, ob seine Mutter von ihm erwartet hatte, daß er eine Frau aus einer begüterten, bekannten Familie heiratete.

»Wahrscheinlich schon«, sagte er mit grimmigem Gesicht. »Jedenfalls habe ich mich erst mit meiner Mutter gestritten, als ich schon erwachsen war, und zwar damals, als sie sich Sara gegenüber so gehässig verhalten hat. Meine Ehe hat mein Verhältnis zu meinen Eltern verändert. Ich habe mir früher keine Gedanken darüber gemacht, aber man könnte sagen, daß meine Ehe mich befreit hat.«

Ich bat ihn, mir von seinem ersten Treffen mit Sara zu erzählen.

»Sie hat mir sofort gefallen, nicht nur körperlich. Sie hatte ein ausdrucksvolles Gesicht, ein hübsches Lachen und konnte gut mit Leuten umgehen. Sie war so spontan, ganz anders, als ich aufgewachsen war. Wir hatten eine romantische Zeit miteinander, und das hat uns beiden gefallen. Ich wollte ständig mit ihr zusammensein, sie immer wieder sehen, immerzu mit ihr reden. Sie hat mich sofort in ihren Bann gezogen. Bevor ich sie kennenlernte, hatte ich keine wirklich wichtige Beziehung zu einer Frau, nur einige Bettgeschichten, ein paar davon mit älteren Frauen. Unsere erste richtige Verabredung hatten wir am Valentinstag, und wir haben uns Hals über Kopf ineinander verliebt. Sie hat zwar ziemlich schnell wieder Schluß gemacht, weil sie das Gefühl hatte, daß ich sie dränge, aber wir sind wieder zusammengekommen.

Wir passen einfach zusammen«, sagte er lächelnd. »Es gefällt mir, wie sie mit Menschen umgeht.« Matt beugte sich ein wenig nach vorn. »Ich erzähle Ihnen jetzt eine Geschichte: Nicht lange, nachdem wir uns kennengelernt hatten, gingen wir in der Nähe von Inverness an der Küste spazieren, und dort begegneten wir einem kleinen Mädchen, das war vielleicht sieben oder acht Jahre alt. Es saß auf einem Felsen und weinte. Die Kleine war hingefallen, hatte sich aber nicht sehr weh getan. Eigentlich hatte sie nur Angst. Ich weiß noch, daß Sara Wasser aus ihrer Feldflasche genommen und ihr ganz sanft die Tränen abgewaschen hat. Sie hat darauf bestanden, bei dem Kind zu bleiben, bis seine Eltern wieder auftauchten. Ich weiß noch, daß ich damals gedacht habe: ›Was ist sie doch für eine liebevolle Frau; sie wird sicher mal eine tolle Ehefrau und eine zärtliche Mutter.‹«

Alle Liebenden verspüren ein Gefühl der Dringlichkeit; sie wollen sich gegen die Vergangenheit auflehnen. Durch ihre Hoffnungen und Ängste befinden sie sich im Zwiespalt und versuchen, ihre Zweifel wenigstens für eine Weile wegzuschieben. Sie beginnen eine Idealisierung ihres Partners, die sich auf die Wünsche und Hoffnungen ihrer eigenen Kindheit gründet. Die geliebte Person wird mit der magischen Fähigkeit versehen, alle Herzenswünsche zu erfüllen. Eltern wissen, daß es unmöglich ist, Verliebten eine andere Perspektive anzubieten, denn sie wehren sich gegen die Realität.

Im Verlauf meiner Studie bin ich zu der Überzeugung gelangt, daß Idealisierung und Phantasien nicht unbedingt nach den Flitterwochen enden müssen. Viele dieser frühen Idealisierungen passen sogar ganz gut in die Alltagsrealität und erhärten sich durch die Erfahrungen der Betroffenen. Matt gab sich allergrößte Mühe, Sara in ihrem gemeinsamen Leben alle Wünsche zu erfüllen, auch wenn er nicht der Weihnachtsmann war und nicht immer sofort verstand, was sie wollte und brauchte.

In glücklichen Ehen werden die hohen Erwartungen, die die Partner zu Beginn aneinander stellen, an die Lebensrealität angepaßt, aber nie völlig aufgegeben. Ehen ohne Phantasien oder Idealisierung sind langweilig und entmutigend. Viele der geschiedenen Paare, mit denen ich es zu tun gehabt habe, scheinen einander nie idealisiert zu haben. Eine Scheidung bedeutet nicht immer ein Zerbröckeln der Liebe oder hochgesteckter Erwartungen – manchmal waren die Erwartungen im Gegenteil nicht hoch genug.

Ich sagte zu Matt: »Erzählen Sie mir doch von den ersten Jahren Ihrer Ehe.«

Seine Augen blitzten. »Erotisch«, sagte er, »auch wenn Sara ungefähr sechs Monate gebraucht hat, um auch Spaß daran zu finden. Ich darf allerdings nicht ungerecht sein: Damals hab' ich Tag und Nacht gearbeitet und meinen Abschluß gemacht, und sie ist immer wieder zu ihren Eltern. Aber danach hat sich die Sache ziemlich schnell geklärt. Sobald der Druck weg war und wir mehr Zeit miteinander verbringen konnten, hat sich unser Sexleben prächtig entwickelt. Ich mußte mit der Army nach Europa, und in meiner Erinnerung hab' ich das

Gefühl, daß wir unser erstes Jahr miteinander dort fast ausschließlich im Bett verbracht haben. Davor mußten wir uns allerdings über eine Angelegenheit einigen.«

Ich sah ihn fragend an.

»Damals waren die Frauen entweder noch Jungfrau oder schon schwanger, wenn sie heirateten. Sara gehörte in die erste Kategorie. Unser Sexleben hat erst nach diesem verrückten Gespräch begonnen. Sie hat mich damals gefragt, ob wir nicht einfach wie Bruder und Schwester zusammenleben könnten.« Matt lachte tief aus dem Bauch heraus, wie Sara es beschrieben hatte. »Und da hab' ich plötzlich gemerkt, daß sie nie zum Orgasmus gekommen ist. Wahrscheinlich wußte sie noch nicht mal, ob sie einen gehabt hatte. Und da«, dabei kicherte er, »hab' ich ihr in die Augen geschaut und gesagt: ›Nein, das kannst du dir abschminken.‹ Und kurz darauf hat sie ihren ersten Orgasmus gehabt. Sie war ganz aufgeregt, und danach war ihr Sex genauso wichtig wie mir.«

Matt fuhr lächelnd fort: »Damals haben wir noch stärkeren Körperkontakt gepflegt als heute – wir haben Händchen gehalten, uns ständig geküßt, einander immer wieder gesagt, daß wir uns lieben. Das war stärker als bei unseren Freunden. In unseren ersten Jahren wollten viele Leute nicht mit uns zusammensein, weil wir sie gar nicht beachtet haben. Eine ganze Weile waren wir ziemlich asozial.«

Er lachte wieder. »Eines Sommers sind wir in Urlaub gefahren. Ich erinnere mich noch an einen Samstagmorgen, an dem wir überhaupt nicht aus dem Hotel gekommen sind, weil ich Sara einen neuen weißen Bikini gekauft hatte. Wenn sie den angezogen hat, sind wir nicht mehr zur Tür rausgekommen. Wir haben miteinander geschlafen, uns ausgeruht, sie hat den Bikini angezogen, und schon wieder sind wir uns in die Arme gefallen. Ich glaube, wir haben damals neunmal in vierundzwanzig Stunden miteinander geschlafen. Das war die intensivste körperliche und emotionale Erfahrung meines Lebens. Tja, unsere Beziehung war von Anfang an ziemlich erotisch.«

Ich war beeindruckt von Matts Schilderung, daß Sara wie Bruder und Schwester mit ihm zusammenleben wollte, von seiner heftigen Reaktion und seiner Forderung, sie müsse auch sexuell erwachsen werden. Die Tatsache, daß er ihr bei der Verwirklichung dieses Ziels half, bestätigte ihn nicht nur in seiner Männlichkeit, sondern auch in seinem Stolz.

Saras Leidenschaft entwickelte sich innerhalb der Ehe. Ihre am Anfang beinahe kindliche Auffassung von der Sexualität erwachsener Menschen änderte sich dank seiner Beharrlichkeit und seines Begehrens. Das war nur durch ihr Vertrauen in ihn und in ihre eigene Person möglich.

»Unser Sexleben ist, abgesehen von den ersten Monaten unserer Ehe, immer toll gewesen«, hatte Sara während des Gesprächs mit mir gesagt. »Wir schliefen häufig miteinander, ganz spontan, und es war wunderbar. Auch heute noch fällt es mir schwer, ihn nicht die ganze Zeit zu berühren.«

Ich sagte zu Matt: »Gehe ich recht in der Annahme, daß der Sex in Ihrer Ehe eine zentrale Rolle spielt?«

»Aber natürlich«, antwortete er. »Ich glaube, die sexuelle Komponente ist wesentlich. Noch mehr, sie ist ein eindeutiger Hinweis darauf, wie eng unsere Beziehung ist und wie offen wir miteinander umgehen. Sicher, manchmal schläft man nur miteinander, weil einer Lust dazu hat. Aber dann gibt es Male, das ist wirklich ein Erlebnis. Nach dieser intensiven Erfahrung sehnen wir uns in unserer Liebe und Vertrautheit. Es passiert nicht immer, und wir erwarten es auch nicht immer. Aber manchmal, wenn ich mit Sara schlafe, verschmelze ich völlig mit ihr. Es ist einfach unbeschreiblich.«

In diesen leidenschaftlichen Ehen spielt das Sexleben der Paare die zentrale Rolle. Die Partner sind stolz darauf und sprechen ganz offen darüber.

Obwohl in vielen dieser Beziehungen die Intensität und die Häufigkeit des Sex im Lauf der Zeit abnehmen, verliert er seine Bedeutung für die Ehe nicht. Die meisten Männer und Frauen in solchen Ehen stammen aus konservativen, manchmal sogar repressiven Familien, doch anders als ihre Eltern sprechen sie gern und offen über ihre Sexualität. Sie sind keine Rebellen, die bewußt etwas verändern wollten, sondern haben sich nur die Möglichkeiten zunutze gemacht, die sich durch die sexuelle Revolution ergeben haben: Frauen fingen endlich an, ihre sexuellen Bedürfnisse zu erkennen, und viele Männer merkten, was sie sich insgeheim schon immer gewünscht hatten – eine sexuell gleichberechtigte Partnerin.

Die erste Aufgabe:
Einen Schlußstrich unter die
Vergangenheit ziehen

—·•·—

Sara erzählte mir nicht ohne Schadenfreude von einem wichtigen Scharmützel, das zu einem Meilenstein ihrer Beziehung zu Matt wurde.

»Drei Wochen vor der Hochzeit«, sagte sie, »hat Matts Mutter mich zum Tee eingeladen. Nach einem Austausch von Höflichkeiten bei Tee und Petit fours sagte sie zu mir – das werde ich nie vergessen –: ›Sara, Sie sind wirklich eine nette junge Frau, und Sie haben viele Qualitäten, aber ich muß Ihnen sagen, daß ich mich noch nie in einem Menschen getäuscht habe, und ich bin der Meinung, Matt und Sie passen nicht zusammen. Die Ehe wird nicht gut werden.‹«

Sara sah mich an. »Sie hat mir den Boden unter den Füßen weggezogen. Ich war so durcheinander, daß ich nur ein ›Danke‹ herausgebracht und mich verdrückt habe. Nachdem ich die Tür hinter mir zugemacht hatte, bin ich in Tränen ausgebrochen, und ich habe geheult bis zur nächsten Straßenecke, wo eine Telefonzelle war. Da habe ich Matt angerufen – zum Glück hab' ich ihn sofort erwischt – und ihm vorgeheult: ›Deine Mutter hat gesagt, sie hat sich noch nie in einem Menschen getäuscht, und sie ist der Meinung, unsere Ehe wird nichts.‹ Ich werde seine Stimme nie vergessen. Ich glaube, der Anruf war die Grundlage für unsere Ehe. Er hat sofort gesagt: ›Mach dir keine Gedanken. Ich rufe gleich meine Mutter an und sage ihr, daß sie nicht zu unserer Hochzeit zu kommen braucht.‹«

Sara grinste. »Aber das war erst der Anfang.«

»Wovon?« fragte ich.

»Von anderen Problemen. Meinen ersten Ehekrach hatte ich nicht mit Matt, sondern mit seiner Mutter. Sie wollte den Schlüssel zu unserem Haus. Ich habe nein gesagt, aber dazu mußte ich meinen ganzen Mut zusammennehmen. Schließlich war ich ja ein Mädchen aus der Kleinstadt, und meine Schwiegermutter war eine Frau von Welt. Als ich nein sagte, wurde sie wütend und hat mich mit zuckersüßer Stimme gefragt: ›Sollte wirklich deine Mutter die einzige bleiben, die einen Schlüssel zu eurem Haus hat?‹« Sara lächelte. »Ich habe gesagt: ›Aber meine Mutter hat keinen Schlüssel zu unserem Haus.‹ Sie konnte das nicht fassen und hat klein beigegeben.«

»War das nun ein Scharmützel oder schon ein richtiger Krieg?«

»Sie sehen die Sache ganz richtig«, sagte Sara lachend. »Das war ein Scharmützel von vielen. Manche habe ich gewonnen, andere verloren. Die meisten allerdings habe ich gewonnen, weil ich eine Trumpfkarte hatte: Matt. Und er hat mich jedesmal unterstützt. Es hat eine Zeit gedauert, weil er nicht wußte, daß seine Mutter keine Heilige ist. Und er hatte auch keine Ahnung, daß sie einen Fuß in unsere Wohnzimmer- und wahrscheinlich auch in unsere Schlafzimmertür bekommen wollte. Wenn ich ihr nicht Kontra gegeben hätte, wäre unsere Beziehung gescheitert. Ich wußte, daß wir für unsere Ehe kämpfen mußten.«

Selbst wenn die Partner schon einige Zeit zusammen sind, sind sie nicht vollständig auf ihre gemeinsame Reise in die

Zukunft vorbereitet. Über den Weg nachzudenken ist nicht zu vergleichen mit der Reise selbst.

Die Partner müssen das richtige Gepäck für den Weg auswählen und allen emotionalen Ballast zurücklassen, der sie auf ihrer Reise behindern könnte. Sie müssen sich über die gemeinsame Richtung und die Beförderungsmittel, die sie verwenden wollen, klarwerden.

Man muß nicht erwachsen sein, um diese Reise zu beginnen, doch ohne eine gewisse Reife endet sie mit ziemlicher Wahrscheinlichkeit im Desaster. Leute, die früh heiraten, müssen sich gleichzeitig mit den Aufgaben der Ehe und des Erwachsenwerdens auseinandersetzen. Eine gute Ehe kann den Partnern dabei helfen, reif zu werden, eine schlechte Partnerschaft kann das Erwachsenwerden hinauszögern oder gar verhindern.

Die erste Aufgabe jeder Art von Ehe besteht darin, sich psychologisch von der eigenen Familie zu lösen und eine neue Bindung mit dem Partner einzugehen. Diese Aufgaben scheinen im Widerspruch zueinander zu stehen, bedingen sich jedoch gegenseitig.

Um eine gute Ehe zu führen, muß man eine eigenständige Meinung vertreten und in der Lage sein, sich auf sein eigenes Urteil sowie seine Fähigkeit, Entscheidungen zu treffen, zu verlassen. Vor allen Dingen muß man den Partner zum Objekt der Liebe und Loyalität machen und die Gründung einer Familie zum gemeinsamen Ziel. Die emotionale Veränderung vom Kind zum Ehepartner ist nur möglich, wenn man seine Beziehung zu den Eltern und seine Konflikte mit ihnen neu überdenkt.

Saras »Scharmützel« mit ihrer Schwiegermutter waren ein wichtiger Schritt auf die Entscheidung zu, die Familie an die erste Stelle zu setzen. Solche Kämpfe ereignen sich in vielen

Ehen. Matts Mutter, die versuchte, ihren Sohn zu halten, begriff wahrscheinlich nicht, welch verheerende Wirkung ihre Worte auf Sara hatten. Wenn Matt zu Sara gesagt hätte: »Laß uns die Hochzeit verschieben« oder »Reden wir doch noch mal mit ihr und versuchen, sie zu überzeugen«, wäre eine andere Grundlage für die Ehe entstanden. Indem Matt seine Loyalität gegenüber Sara und der Ehe erklärte, ordnete er seine Prioritäten neu und schuf eine Basis für die junge Beziehung. Und indem Sara sich weigerte, ihrer Schwiegermutter den Schlüssel zu geben, stellte auch sie sich schützend vor ihre Beziehung zu ihrem Mann.

Matt wurde durch die Aufdringlichkeit seiner Mutter bereits früh gezwungen, zwischen der Rolle des Sohnes und der des Ehemannes zu wählen. Seine Entscheidung zugunsten der Erwachsenenrolle führte zu einer Auseinandersetzung mit seiner Mutter. Gestärkt durch seine Liebe zu Sara, konnte er sich von dem dominanten Muster seiner Kindheit lösen: Er richtete sich nicht mehr nach den Wünschen seiner Mutter. Ihre Warnung war also sozusagen ein Schuß vor den eigenen Bug. Sie hatte ihre eigene Macht über- und Matts Selbstbewußtsein unterschätzt. Wenn sie ihren Willen durchgesetzt hätte, hätte es keine richtige Ehe gegeben.

Später erzählte Sara mir noch eine weitere Geschichte: »Die ersten sechs Monate unserer Ehe waren die Hölle«, sagte sie. »Ich hatte Probleme herauszufinden, was ein Orgasmus ist. Matt machte gerade seine Doktorarbeit in Berkeley und hatte nur Augen und Ohren für die Volkswirtschaft. Außerdem ging er in der Nacht arbeiten, damit wir uns über Wasser halten konnten. Ich hatte einen Teilzeitjob unter der Woche, und weil er die ganze Zeit lernen mußte, habe ich am Wochenende ehrenamtlich in einem Tierheim gearbeitet. Matt war praktisch nie daheim. Wir haben uns nicht gestritten, nein, aber ich war schrecklich einsam. Ich glaube, das war die einsamste Zeit in meinem Leben. Ich hab' mir jeden Abend die Haare gewaschen. Ich hab' die Katze gekämmt. Ich hab' gegessen. Ich war so einsam, daß ich zwanzig Pfund zugenommen habe, dabei war ich vorher immer schlank gewesen. Ich hab' Trübsal geblasen.

Dann bin ich eines Morgens aufgewacht und hab' mir gesagt: ›Mein Gott, ich bin verheiratet, aber ich bin eigentlich noch nicht dazu bereit!‹ Das war mir bisher nicht klar gewesen. Ich hatte Sehnsucht nach meinem Dad und meinem Zuhause. Ich wollte Leute um mich rum haben. Sie fehlten mir richtig körperlich. Also habe ich meine Siebensachen gepackt und bin nach Hause.«

»Und wie lange sind Sie geblieben?«

»Drei Wochen«, antwortete sie.

»Was haben Sie zu Hause gemacht?«

Sie lachte. »Nicht viel. Ich bin zum Einkaufen, und dann habe ich zu heulen angefangen, weil Matt und ich das immer so gern zusammen machten. Ich hab' nicht mehr nach Hause gehört und noch nicht zu ihm. Je länger ich von ihm weg war, desto trauriger wurde ich.«

»Wie hat Ihr Vater darauf reagiert?«

»Ich glaube, er wußte, daß ich verwirrt war. Wir haben lange Spaziergänge gemacht, ohne ein Wort miteinander zu reden. Aber einmal hat er mir ins Gesicht geschaut, meine Hände genommen und gesagt: ›Ich glaube, es war eine gute Entscheidung, Matt zu heiraten.‹ Da bin ich wieder in Tränen ausgebrochen.«

»Was haben Sie Matt in dieser Zeit gesagt?«

»Ach«, sagte sie, »zum Glück hatte er keine Ahnung, warum ich nach Hause bin. Er hat gedacht, daß ich bloß meine Eltern besuche. Er hat jeden Abend angerufen, da ist es mir

noch schlechter gegangen. Ich hab' mich nirgends wohl gefühlt. Zu Hause bin ich mir nicht mehr wie eine Tochter vorgekommen und bei Matt nicht wie eine Ehefrau.«

Wenn sich die Partner emotional von ihrer Familie lösen,
bewegen sie sich auf eine neue Identität zu. Im ersten Ehejahr
erhalten diese neuen Identitäten allmählich Vorrang, wenn
auch nicht ohne Schmerzen. Als Sara nach Hause fuhr, kam
sie sich vor wie eine Fremde. Wenn sie zu Matt zurückkehrte,
hatte sie Heimweh. Psychologisch gesehen, führte sie ein
Doppelleben – das der Tochter und das der Ehefrau. Eine
frisch verheiratete Frau wird im Regelfall erst einmal zwischen diesen beiden Rollen hin und her pendeln, doch irgendwann muß sie sich für die der Ehefrau entscheiden. Wenn sie
das nicht tut, ist die Ehe gefährdet. Durch seine positive Be-
wertung der Entscheidung Saras für Matt half der Vater ihr,
schneller in ihre Rolle als Ehefrau zu schlüpfen. Er bestätigte
sie darin und machte es ihr leichter, in ihr neues Zuhause zu-
rückzukehren.

Diese Loslösung fällt Frauen besonders schwer, weil die Mut-
ter-Tochter-Bindung so stark ist. Eine wichtige Rolle spielen
die Heirat der Tochter, die Geburt ihrer Kinder und der Tod
der Mutter. Jede dieser Veränderungen löst starke Gefühle
und heftige Konflikte aus. Die Ehe kann zu einer harten Prü-
fung für eine Frau werden, deren Mutter einsam und un-
glücklich ist oder sich um kranke Geschwister oder einen
kranken Ehemann kümmern muß.

Es ist besonders schwer, sich aus einer Beziehung zu lösen,
in der die Sehnsucht nach einer verständnisvollen Mutter
nicht erfüllt wurde. Als Sara nach Hause zurückkehrte, versuchte sie, mit ihrer Mutter über ihr neues Leben sowie seine
Frustrationen zu sprechen. Doch wieder sah sie sich vor einer

unbewältigbaren Aufgabe. Ihre Mutter bestand darauf, teure alte Möbel zu kaufen, die Sara weder wollte noch sich leisten konnte. Sara mußte die Hoffnung aufgeben, daß sich das Verhältnis zu ihrer Mutter verbessern würde. Es ist genauso schwierig, unerfüllte Wünsche und Hoffnungen aufzugeben wie echte Zuneigung.

Die psychologische Loslösung von den Eltern bei der Heirat ist in allen Hochzeitszeremonien der westlichen Religionen festgeschrieben. Bei den Juden wird diese Veränderung beispielsweise durch die *chupa*, einen Baldachin, den Familienangehörige an vier Stäben hochhalten, symbolisiert. Braut und Bräutigam stehen darunter wie unter ihrem eigenen Dach. Die erste Aufgabe der Ehe besteht darin, die *chupa* mit Wänden und Türen zu versehen, über die das junge Paar Kontrolle ausüben kann.

Die Braut muß außerdem ihre Bindung zum Vater lockern, damit eine leidenschaftliche Beziehung zum Ehemann möglich wird. Das ist nicht leicht. Sara und ihr Vater hatten eine ausgesprochen tiefe Beziehung zueinander, weil er in ihrer Kindheit die Vater- und die Mutterrolle übernommen hatte. Doch als sie heiratete, wurde es Zeit für eine Trennung. Sara setzte sich ein Jahr lang mit dieser Trennung auseinander, indem sie immer wieder nach Hause fuhr und dann zu Matt zurückkehrte. Allmählich ließ ihr Bedürfnis, ihren Vater zu sehen, nach, und sie war offen für die Liebe und Leidenschaft ihres Mannes.

Ein weiterer Aspekt der Trennung ist die Aufgabe des jugendlichen Egoismus. Eine Frau sagte mir: »Plötzlich wurde mir klar, daß das kein Spiel mehr war, weil man es mit einem Menschen aus Fleisch und Blut zu tun hat, und dieser Mensch ist verletzlich.« Als junge Erwachsene werden wir von einem Gefühl der Zeitlosigkeit geschützt, und wir können leicht von einer Rolle in eine andere schlüpfen. Wir nehmen die Realität nicht immer als das wahr, was sie ist. Bei der Heirat begibt die junge Frau sich auf unbekanntes Terrain; sie muß sich nicht nur mit äußerlichen, sondern auch mit innerlichen Veränderungen auseinandersetzen. Dazu ist viel Mut nötig.

Auch für den jungen Mann ist die Loslösung nicht leicht. Matt erhielt ungewollt Hilfe durch seine Mutter. Als er seine Frau gegenüber seiner Mutter verteidigte, steckte er die Grenzen der Beziehung zu seiner Mutter ab. Matt gab zu, daß sein Vater eine Identifikationsfigur für ihn war und daß sein Wunsch, beiden Elternteilen zu gefallen, seine Berufswahl bestimmte – mit der er letztlich nicht zufrieden war. Später gelang es ihm, sich von seinem Vater zu lösen. Allerdings erst, nachdem seine Frau ihn dazu ermutigt hatte.

Der Prozeß der Loslösung von den Eltern setzt sich während der ganzen Ehe fort. Die beiden Partner helfen einander, größere Unabhängigkeit zu erlangen. Bei Sara und Matt gelang es Sara erst nach mehreren Jahren, Matt dazu zu bringen, daß er zwischen seinen eigenen Werten und Wünschen und denen seiner Eltern unterschied.

Matt erzählte mir, daß seine Eltern nach der Geburt seines ersten Kindes immer wieder unangekündigt mit Geschenken vorbeikamen und ungefragt Ratschläge zur Kindererziehung erteilten. »Es war fast, als wäre unser Kind das ihre«, sagte er, »und es fiel uns schwer, Grenzen zu ziehen, weil mein Vater das Baby wirklich gern hatte.« Es war anstrengend, sagte Matt, doch schließlich überredete er seine Eltern, sich zurückzuziehen und sich nicht mehr so sehr in das Leben seiner Familie einzumischen. Es gibt taktvolle und taktlose Wege der Loslösung, doch beide führen zu Tränen und Wut. Eine Trennung tut weh, aber sie ist nötig, um die Ehe zu schützen.

Die Loslösung von der eigenen Familie bedeutet gleichzeitig, neue Beziehungen zu beiden Elternpaaren aufzubauen, die nichts mehr mit einer Eltern-Kind-Beziehung zu tun haben. Sowohl das junge Paar als auch die jeweiligen Eltern müssen an einer Neudefinition ihres Verhältnisses arbeiten. Dieses Verhältnis hat nichts damit zu tun, wie nahe die Familien beieinander wohnen oder wie oft sie sich treffen. In manchen Fällen haben beide Generationen nach der Eheschließung der Kinder ein stärkeres Gefühl der Nähe, während andere junge Paare versuchen, größere Distanz herzustellen.

Die Nähe zwischen den Generationen ist von Familie zu Familie und von Land zu Land unterschiedlich. In den westlichen Kulturen liegt die Betonung auf der Kleinfamilie, doch in vielen anderen Teilen der Welt hat die Großfamilie Vorrang. Männer und Frauen, die in fremde Kulturen hineinheiraten, müssen sich über die Gepflogenheiten dieser Kulturen im klaren sein.

Die zweite Aufgabe:
Balance zwischen Wir und Ich

— ·•· —

Der erste Schritt – die Loslösung von den Eltern – geht einher mit der zweiten Aufgabe, dem Aufbau eines Zusammengehörigkeitsgefühls, bei dem die jeweilige Unabhängigkeit jedoch nicht verlorengehen darf. Diese Aufgabe beginnt in den frühen Jahren der Ehe und setzt sich auch später fort.

Zu dem Thema fallen mir die Anfänge meiner eigenen Ehe mit Robert ein, die jetzt schon fast fünfzig Jahre hält. Wir kannten einander gut, bereits aus dem College, und liebten uns nicht nur leidenschaftlich, sondern interessierten uns auch beide für radikale Politik. Doch unsere Beziehung änderte sich drastisch, als wir heirateten. Plötzlich war unser freies, unabhängiges Leben zu Ende, und wir mußten uns in die starren Rollen von Mann und Frau fügen.

Unser Frühstück war ein gutes Beispiel dafür: Statt Robert zu fragen, was er zum Frühstück wollte (ich hatte das Kochen nie gelernt, schämte mich aber, das zuzugeben), stand ich jeden Morgen auf und machte ihm Eier und Speck. Wahrscheinlich beeinflußt durch die Radiosendungen und Illustriertenartikel jener Zeit, war ich davon überzeugt, daß eine gute Ehefrau das machen mußte. Irgendwann brachte Bob den Mut auf, mir zu sagen, daß er Eier und Speck haßte. Übrigens genau wie ich. Es dauerte ein ganzes Jahr, bis zwei gar nicht so dumme Leute etwas so Einfaches herausfanden.

Ganz allmählich merkten wir, daß es *die* Ehe nicht gibt, daß wir besser daran taten, nur wir selbst zu sein. Und schon bald fanden wir den Mut, unsere ganz eigene Form der Ehe aufzubauen. Wir begannen, uns wie Erwachsene zu fühlen, die ihr Leben selbst in die Hand nehmen konnten. Wir verbrachten viel Zeit damit, uns die Ehen unserer Freunde anzuschauen und über die Paare zu sprechen, die wir kennenlernten. Das war sehr aufschlußreich.

In diesen frühen Jahren fanden wir heraus, was wir voneinander erwarteten und – noch wichtiger – was wir nicht wollten. Aus den Reaktionen des Partners lernten wir, ob wir das Richtige taten oder uns getäuscht hatten.

Wir stellten unsere eigenen Regeln auf. Die erste lautete, daß wir nie wütend aufeinander ins Bett gehen würden, eine Entscheidung, die sich als Gottesgeschenk erwies. Zögernd stimmten wir beide zu, immer zu Hause anzurufen, wenn wir uns verspäteten, auch wenn uns das sehr an unsere Teenagerzeit erinnerte. Schritt für Schritt gingen wir Kompromisse ein, um miteinander auszukommen.

Ich lernte auch über mich selbst eine Menge, indem ich mich mit meinem Mann verglich. Zum Beispiel war ich viel weniger organisiert als er und wußte nie, wieviel Geld ich in der Brieftasche hatte. Bedeutend impulsiver als er, wußte ich manchmal nicht, warum ich mich gerade so aufgeregt hatte. Das machte die Sache schwierig, weil ich ihm oft Dinge nicht erklären konnte, die mir selbst nicht so ganz klar waren. Wir lernten beide, mit diesen Unterschieden und einem gewissen Maß an Vieldeutigkeit zu leben. Dabei verließen wir uns auf unseren Sinn für Humor und unsere Intuition. Er lernte, sich gehen zu lassen, und das gefiel ihm. Und ich wurde organisierter, nachdem ich meinen Zorn darüber, daß ich mich zusammenreißen mußte, überwunden hatte. Seine Arbeitszeiten und mein Innenleben waren oft nicht vorhersagbar, doch allmählich begannen wir, unser Zusammenleben zu stabilisieren und gut miteinander zurechtzukommen.

Mit der Balance zwischen Wir und Ich meine ich, daß die Partner ihre Ansichten darüber, wie sie ihre Zukunft miteinander verbringen wollen, abstimmen – dabei entsteht eine neue Einheit, die der Ehe. Teenager und junge Erwachsene sind immer ich-zentriert, weil sie damit beschäftigt sind, sich eine von den Eltern unabhängige Identität aufzubauen. Eine Ehe erfordert die Umwandlung dieses »Ichs« in ein dauerhaftes »Wir«. Doch dieses »Wir« muß auch Raum für die Unabhängigkeit der jeweiligen Partner beinhalten. Bei Paaren, die sich scheiden lassen, ist dieses »Wir« oft schwach ausgeprägt oder fehlt völlig.

Das Gefühl, Teil eines Paares zu sein, bildet die Grundlage einer modernen Ehe. Es ist der stärkste Schutz gegen das Zerbröckeln. Das Wir-Gefühl verleiht der Ehe die Kraft, gegen die unausweichlichen Frustrationen und Versuchungen des Lebens anzukämpfen. Es vermittelt den Partnern auch das Gefühl, ein autonomes Gebiet geschaffen zu haben, in dem sie die Regeln aufstellen. Im Gegensatz zum täglichen Leben haben sie hier allein die Kontrolle.

Eine gute Ehe verlangt von den jeweiligen Partnern, daß sie ihre Ich-Bezogenheit und einen Teil ihrer Unabhängigkeit aufgeben. Früher mußten sich die Frauen der Identität ihres Mannes unterordnen. Die Mädchen wurden so erzogen, daß sie kein starkes Ich-Gefühl entwickeln konnten, weil sie ja ohnehin jemanden heiraten würden. Das funktionierte jedoch nur solange, wie die Frauen bereit waren, ihre Unabhängigkeit für die Ehe zu opfern. Eines der Hauptziele der Frauenbewegung bestand darin, dieses alte Modell zu revolutionieren und gleichberechtigte Rollenmuster aufzubauen –

ein echtes »Wir« statt einer von der Gesellschaft erzwungenen Zusammengehörigkeit, die sich letztlich nach den Wünschen des Mannes richtete.

In einer guten Ehe gründet sich die neue Identität auf eine solide Basis aus Liebe und Einfühlungsvermögen. Die Partner müssen lernen, sich miteinander und mit der Ehe zu identifizieren. Die Ehe ist so etwas wie das erste Kind, das sie miteinander zeugen, und genau wie ein richtiges Kind bringt auch die Ehe Freude, wie die Paare in meiner Studie zeigen.

Gewissen und moralisches Bewußtsein der Partner verändern sich dabei. Das, was für die Beziehung gut oder richtig ist, hat nicht mehr viel mit dem zu tun, was für den einzelnen gut oder richtig ist. Die Entscheidungen hängen nun mit der Überlegung zusammen, was am besten für sie, für ihn und für die Ehe ist.

Viele Ehen scheitern, weil die Partner kein Gefühl der Zusammengehörigkeit aufgebaut haben. Das kann zahlreiche Gründe haben: Manche Leute glauben, die Ehe passiere einfach, man brauche darin keinen Teil seines Selbsts aufzugeben. Sie konzentrieren sich weiterhin auf ihre eigene Karriere, ihre eigenen Begabungen und gesellschaftlichen Interessen. Manche Menschen sind nicht in der Lage, sich in andere hineinzuversetzen, wieder andere haben selbst so starke Bedürfnisse, daß sie die des Partners nicht sehen. Unter solchen Bedingungen kann die Ehe sich nicht zu einem starken Gebilde entwickeln, das zwei Menschen schützt und unterstützt, und sie zerbröckelt in Krisenzeiten.

Wie kommt es zu gegenseitigem Einfühlungsvermögen? Es ist von der wachsenden Vertrautheit des Paares abhängig. Wer lernt zuzuhören, was der Partner sagt, und diese Informationen dazu verwendet, ihn zu verstehen, kann sein eigenes Verhalten danach ausrichten.

Sara Turner kehrte nach ihrem Besuch bei ihren Eltern zu Matt zurück. »Als ich wieder daheim war, haben wir uns beide sehr gefreut«, erzählte sie mir, »und dann hatten wir unseren ersten Krach. Mein Gott, was für eine Erleichterung! Da habe ich etwas sehr Wichtiges über die Ehe gelernt.«

»Nach dem Krach oder nach Ihrem Besuch bei Ihren Eltern?«

»Sowohl als auch. Ich hatte nicht gewußt, daß man auch auf Menschen, die man liebt, wütend sein kann. Ich habe das Streiten nie gelernt, und dieser Zorn hat mich ziemlich erschreckt. Ich kann Ihnen gar nicht sagen, wie wichtig es für mich war zu lernen, daß ich ihm meine Gefühle erklären konnte – wie einsam ich war und wie wütend darüber, daß ich ständig allein war.«

»Wie hat er das aufgenommen?«

»Auch da habe ich etwas dazugelernt – oder besser gesagt: Ich habe *allmählich* dazugelernt. Am wütendsten und ängstlichsten machte ihn nämlich mein Schweigen. Wenn ich mit ihm redete, konnte er mit fast allem umgehen.

Wir haben gelernt, einander zuzuhören, in jenen ersten Jahren unserer Ehe. Wir haben uns immer geliebt. Als ich zugenommen habe, hat er gesagt, er mag dicke Frauen. Und als ich wieder abgenommen habe, hat er gesagt, er mag schlanke Frauen. Irgendwann habe ich begriffen, daß er *mich* liebt. Das ist das schönste an unserer Beziehung.«

Sara fuhr fort: »Ich habe gelernt, daß eine Ehe nicht von Anfang an funktioniert. Anfangs hatte ich gedacht – wie viele andere junge Frauen übrigens –, daß die Ehe alles ausfüllt, die ganze Zeit, die man hat.« Sie lachte. »Aber da hatte ich mich natürlich getäuscht.«

Das, was Matt sagte, klang ganz ähnlich wie Saras Worte. »Am Anfang unserer Ehe habe ich nicht gewußt, wie ich meine Gefühle ausdrücken soll. Sie hat mir gedroht, daß sie mich verläßt, und ich habe Panik bekommen. Ich hab' ziemlich lang gebraucht, bis ich begriffen habe, daß sie das nicht ernst meint. Und ich habe auch erst nach einiger Zeit kapiert, daß oft ein Widerspruch besteht zwischen dem, was sie sagte, und dem, was sie meinte. Sobald ich das verstanden hatte, wurde alles einfacher.«

Die glücklich verheirateten Paare, mit denen ich im Rahmen meiner Studie sprach, hatten die Lebensgeschichte ihres Partners immer im Kopf und verwendeten diese Informationen im täglichen Umgang miteinander. Sie konnten sich jeweils wechselseitig miteinander identifizieren. Ein Ehemann sagte: »So viele Männer, darunter auch ihr Vater, haben sie schlecht behandelt. Da ich das weiß, kann ich mich bemühen, es anders zu machen.« Eine Frau sagte: »Seine erste Frau wollte nie mit ihm schlafen. Ich versuche immer wieder zu zeigen, wie sehr er mich sexuell interessiert. Für mich ist das gar nicht so leicht, weil meine Lust seit den Wechseljahren nachgelassen hat, aber ich bemühe mich immer, seine früheren Erfahrungen mitzudenken.«

Viele der Leute kannten nicht nur die Geschichte ihres Partners, sondern verstanden auch seine Launen und seine Körpersprache ziemlich gut. Ihre Beziehung übertraf bei weitem das Maß der rein sprachlichen Kommunikation. Abgesehen davon versuchten sie, ihre eigenen Bedürfnisse auf das abzustimmen, was der andere geben konnte, statt auf etwas zu bestehen, was dem anderen unmöglich war. Oft geht es dabei um schwierige Entscheidungen. Eine Frau erzählte mir, sie habe sich bewußt ganz allein um ihr Kind gekümmert, das Krebs hatte. »Wir haben's geschafft«, sagte sie. »Solche Probleme machen einen nicht stärker. Sie sind zu nichts gut. Sie jagen einem nur einen furchtbaren Schreck ein. Ich hatte zuviel Angst, um mir selbst helfen zu lassen. Mein Mann kam überhaupt nicht mit dieser Nachricht zurecht. Jeden Tag wachte ich wieder mit dieser Angst auf. Ich habe jahrelang davon geträumt. Aber wir haben's geschafft.« Es ist bemerkenswert, wie diese Frau immer wieder das Wörtchen »wir« verwendete.

Ein junger Mann, der mit seiner Firma bankrott ging, erzählte seiner Frau nichts von den täglichen Auseinandersetzungen mit den wütenden Gläubigern, sondern entschied sich dafür, die Last allein zu tragen. Er sagte: »Die Angelegenheit hat ihr furchtbar angst gemacht. Sie hat sie an ihre Kindheit erinnert. Ihr Vater hat nie die Alimente bezahlt.« Auch er sagte: »Wir haben's geschafft.« Es stimmt nicht, daß in einer guten Ehe beide Partner gleich viel zum Bewältigen von Krisensituationen beitragen. Vielmehr tut jeder, was er kann.

Weil der Aufbau einer gemeinsamen ehelichen Identität immer voraussetzt, daß man seine Ich-Bezogenheit teilweise aufgibt, läuft er gegen enorme Widerstände ab. Nähe führt zwangsläufig zu der Angst, ausgelacht, abgewiesen, verlassen oder nicht geliebt zu werden. Um sich trotzdem auf das Wagnis einzulassen, ist ziemlich viel Mut nötig. Die Partner finden sich nicht so leicht damit ab, daß sie nachgeben, teilen, frühere Freiheiten aufgeben müssen. Sie müssen neue Verantwortung übernehmen und sich darauf einstellen, daß der andere etwas fordern kann. Es besteht immer die Gefahr – besonders in den Anfängen der Ehe –, daß diese Forderungen als übermäßig, gefährlich, ausbeuterisch oder erniedrigend empfunden werden. Außerdem kann es durchaus sein, daß man die Anforderungen, die das Erwachsenenleben mit sich bringt, mit den Wünschen des Partners verwechselt.

Doch der Aufbau der gemeinsamen ehelichen Identität

macht nur die Hälfte der Aufgabe aus. Die zweite Hälfte besteht darin, seine Unabhängigkeit zu bewahren und Freiräume für die Partner zu schaffen.

Unabhängigkeit innerhalb einer Ehe ist etwas völlig anderes als der individuelle Lebensstil, den die Partner in die Ehe mitbringen. Eine Ehe, in der Mann und Frau nebeneinander herleben, ohne eine gemeinsame Basis geschaffen zu haben, gleicht eher einer geschäftlichen Beziehung.

Mit dem Wandel der Geschlechterrollen in den letzten Jahren ist auch diese Problematik komplexer geworden. In traditionellen Ehen mit klar voneinander abgegrenzten Bereichen für Mann und Frau bestimmte die Gesellschaft die Funktion der Familie, die Rollenverteilung sowie die gemeinsamen und getrennten Unternehmungen der Partner. Ein Mann, der 1954 heiratete, sagte mir: »Wenn man damals nicht spätestens nach dem dritten Ehejahr ein Kind hatte, dachten die Leute, daß der Mann homosexuell oder impotent ist.« In heutigen Ehen gibt es viel mehr Möglichkeiten, die zu neuen Aufgaben führen, weil man alle Dinge des Lebens in Abstimmung mit den Bedürfnissen der Beteiligten und zum Vorteil der Gemeinschaft regeln muß.

Um zu dem Schluß zu gelangen, daß eine Beziehung sich lohnt, müssen die Partner ihre Wünsche und Bedürfnisse miteinander vergleichen und Kompromisse finden. Das ist nur möglich, wenn die Beteiligten offen über das reden, was sie wollen, und sich über das einigen können, was für beide fair ist. Nur so können sie die jeweiligen Enttäuschungen besser verarbeiten. Das alles funktioniert jedoch bloß, wenn für das Paar das Wohl der Ehe wichtiger ist als die individuellen Bedürfnisse der Partner. Die Vorstellungen darüber, was gerecht ist, werden besonders stark von den jeweiligen Eltern und dem gesellschaftlichen Milieu beeinflußt, müssen sich jedoch letztendlich nach den Erfordernissen der betreffenden Ehe richten. Heutzutage stellt jedes Paar seine eigenen Regeln für das gerechte Zusammenleben auf.

Der Aufbau von Einfühlungsvermögen und Wir-Gefühl bei gleichzeitiger Bewahrung individueller Freiräume wird besonders wichtig, wenn das Paar beschließt, Kinder zu bekommen. Wenn die beschriebenen Aufgaben bei der Geburt des ersten Kindes noch nicht bewältigt sind, kann dies negative Auswirkungen auf Eltern und Kind haben. Sobald die Kinder erwachsen sind und ausziehen, müssen die Eltern erneut über Zusammengehörigkeitsgefühl und Unabhängigkeit nachdenken. Das gleiche gilt, wenn einer oder beide Partner in den Ruhestand gehen.

Besonders heute sind die beschriebenen Aufgaben schwer zu bewältigen, denn in unserer Zeit heiraten Paare normalerweise später und geben ihren individuellen Lebensstil nur ungern auf. Doch eine Ehe verlangt von den Beteiligten, daß sie dem jeweiligen Partner entgegenkommen und sich mit einem Teil zufriedengeben, statt das Ganze zu verlangen. Dabei sollte man aber nicht vergessen: Manch ein Kompromiß ist zu teuer erkauft – niemand sollte etwas opfern, was ihm wirklich am Herzen liegt.

Die dritte Aufgabe:
Die Elternrolle

— ·•· —

Für die glücklich verheirateten Paare, mit denen ich mich unterhielt, bedeuteten die Kinder einen neuen Sinn im Leben. Alle Männer und Frauen, die ich bat, mir zu erklären, was es für sie hieß, Vater oder Mutter zu sein, und wie ihre Rolle als Eltern die Ehe beeinflußte, gaben mir bereitwillig Auskunft.

»Unser erstes Kind war einer der Höhepunkte unseres Lebens. Das war so etwas wie eine Reifeprüfung. Ich empfand plötzlich eine eindeutige Bindung an diese Beziehung, an die Ehe und an die Familie. Dieses Gefühl hat sich bis jetzt nicht verändert. Ich denke nie bewußt darüber nach, aber ich weiß, daß ich diese Beziehung nie aufgeben werde, und meine Vaterrolle hat sehr viel damit zu tun.«

»Eine Ehe braucht Kinder, sonst ist sie keine Ehe, sondern nur eine Affäre.«

Ein Mann sagte: »Ich erinnere mich noch, daß ich ganz aus dem Häuschen war, als ich unser Kind zum erstenmal auf dem Arm gehalten habe. Das war die schönste Erfahrung meines Lebens.«

»Er ist der erste Mann, mit dem ich ein Kind wollte«, sagte eine Frau. »Vor ihm hatte ich eine Menge Männer gekannt, aber bei keinem von ihnen hatte ich dieses Gefühl gehabt.«

»Menschen, die keine Kinder haben, tun mir leid; sie wissen nicht, was ihnen entgeht.«

Für die Paare in dieser Studie war die Geburt des Kindes

einer der Höhepunkte in ihrem Leben. Die Elternrolle trug dazu bei, die Konturen der Ehe festzulegen und psychologische Entwicklungen herbeizuführen, und sie brachte zahllose freudige Erfahrungen wie auch große Probleme mit sich. Alle Befragten sagten, das Leben wäre ohne Kinder ärmer gewesen. Alle sagten auch, daß das Leben ohne die Kinder einfacher gewesen wäre, daß es sich aber trotzdem gelohnt habe. Die Kinder gaben dem Dasein der Eltern Sinn und Stabilität sowie eine gewisse Kontinuität. Alle Interviewpartner waren der Meinung, daß Kinder dazu beitrugen, das Paar zusammenzuhalten.

Die Geburt der Kinder verändert die Ehe. Sie bringt Lachen und Freude, aber auch Sorgen und immer wieder Aufregung ins Haus. Kinder rufen in den Eltern ein Gefühl der Zärtlichkeit, Sorge und Verantwortung hervor. Viele Eltern sagen, daß sie von der Heftigkeit dieser Gefühle überwältigt waren.

Eltern reden die ganze Zeit von den Problemen, die mit den Kindern zu tun haben. Sie lachen und weinen, trösten und geben einander die Schuld in Diskussionen, die sich immer wieder um die Kinder drehen und einen großen Teil der ehelichen Gespräche ausmachen.

All das findet vor dem Hintergrund gewaltiger psychologischer Veränderungen bei Mann und Frau statt. Während die Kinder heranwachsen, erleben die Eltern noch einmal ihre eigenen Ängste, Konflikte und Freuden aus der Kindheit, und das erleichtert es ihnen, eine emotionale Bindung zu ihren Kindern herzustellen. Dadurch entwickeln sich auch die Eltern weiter. Die Kinder zwingen sie dazu, die Werte, die sie weitergeben wollen, neu zu überdenken und möglicherweise zu modifizieren.

Auch die Ehe selbst verändert sich in dieser Zeit. Manche

Eltern empfinden die Kindererziehung als zu große Last, und sie drücken sich vor der Verantwortung, doch in einer guten Ehe lassen sich Mann und Frau bereitwillig auf gewisse Opfer für ihre Kinder ein, weil sie hoffen, daß sie sich auf lange Sicht lohnen werden.

Die Ehepartner sehen einander nun anders – nicht nur als Freunde und Geliebte, sondern auch als Vater und Mutter. Doch gerade die Freundes- und Geliebtenrolle muß in dieser Zeit gestärkt werden. Die Liebe der Kinder zu ihren Eltern ist oft leidenschaftlich und kann in bezug auf das elterliche Selbstwertgefühl Wunder wirken, aber sie kann das Bedürfnis der Eltern nach Liebe und Freundschaft eines Erwachsenen nicht befriedigen.

Die Geburt der Kinder stellt die Partner vor die dritte große Aufgabe innerhalb der Ehe: Sie müssen ihre Beziehung öffnen, um – psychologisch und physisch – Raum zu schaffen für das Kind, ohne dabei die Freiräume des Paares zu verlieren. Diese Aufgabe verlangt von den Partnern, daß sie sich mit ihrer neuen Identität als Eltern beschäftigen und ihre eigenen Bedürfnisse denen des Kindes unterordnen. Erstaunlicherweise sieht unsere Kultur es als selbstverständlich an, daß dieser Prozeß automatisch abläuft. Doch das ist ein Irrtum.

»Ich war völlig unvorbereitet auf meine Gefühle«, sagte Sara stirnrunzelnd. »Verstehen Sie mich nicht falsch. Natürlich war das Baby wunderbar. Aber trotzdem hatte ich das Gefühl, daß mir der Boden unter den Füßen weggezogen wird. Ich war schockiert darüber, was dieses kleine Kind mit mir anstellte. Es ist mir peinlich, aber damals wußte ich nicht, was es bedeutet, ein Baby zu haben. Ich hab' gedacht, ich leg' sie einfach in ihren Korb und kann mein Leben wie gewohnt weiterführen. Ich war ganz schön durcheinander, als meine Tochter meine ganze Zeit in Anspruch genommen hat.«

»Und Matt?« fragte ich.

»Ich glaube, unsere Kommunikation war damals nicht sonderlich gut. Wir haben versucht, wie Jungverliebte weiterzuleben, so, als hätte sich nichts verändert. Erst etliche Jahre später haben wir gesehen, was seinerzeit eigentlich los war. Als wir uns kennenlernten, haben wir uns so etwas wie eine eigene Welt aufgebaut. Wir haben unsere Leben miteinander verschmolzen. Wir sind zusammengezogen, weil wir einander kennenlernen wollten. Wir hatten eine ziemlich enge Bindung, obwohl wir noch nicht lange zusammen waren; deshalb haben wir ziemlich viel Wert auf unsere Definition als Paar gelegt. Aber mit dem Baby hat sich alles verändert.«

Sara seufzte und kam zum Kern des Problems. »Ich hab' damals nicht gewußt, daß auch das tollste Baby in unsere Beziehung eindringen würde, daß Matt und ich unsere Beziehung verändern mußten, ohne das zu beschädigen, was wir uns aufgebaut hatten. Offen gestanden war ich schockiert, wie sehr das Baby meine Gefühle für meinen Mann veränderte. Mein Interesse am Sex nahm ab, seines zu.

Wie soll ich das ausdrücken?« überlegte sie. »Unser Sexleben während der Schwangerschaft war fantastisch. Ich weiß nicht warum, aber ich war die ganze Zeit ziemlich geil. Das war mit der beste Sex, den wir je miteinander hatten. Als das Baby dann da war und ich stillte, hat sich alles verändert. Es gab Zeiten, in denen wir uns auf alles mögliche konzentrierten, nur nicht aufeinander. Und wenn man dann mit jemandem schlafen soll, mit dem man den ganzen Tag über nichts zu tun gehabt hat, ist das merkwürdig. Tja, und dazu kommt dann noch diese unglaubliche Müdigkeit.« Sie warf einen Blick auf ein Familienfoto, das neben ihr stand. »Es ging nicht nur darum, daß sich mein Leben nur noch um das Baby drehte, nein, auch Matt hat sich mehr Gedanken darüber gemacht, wie er unsere Familie versorgen kann. Mit solchen Überlegungen im Hinterkopf klappt's im Bett nicht immer so gut. Ich glaube, daß ich immer versucht habe, ihn miteinzuschließen, aber wahrscheinlich hatte er das Gefühl, daß zwischen mir und dem Kind ein viel stärkeres Band existiert. Sogar wenn wir miteinander schliefen, dachte ich, daß meine Brüste eigentlich dem Kind gehörten, daß Matt kein Recht auf sie hatte.«

In den ersten Monaten nach der Geburt ergeben sich massive Veränderungen. Viele Paare kommen damit nicht sonderlich gut zurecht. Ich habe oft miterleben müssen, wie das Kind letztendlich zur Scheidung der Eltern führte. In vielen Ehen geht es längst nicht mehr so vertraut und leidenschaftlich zu wie zuvor. Deshalb ist es so wichtig, daß die Partner sich auch als Eltern ihre Freiräume bewahren.

Die Geburt des Kindes verändert die psychologischen und emotionalen Gegebenheiten innerhalb der Ehe und das Verhältnis von Mann und Frau. Aus der Zweierbeziehung wird eine Dreierbeziehung. Zu keiner anderen Zeit ist der Einfluß der jeweiligen Ursprungsfamilien stärker, und möglicherweise tun sich alte Wunden gerade in dem Augenblick auf, in dem die Partner ein eigenes Kind bekommen.

Zu diesem Zeitpunkt wird die Frau stärker gefordert als je zuvor. Mutter zu werden führt zu massiven psychologischen Veränderungen, die einschneidender sind als der Wechsel von der Tochter- zur Ehefrauenrolle. Das Kind bringt nicht nur Freude, sondern auch Anstrengungen mit sich. Genau jetzt drängen auch wieder unbewältigte Konflikte mit der eigenen Mutter an die Oberfläche.

Niemand kann diese Veränderungen voraussehen; kein Vater und keine Mutter kann ahnen, welch zentrale Stellung das Baby einnehmen wird. Die Mutter fühlt sich durch die Bedürfnisse des Kindes überfordert, kann sich aber weder biologisch noch psychologisch von ihm lösen. Körperlich und emotional ausgelaugt, braucht sie Unterstützung, Lob, Ruhe und Zuneigung.

In vielen Ländern der Dritten Welt gehört die mütterliche und schwesterliche Sorge um die junge Mutter zur Kultur, doch in unserer von der Kleinfamilie geprägten Gesellschaft hat sie von dieser Seite nur wenig Hilfe zu erwarten. Wenn sie sich dann an ihren Mann wendet, trifft sie möglicherweise ebenfalls auf mangelndes Verständnis. Viele Männer übernehmen gern die Rolle des liebevollen Vaters, wollen aber ihrerseits liebevoll behandelt werden. Wenn die Frau dann ihre Zuneigung hauptsächlich dem Kind zuwendet, kommt sich der Mann unter Umständen wie ein Außenseiter vor – und das ausgerechnet zu einem Zeitpunkt, zu dem er seine Frau sexuell wie auch emotional besonders braucht.

Die junge Frau beneidet ihren Mann zu dieser Zeit möglicherweise, weil er weder die anstrengende Schwangerschaft noch die schmerzhafte Geburt ertragen muß und dann das Kind auch nicht zu stillen braucht. Der Mann bekommt die negativen Gefühle ab, das Baby die positiven. Oft äußert sich das in Bemerkungen wie »Du hilfst nicht genug« oder »Du hast deinen Spaß gehabt, und ich hab' jetzt die Last damit«.

Doch auch für den Mann ist es nicht leicht, dem Baby seinen Platz einzuräumen. Der Frau erleichtert die Biologie die Veränderung, denn sie gewöhnt sich durch die Müdigkeit, die morgendliche Übelkeit, die Kurzatmigkeit, das Strampeln des Fötus in ihrem Bauch, die großen Brüste und schließlich die Geburt an den Gedanken, bald nicht mehr mit ihrem Partner allein zu sein. Diese Erfahrung setzt sich nach der

Geburt fort, wenn sie das Baby stillt, ihm auf den Rücken klopft oder es in den Schlaf wiegt.

Für den Mann sieht die Sache anders aus. Egal, wie viele Geburtsvorbereitungskurse er besucht und egal auch, ob er bei der Geburt selbst dabei ist – biologisch gesehen ist er ein Außenseiter. Weder seine Psyche noch sein Körper setzen sich ganz automatisch mit dem Kind auseinander. Er muß bewußt an seiner neuen Rolle als Vater arbeiten – einer Rolle, deren Komplexität in unserer Gesellschaft gemeinhin unterschätzt wird. Für viele Männer bedeutet diese unerwartete psychologische Veränderung eine Krise.

Plötzlich wird der junge Vater von seinem fordernden Kind verdrängt, das noch nicht lächeln, ihm in die Augen schauen, die Arme ausstrecken oder ihm körperlich seine Zuneigung zeigen kann. Dafür nimmt es ihm die Frau weg, und das hat häufig zur Folge, daß er eifersüchtig wird und zornig sowohl auf das Kind als auch auf die Mutter. Oft erinnert das an eigene Kindheitserfahrungen, an eine Mutter, die den Jungen damals zugunsten eines jüngeren Bruders oder einer jüngeren Schwester, unter Umständen auch zugunsten des Vaters, zurückwies. Unbewußt nimmt er das Baby nicht als unschuldiges Neugeborenes wahr, sondern als Rivalen und begreift die vorrangige Beschäftigung der Mutter mit dem Kind als Zurückweisung. Außerdem muß er sich mit seinen sexuellen Begierden auseinandersetzen, die häufig durch den Anblick seiner stillenden Frau geweckt werden. In vielen Fällen steigt seine Lust, während die ihre abnimmt.

Der junge Vater sieht sich nach der Geburt oft mit sexuellen Entzugserscheinungen konfrontiert. Wenn das Paar beginnt, sich körperlich näher zu kommen, schreit das Kind. Das Baby liegt nun – psychologisch wie physisch – als Dritter im Ehebett. Viele Frauen, bei denen bei der Geburt ein

Dammschnitt nötig war, beklagen sich auch, daß sie bis zu einem Jahr danach Schmerzen beim Sex haben, obwohl die Gynäkologen ihnen versichern, daß sich das nach sechs bis zwölf Wochen legt.

Nach den körperlichen Veränderungen und Belastungen von Schwangerschaft und Geburt braucht die junge Mutter die Bestätigung, daß sie noch schön und begehrenswert ist. Wenn der Mann ihr diese Bestätigung nicht gibt, wendet sie sich unter Umständen einem anderen Mann zu, der ihr das Gefühl verleiht, wieder als *Frau* attraktiv zu sein, genauso wie der Ehemann sich möglicherweise auf eine außereheliche Affäre einläßt, um seine Frustrationen abzubauen, die die Geburt des Kindes emotional und sexuell für ihn mit sich bringt.

All diese Veränderungen können die Ehe anders als früher gefährden. Viele Scheidungen werden eingereicht, weil das betreffende Paar nicht in der Lage ist, das Kind in sein Leben zu integrieren.

Möglich ist auch folgende Reaktion des Mannes: Er identifiziert sich voll und ganz mit dem Wunsch der Mutter, dem Baby Vorrang zu geben, und verzichtet auf seine eigenen sexuellen und emotionalen Bedürfnisse ihr gegenüber. Die Folge ist die Überbewertung des Kindes innerhalb einer emotional und sexuell verarmten Ehe.

In einer guten Ehe gelingt es Mann und Frau, sich den inneren Konflikten zu stellen und Platz für das Kind zu schaffen, ohne daß es der Alleinherrscher der Familie wird.

Es hilft sehr, wenn man weiß, daß die Zeit nach der Geburt anstrengend wird. Die junge Mutter muß ihre Kräfte zwischen Mann und Kind aufteilen und ihrer Rolle als Ehefrau und Sexualpartnerin gerecht werden. Sie muß sich im klaren darüber sein, daß ihre Lust möglicherweise abnimmt, insbesondere, wenn sie stillt. Eine Frau sagte mir: »Ich hatte das Gefühl, daß mein Körper meinem Kind gehörte.« Trotzdem darf sie die sexuellen Bedürfnisse ihres Mannes nicht ignorieren oder als zusätzliche Last betrachten.

Beide Partner laufen Gefahr, sich verletzt, zurückgewiesen und nicht genügend gewürdigt vorzukommen. Deshalb ist es nicht nur für das Kind, sondern auch für Mann und Frau wichtig, besonderes Gewicht auf die Partnerschaft zu legen. Die Probleme tauchen bei jeder Geburt von neuem auf und verstärken sich, wenn die Kinder kurz aufeinanderfolgen.

Wie die Betroffenen mit diesen Konflikten zurechtkommen, hängt davon ab, ob sie eine starke Beziehung aufgebaut haben, der die Geburt des Kindes nichts anhaben kann.

Besonders für den jungen Vater, der sich erst daran gewöhnen muß, mit dem Kind umzugehen, ist es schwer, eine von der Mutter unabhängige Beziehung zu dem Baby aufzubauen. Matt erzählte mir: »Als meine Tochter ein paar Wochen alt war, hat sie mich das erste Mal angelächelt. Und da habe ich mir gesagt: ›Hey, ich würde meine Tochter Karen aus allen Kindern hier im Land rauskennen, aus allen Kindern auf der ganzen Welt.‹ Das war toll; zum erstenmal hatte ich das Gefühl, wirklich ihr Vater zu sein. Bis zu dem Zeitpunkt war unser Verhältnis ziemlich wackelig, aber das hätte ich damals natürlich nie zugegeben.«

Die Elternrolle zwingt Vater und Mutter dazu, Ängste und Eifersüchteleien, die das Kind in die Familie bringt, zu bewältigen. Das geht nur, wenn man das Baby als Individuum kennenlernt und miterlebt, wie es heranwächst zu einer eigenständigen Persönlichkeit. Doch darüber darf man die Partnerschaft nicht vergessen.

Man darf nicht vergessen, daß die Kindererziehung lediglich ein Teil der Ehe ist. Eine gute Ehe stärkt nicht nur die Beziehung zwischen Eltern und Kind, sondern auch zwischen den Partnern, und Kinder fühlen sich in einer Familie im allgemeinen besser aufgehoben, wenn sie die Liebe ihrer Eltern zueinander spüren.

Wenn es gelingt, das richtige Gleichgewicht zu finden, fördern Elternrolle und Partnerschaft einander gegenseitig. Natürlich müssen die Eltern in Krisenzeiten gegenüber den Bedürfnissen der Kinder zurückstecken – dafür sind sie Eltern. Doch wenn einer der Partner oder die Ehe Unterstützung brauchen, müssen die Wünsche der Kinder in den Hintergrund treten. Die Partner können einander dabei helfen, dieses Gleichgewicht zu finden. Eine Frau sagte: »Es sind zwei Menschen nötig, um ein Kind zu machen, und zwei für eine gute Ehe. Die Kinder bringen uns zusammen, und wir lieben sie, aber wir lieben auch einander.« Aufgabe der Ehe ist es auch, daß die Partner sich gegenseitig bei der Bewältigung der Veränderungen, die ein Kind mit sich bringt, beistehen.

Als ich Sara und Matt bat, mir von ihren Kindern zu erzählen, sagte Matt: »Die beiden sind jetzt erwachsen, über dreißig. Karen ist verheiratet. Sie lebt zusammen mit ihrem Mann und unserem einzigen Enkel in Denver. Sie haben zusammen ein Architekturbüro und kennen sich schon aus Schulzeiten. Bill ist noch ledig und arbeitet in LA fürs Fernsehen. Eigentlich wollte er Komponist werden, aber er hat gemerkt, daß er das nicht schafft. Wir sind ganz aufgeregt, weil er uns gestern angerufen hat, um uns zu sagen, daß er uns seine Freundin vorstellen möchte. Tja, vielleicht ändert sich schon bald einiges. Wir telefonieren oft mit unseren Kindern und versuchen, sie alle zwei Monate zu sehen.«

Sara sagte: »Als die beiden noch klein waren, war es toll, in ihrer Teenagerzeit wurde es dann schon schwieriger. Den größten Teil der Arbeit habe ich übernommen, doch Matt hat mir geholfen, besonders, wenn es hektisch wurde. Die meisten Krisen hatten damit zu tun, daß die Kinder krank waren. Ich werde es nie vergessen, als Karen mit drei plötzlich hohes Fieber bekam und die Ärzte nicht wußten, was es war. Matt ist sechs Tage lang nicht zur Arbeit gegangen. Wir haben uns rund um die Uhr alle zwei Stunden abgelöst. Als das Fieber endlich runterging, sind wir uns vor Freude und Erschöpfung in die Arme gefallen.«

»Und in der Teenagerzeit?« fragte ich.

»Teenager aufzuziehen in der Bay Area war damals furchtbar«, sagte Sara. »Viele Kinder von befreundeten Paaren hatten ernste Probleme mit Drogen. Wir wissen von mindestens einem Selbstmordfall und einem Unfalltod in diesem Zusammenhang. Aber ich hatte immer das Gefühl, daß unsere Kinder mit der Sache fertig werden würden, und das haben sie auch geschafft. Karen hat mir die größten Sorgen gemacht. Sie hat sich immer wahnsinnig angestrengt, um die besten Noten zu bekommen. Sie war sehr begabt, und die Schule fiel ihr leicht, aber egal, wie gut sie war, sie wollte immer noch besser werden. Wir haben versucht, sie dazu zu bringen, daß sie die Sache ein bißchen leichter nimmt, aber ich glaube, das ist uns nicht gelungen. Bill ist da viel lockerer. Mit sechzehn hatte er mal wegen Marihuana mit der Polizei zu tun. Zum Glück war er noch so jung, da konnte niemand Anzeige gegen ihn erstatten. Aber Matt und ich haben die Angelegenheit sehr ernstgenommen. Nun, wir haben auch die Teenagerjahre überstanden.«

Die Kinder aus den leidenschaftlichen Ehen in meiner Studie hatten alle eine enge Bindung zu ihren Eltern. Die meisten von ihnen wurden hauptsächlich von den Müttern aufgezogen, die oft halbtags arbeiteten, als die Kinder noch klein waren. Häufig waren diese Kinder so etwas wie ein Symbol der elterlichen Leidenschaft, das Ergebnis einer besonders aufregenden Liebesnacht. Andere Kinder fühlten sich durch die Nähe ihrer Eltern zueinander an den Rand gedrängt. Sie fuhren weniger oft zusammen mit Vater und Mutter in den Urlaub als Kinder aus traditionellen oder kameradschaftlichen Ehen. Für die Eltern wiederum war der Auszug der Kinder relativ leicht zu bewältigen, weil die beiden sich darauf freuten, wieder ungestört Zeit miteinander verbringen zu können.

Ich bat Matt und Sara, mir von ihren erwachsenen Kindern zu erzählen.

Matt sagte: »Karen hat einen scharfen Verstand. Sie sagt immer, was sie denkt. Ihre Ehe ist ganz anders als die unsere. Sie hat uns oft gesagt, daß ihr größere Distanz lieber ist. Wahrscheinlich war ihr unsere Bindung ein bißchen zu eng.«

Sara sagte: »Bei Bill ist es das genaue Gegenteil. Er sagt uns und seinen Freunden immer wieder, daß er sich eine Ehe wie die unsere wünscht, weil sie für ihn ideal ist.«

Im Verlauf dieser Studie fand ich heraus, daß die Kinder sich nicht immer für das Ehemodell der Eltern entschieden, obwohl sie merkten, daß diese damit glücklich waren. Unterschiede zwischen den Kindern waren weit verbreitet. In den meisten Familien, mit denen ich es zu tun hatte, wurden die Kinder dazu erzogen, Entscheidungen selbständig zu treffen, auch wenn sie von den Vorlieben der Eltern abwichen.

Wiedersehen mit Matt und Sara Turner

———•———

Sowohl Matt als auch Sara hatten ihre Ehe als leidenschaftlich beschrieben, doch ich fragte mich, ob sie sich da nicht einen Mythos aufgebaut hatten, den sie für wahr hielten, ohne daß dem so gewesen wäre. Ich wollte sie auch gemeinsam erleben, um zu sehen, wie sie miteinander umgingen.

Als ich die beiden wieder besuchte, setzten sie sich nebeneinander aufs Sofa; ihre Arme berührten sich dabei leicht. Während ich meinen Kassettenrecorder auf den Tisch stellte, merkte ich, wie sie hinter dem Rücken mit etwas hantierten. Dann sah ich, daß Sara ein Stück von einer Banane abbiß, sie hinter dem Rücken verschwinden ließ und Matt gab. Er biß ebenfalls ein Stück davon ab und gab sie ihr wieder zurück, als würden alle Leute so Bananen essen. Auf dem Tisch stand eine große Obstschale, und es wäre für beide ganz leicht gewesen, sich eine Banane zu nehmen, aber das wollten sie nicht. Sie hatten das Essen zu einem vertrauten Spiel gemacht, das viel über ihre Art, miteinander umzugehen, aussagte.

Wir unterhielten uns mehrere Stunden lang über ihre Ehe. Sie erzählten mir, wie ihre Werte sich verändert hatten, wie sie trotz zahlreicher Chancen in Washington und Sacramento Schritt für Schritt ihre jeweilige politische Karriere aufgegeben hatten, um sich stärker auf Familie und Freunde zu konzentrieren. Sie sprachen voller Zuneigung von diesen engen

Freunden, von denen sie manche noch aus der Collegezeit kannten.

Dann beschrieben sie die Krisen in ihrem gemeinsamen Leben, hauptsächlich den Tod ihrer Eltern, die ernste Krankheit ihrer Tochter, die schließlich eine Operation erforderlich machte, und dann noch Saras schlimmen Autounfall. Sara sagte: »Wir haben die schönen Zeiten genossen und versucht, die schlechten zu verändern. Die Chance dazu hat man. Ich weiß, daß es noch weitere Krisen geben wird, und es wird nicht leichter werden, weil wir nicht jünger werden.« Sie beschrieb ausführlich eine Krankheit, unter der Matt erst vor kurzer Zeit gelitten und die ihr große Sorgen bereitet hatte.

Ich erkundigte mich nach ihren Erwartungen für die Zukunft und ihrer Einstellung zum Alter. Sara sagte: »In letzter Zeit habe ich ziemliche Probleme mit dem Älterwerden. Zum erstenmal komme ich mir alt vor. Tja, wenn man in den Spiegel schaut und aussieht wie die eigene Mutter, wird die Sache unheimlich.«

»Was wird Ihrer Meinung nach passieren?« fragte ich. »Wie wird das Alter Sie beeinflussen?«

»Wahrscheinlich werde ich Matt in den Wahnsinn treiben, weil ich die ganze Zeit frage, ob er mich noch liebt und attraktiv findet«, sagte sie.

Matt lachte. »Das hast du schon getan.« Dann fügte er hinzu: »Am Anfang hat mich das tatsächlich wahnsinnig gemacht, aber eher deshalb, weil ich das Gefühl hatte, daß ich dir das, was du brauchst, nicht geben konnte.«

»Wahrscheinlich«, sagte sie, »hängt alles davon ab, wie häßlich ich werde.«

»Nein«, sagte er. »Ich kann mit den Veränderungen leben, die du durchmachst. Da bin ich mir ganz sicher.«

Wie alle anderen Beziehungen auch schöpft die Ehe aus einem großen Potential der Partner, wählt manche Dinge aus und entscheidet sich gegen andere – ein ganzes Leben lang. Matt und Saras Geschichte zeigt uns, was in dieser leidenschaftlichen Ehe tatsächlich passiert ist und was hätte geschehen können.

Sara ging als unerfahrene junge Frau in die Ehe. Sie hatte ein beschütztes Leben geführt und pflegte enge Bindungen zu ihrer Familie und ihrem Heimatort. Sie arbeitete und wohnte niemals selbständig, sondern wechselte direkt von der Schule in die Ehe.

Doch Sara lernte in den ersten Jahren ihrer Ehe viel dazu. »Die Ehe half mir, die Teile meines Selbsts zu entdecken, die ich bis dahin verbergen mußte«, sagte sie. »Ich war wirklich erleichtert, als ich herausfand, daß jemand mein wahres Ich lieben und daß ich es endlich zeigen konnte. Ich konnte zornig werden. Ich konnte beweisen, daß ich klug bin. Ich durfte die Antworten wissen. Ich konnte mich auf meine eigenen Vorstellungen von Richtig und Falsch, auf meine eigene Phantasie verlassen.

Kurz vor dem Tod meines Vaters sind wir zusammen in Urlaub gefahren und haben geredet und geredet. Wir haben einander gesagt, wie sehr wir uns lieben. Der Tod meines Vaters war ein großer Verlust für mich, aber er bildete einen runden Abschluß. Matt war immer an meiner Seite, um solche schrecklichen Situationen zu bewältigen, und ich war bei ihm, als seine Eltern starben. Danach wußte ich, was im Leben zählt. Ich habe aufgehört mit meinem Selbstmitleid und bin erwachsen geworden.«

Sara hat in ihrer Ehe gelernt, daß sie nicht mehr das kleine Mädchen sein und den Erwachsenen gefallen mußte. Sie hatte das Gefühl, geliebt zu werden und durch die Disziplin und den Ordnungssinn, die Matt zu ihrem Leben beisteuerte, beschützt zu werden. Ihre Ehe bestätigte ihre Erwartungen aus der Kindheit, daß ein Mann sie voll und ganz lieben würde und daß sie diese Liebe erwidern könnte. Matt behandelte sie als gleichwertige, erwachsene Partnerin in Sachen Sex, Entscheidungen und Geld. Folglich paßte sie ihr Verhalten an und wurde erwachsen.

Umgekehrt verlangte Sara von Matt, daß er tat, was ihm wirklich Spaß machte, daß er den Mut aufbrachte, seine Interessen zu verwirklichen. Sie unterstützte ihn dabei, nahm die materiellen Verluste hin, die das mit sich brachte, und kam ihm auf halbem Weg entgegen. Außerdem forderte sie von ihm, daß er seiner Vaterrolle verantwortungsbewußt nachkam und seine Kinder nicht erst kennenlernte, als sie ins Teenageralter kamen. Und sie verlangte Treue und Leidenschaft in all den Jahren ihrer Ehe.

Matt, der aus einer bekannten, wohlhabenden Familie stammte, übernahm als junger Mann die Wertvorstellungen seiner Gesellschaftsschicht, ohne sie in Frage zu stellen. Vor seiner Beziehung mit Sara hatte er nur kurze Affären mit verheirateten Frauen gehabt und war mit ein paar Kommilitonen hin und wieder zu Prostituierten gegangen. Er hatte nicht bloß seine frühe Kindheit verdrängt, sondern auch sein Gefühlsleben. Er war ein unglücklicher, einsamer kleiner Junge gewesen, doch das hatte er sich nie eingestanden.

Als er Sara kennenlernte, fand er die Kraft, sein Leben zu verändern. Sara stellte für ihn die innere Freiheit, Ausdrucksfähigkeit und spielerische Phantasie dar, die er selbst nicht hatte. Und vor allen Dingen fand er in ihr eine Frau, die lieben konnte und ihrerseits seine Liebe, seine Unterstützung und seine Ermutigung brauchte. Sie half ihm dabei, aus seinem gesellschaftlichen Korsett auszubrechen. Matt sagte:

»Sara hat mir beigebracht, anders zu werden. Deshalb liebe ich sie.«

Es hätte alles auch anders kommen können. Nach ihrer langen, liebevollen Beziehung zu ihrem Vater hätte Sara durchaus ihr Leben lang gegenüber dem großen Matt das kleine Mädchen spielen können. Sie hätte schmollen, keinen Spaß am Sex finden und ihm Vorwürfe dafür machen können, ohne in der Lage zu sein, ihren Ärger herauszulassen. Sie hätte das Gefühl, von ihrer Mutter nicht geliebt worden zu sein, auf Matt übertragen und von ihm die gleiche Bewunderung verlangen können, die sie von ihrem Vater bekommen hatte.

Und Matt hätte einfach in seiner konventionellen Rolle bleiben können, für die er erzogen worden war. Er hätte an die Stelle seiner zerbrechlichen Mutter dieses zerbrechliche Mädchen setzen und sein Leben mit internationalen Handelsgeschäften verbringen können, die er eigentlich nicht leiden konnte, an die er sich aber über kurz oder lang gewöhnt hätte. Irgendwann wäre er dann zu dem Schluß gekommen, daß die Langeweile einfach zum Leben gehört. Als Antwort auf ihre unterdrückte Sexualität hätte er Affären beginnen und nie ein eigenes Gefühlsleben entwickeln können.

Doch all das traf nicht ein. Die Ehe veränderte beide und ermöglichte es ihnen, gemeinsam erwachsen zu werden.

Genau wie Sara und Matt waren auch die anderen Partner in meiner Studie einander zutiefst dankbar für die psychologischen Veränderungen, die sich im Verlauf der Ehe ergeben hatten. Besonders in den leidenschaftlichen Ehen hatten die Partner das Gefühl, daß sie durch die Beziehung einen wichtigen Teil ihres Selbsts gefunden oder wiedergefunden hatten.

Die Ehe als Zuflucht

Helen Buckley

——•——

Wie die meisten Leute in meinem Beruf war ich der Meinung, daß eine schlechte Kindheit die Chancen für eine gute Ehe verringert. Das hing unter anderem mit den Lebensgeschichten der Geschiedenen zusammen, die ich im Lauf der Jahre kennengelernt hatte.

Deshalb war ich freudig überrascht, als ich durch diese Studie eine ganze Menge langjähriger Ehen fand, in denen einer oder beide Partner eine schreckliche Kindheit erlebt hatten, verlassen, mißhandelt oder sexuell mißbraucht worden waren. Erstaunlicherweise hatten diese Kindheitserlebnisse keinen prägenden Einfluß auf die spätere Ehe. Ungefähr ein Fünftel der Paare in meiner Untersuchung fiel in die Kategorie, die ich »Ehe als Zuflucht« genannt habe. Trotz ihrer problematischen Vergangenheit waren diese Leute in der Lage, eine glückliche und liebevolle Beziehung zum Partner und zu den Kindern aufzubauen. Sie halfen ihnen dabei, den Schmerz früherer Erfahrungen zu bewältigen.

Auf den Gedanken, daß die Ehe eine Zuflucht für beide Beteiligten darstellen könnte, kam ich durch meine Gespräche mit Helen und Keith Buckley. Ich lernte Helen bei einem Treffen einer kommunalen Gruppe kennen, deren Vorsitz sie führte und die sich mit Verbesserungen für die Gesundheit von Kindern in Kalifornien befaßte. Ich hielt einen Vortrag über die langfristigen Auswirkungen von Scheidungen auf Kinder. Kurz erwähnte ich auch das vorliegende Projekt, mit dem ich damals gerade anfing. Am nächsten Tag rief mich Helen an, um mir mitzuteilen, daß sie mit ihrem Mann Keith gesprochen hatte und daß sie sich an meiner Studie beteiligen wollten. Sie waren seit 1954 verheiratet.

Wenig später saß ich an einem verregneten Nachmittag in Helens Arbeitszimmer in ihrem Haus in San Mateo, Kalifornien, und trank Tee. Sie hatte hinter einem Mahagonischreibtisch Platz genommen und trug ein graues Wollkleid und eine Bernsteinkette. Das dichte graue Haar hatte sie mit altmodischen Silberkämmen zurückgesteckt. Mit ihren neunundfünfzig Jahren sah Helen aus wie eine erfolgreiche Geschäftsfrau. Sie wirkte ruhig und zuversichtlich. Helen leitete eine Reihe von Yamaha-Musikschulen, in denen kleine Kinder bereits im Alter von drei oder vier Jahren Geige lernen können. Wir hätten uns in der Stadt treffen können, doch sie bat mich zu sich in ihr Arbeitszimmer, weil wir uns dort unterhalten konnten, ohne gestört zu werden.

Ich fing mit meiner üblichen Eröffnungsfrage an: »Was finden Sie gut an Ihrer Ehe?«

»Unsere Ehe basiert auf Freundschaft und gegenseitiger Liebe«, antwortete Helen. Dann fuhr sie fort: »So viele Dinge halten uns zusammen. Ich weiß gar nicht, wo ich anfangen soll. Mein Mann und ich sind sehr verschieden, das hat uns in all den Jahren Kraft und Energie gegeben.«

Sie erklärte mir, wie sie und ihr Mann an Probleme herangingen: »Er ist der akribische, mathematische Typ. Als Wirtschaftsprüfer muß er logisch und systematisch denken. Ich bin im Gegensatz zu ihm extrovertiert. Ich denke in größeren Zusammenhängen und bin intuitiver und risikofreudiger.

Ich brauche ihn, damit ich wieder auf den Boden der Tatsachen zurückkomme. Und er braucht mich, damit auch in sein Leben ein bißchen Aufregung kommt«, sagte sie lächelnd.

»Und was würde passieren, wenn er Sie nicht immer wieder auf den Boden der Tatsachen zurückholen würde?«

Ihr Gesicht nahm einen ernsten Ausdruck an. »Er bewahrt mich davor, in einen Abgrund zu fallen.«

Ich fragte, ohne weiter auf diese merkwürdige Antwort einzugehen: »Wie haben Sie Ihren Mann kennengelernt?«

»Wir waren zwei Jahre lang eng befreundet, bevor wir auf dem College ein Paar wurden«, antwortete sie. »Wir waren Anfang der fünfziger Jahre beide in einer Kirchengruppe, die aus einer ganzen Menge Jungs und lediglich zwei Mädchen bestand. Ich war gerade erst aus dem tiefsten North Carolina nach Chapel Hill gekommen, und die anderen wirkten alle sehr weltgewandt auf mich und wollten mich beschützen, was mir nur recht war. Keith war der erste aus der Gruppe, mit dem ich mich verabredete, aber schon bald sind wir eine Weile getrennte Wege gegangen. Ich habe die University of North Carolina in Chapel Hill besucht, und Keith ging auf die Duke drüben in Durham.«

»Also war er der erste Mann in Ihrem Leben.«

»Ich bin nie mit einem anderen Mann zusammengewesen. Schon kurz nach unserem ersten Rendezvous hat Keith mir gesagt, daß er mich liebt und mich nach unserem Abschluß heiraten möchte. Ich war schockiert, wirklich schockiert. Damals war ich mir über so viele Dinge, darunter auch die Ehe, so unsicher, daß ich seinen Ring nicht genommen habe. Statt dessen habe ich ihn gezwungen, neun Monate lang, von September, als er mich fragte, bis zum Mai des folgenden Jahres, philosophische Diskussionen zu führen. Erst dann habe ich seinen Antrag angenommen.«

Ich war fasziniert von dieser neunzehnjährigen jungen Frau und ihrer Verzögerungstaktik. Wie, so fragte ich mich, schaffte sie es, neun Monate lang mit einem verliebten jungen

Mann »philosophische Diskussionen« zu führen? Ich vermutete, daß sie in dieser Zeit nicht miteinander schliefen. Vorsichtig fragte ich: »Worüber haben Sie damals gesprochen?«

»Wir haben uns über unsere Ziele und Wertvorstellungen und über die Kindererziehung unterhalten … Wissen Sie, ich stamme aus einer Familie, in der Bildung keine große Rolle spielte, er dagegen aus einem höchst kultivierten Elternhaus. Ich kam aus einer bäuerlichen Gegend, einem zerrütteten Elternhaus. Ich machte mir Gedanken darüber, ob mich das in meinem späteren Leben beeinflussen würde. Doch wir hatten gewisse Dinge gemein. Zum Beispiel wurden wir streng lutherisch erzogen und hatten die gleiche Glaubensgrundlage. Ich habe Keith meine schlimmsten Ängste gesagt – daß ich promiskuitiv wie meine Mutter und Großmutter sein und meinen Mann und meine Kinder verlassen könnte.«

Helens Stimme, Gesichtsausdruck und Gesten hatten sich verändert. »Meine Mutter hat mich verlassen, als ich zwei war. Sie hat mich danach nur ein paarmal besucht. Ich wußte nie, wann sie kommen würde, weil sie nie vorher anrief.« Die Tränen traten ihr in die Augen. »Einmal hat sie mich dann tatsächlich angerufen, um mir zu sagen, daß sie zu meinem zehnten Geburtstag kommen würde. Ich habe mich fein gemacht und den ganzen Tag auf sie gewartet, aber sie ist nicht gekommen …« Helens Stimme klang belegt.

»Ich war noch nicht ganz zwei, als sie verschwand. Sie war Alkoholikerin, genau wie meine Großmutter. Eines Tages ging sie fort und drehte sich nicht ein einziges Mal um. Sie ließ sich von meinem Vater – ihrem ersten Mann – scheiden, dann heiratete sie noch zweimal und ließ sich wieder scheiden.« Helen wischte die Tränen weg. »Mein Vater heiratete ebenfalls dreimal.«

»Aber wer hat sich um Sie gekümmert?« fragte ich.

»Mein Vater hat mich in eine Pflegefamilie gesteckt. Er hatte gerade sein Geschäft verloren. Er hat zwar immer gesagt, er würde mich zurückholen, aber als er wieder auf die Beine kam, war ich fünf oder sechs, und da wollte er wieder heiraten und konnte mich nicht mehr brauchen. Seine neue Frau haßte kleine Kinder. Ich wäre gern zu ihm gezogen, aber ich konnte nichts machen. Er sagte, ich wäre bei meinen Pflegeeltern besser aufgehoben, weil das die einzigen Eltern seien, die ich kenne.«

Ich fragte sie nach ihren Pflegeeltern.

»Nun, meine Pflegeeltern wohnten auf einer Farm knapp fünfzig Kilometer außerhalb von Durham. Meine Pflegemutter war siebenundfünfzig, als sie mich bei sich aufnahmen, und mein Pflegevater zweiundsechzig.«

Sie räusperte sich. »Meine Pflegemutter war paranoid. Sie hat immer gesagt, sie sei ein alter Geist, und wenn sie wütend wurde, hat sie gesagt: ›Wenn du dich nicht zusammenreißt, schick' ich dich in ein Waisenhaus, da schlagen sie dich grün und blau.‹ Mein Pflegevater hat mich die meiste Zeit nicht beachtet. Er hatte bei einem Traktorunfall ein Stück von seinem Bein verloren, war aber handwerklich sehr begabt. Er hat in seiner Werkstatt hinterm Haus wunderbare Saiteninstrumente gebaut.«

Helen strich mit den Fingern über eine alte Flöte. »Von ihm habe ich die Liebe zur Musik. Ich habe mir selbst beigebracht, das Hackbrett zu spielen, wenn ich nicht grade in den Wäldern unterwegs war, und das war ziemlich oft. Ich habe ziemlich viel Zeit allein verbracht.« Sie hüstelte. »Ich bin sozusagen allein aufgewachsen.

Ich weiß noch, ich hab' mir immer was fürs Mittagessen eingepackt und Ganztagesausflüge gemacht. Vom zehnten bis zum sechzehnten Lebensjahr habe ich die Umgebung erkundet. Heutzutage hätten Eltern um die Kinder Angst, wenn sie so etwas machen. Aber damals hat niemand etwas gesagt. Als Kind habe ich viel über das Schweigen gelernt.

Einmal bin ich über einen Zaun im Obstgarten hinterm Haus geklettert. Ich kann mich nicht erinnern, daß jemand mir das verboten hätte, aber wahrscheinlich durfte ich es nicht. Meine Pflegemutter hat mich deswegen in mein Bett gesteckt, das war eigentlich eher eine Krippe. Dann hat sie mich an den Haaren gepackt, mich die Treppe hochgezerrt und mir den Mund mit Seife ausgewaschen.«

»Warum?«

»Keine Ahnung«, antwortete sie. »Ich kann mich nicht erinnern, daß ich etwas angestellt hätte.«

»Sie waren also ein braves Kind.«

»Ja. Aber ich kann mich noch an die Seife erinnern. Es war Lava-Seife, und die war scheußlich körnig. Den Geschmack habe ich nicht mehr aus dem Mund bekommen. Wenn ich meinen Kindern von der Zeit damals erzähle, müssen sie weinen. Aber vielleicht hatte das alles ja auch einen Sinn. Meine Pflegemutter hat mich wachgerüttelt, zu meiner Selbständigkeit beigetragen.«

Dann fuhr sie fort: »Meine Pflegemutter hat immer gedacht, alle wollten sie hintergehen. Sie hatte eine Schrotflinte in der Küche und hat manchmal in der Nacht ins Dunkle geschossen, wenn sie irgendwelche Geräusche hörte. Ich hatte furchtbare Angst, daß sie jemanden treffen könnte, vielleicht sogar mich, wenn ich spät heimkam. Eines Nachts hat sie dann tatsächlich auf mich gefeuert, auch wenn sie behauptete, sie hätte in die andere Richtung gezielt.«

»Hat sie Sie je körperlich verletzt?«

»Sie hat mich richtig geschlagen, mir nicht nur den Hintern versohlt. Ich weiß noch, einmal hat sie mir mit einer Fliegen-

90

patsche ins Gesicht geschlagen. Und ein andermal hat sie mit einem Ziegelstein nach mir geworfen und mich fast am Kopf getroffen. Sie hat behauptet, ich sei frech geworden, aber ich kann mich nicht erinnern, irgend etwas Freches gesagt zu haben. Nun, ich war damals ein Teenager, vielleicht habe ich den Schlaumeier herausgekehrt. Jedenfalls hat sie mir eingeredet, ich sei plump und dick und sehe aus wie ein Warzenschwein. Sie hat gesagt, ich hätte strähnige blonde Haare und einen fetten Hintern und wulstige Lippen und eine dicke Nase.«

Helen lachte. »Ich hab' immer gedacht, ich bin fett, obwohl ich schlank war. Meine Kinder haben ein Bild von mir gefunden, da war ich fünfzehn und stand vor unserem Haus. Sie haben gesagt: ›Schau doch, du warst genauso groß und schlank wie wir.‹ Aber meine Pflegemutter hat mir immer wieder gesagt, daß ich ganz anders sei als meine Mutter. Sie können sich schon denken, daß meine Mutter eine sehr attraktive Frau war. Die Männer liefen ihr nach. Meine Mutter hatte zahllose Affären. Aber ich hatte mir geschworen, daß ich nur einen Mann heiraten und erst nach der Hochzeit mit ihm schlafen würde.«

Jetzt war mir die Bedeutung des »Abgrundes«, von dem sie gesprochen hatte, klar. Helen hatte schreckliche Angst davor, das Verhalten ihrer Mutter zu wiederholen. Ich fragte: »Wieviel wissen Sie jetzt über Ihre Mutter?«

»Meine Mutter ist stark, genau wie ich. Sie hat ein paar ziemlich große Probleme, aber sie hat auch eine Menge geschafft in ihrem Leben«, antwortete Helen. »Ja, sie ist Alkoholikerin und hatte drei Männer. Aber sie war auch in wohltätigen Organisationen tätig und hat einige wichtige Golfturniere mitorganisiert.«

Sie fuhr fort: »Manchmal habe ich das Gefühl, daß ich meiner Mutter sehr ähnlich bin, auch wenn ich sie nie richtig ken-

nenlernen konnte. Wir sind beide aktiv tätig in der Gemeinschaft, in der wir leben. Aber mein Wertesystem basiert auf
meiner streng lutherischen Erziehung.«

»Wie oft sehen Sie sie?«

»Ich habe schon seit Jahren nichts mehr von ihr gehört. Ich
weiß nicht, ob sie überhaupt noch lebt.«

Für einen Menschen, der eine schlimme Kindheit hinter sich
hat, ist das Erwachsenwerden meist schmerzlich. Oft verfallen solche Menschen in Depressionen oder haben das Gefühl,
nicht liebenswert zu sein. In dem Glauben, daß sowieso
nichts klappen wird, verpassen sie eine Gelegenheit nach der
anderen und fühlen sich immer stärker als Versager. Viele beginnen Beziehungen, in denen sich die gefürchteten Szenarien
der Kindheit wiederholen. Andere haben Angst vor Zurückweisung und wenden sich von allen Beziehungen ab.

Doch als Keith Helen einen Heiratsantrag machte, schickte
sie ihn nicht weg, sondern bat ihn, über die gemeinsame Zukunft zu reden und herauszufinden, was sie gemein hatten.

In diesem neun Monate währenden Gespräch wurden die
Verletzungen der Vergangenheit und die Hoffnungen für die
Zukunft klar. So gelang es Helen trotz ihrer traurigen Vor-
geschichte, eine sichere Basis für eine Ehe zu schaffen.

Wie lernen sich die Partner einer guten Ehe kennen? Unsere
Eltern und Kinder können wir uns nicht aussuchen, aber bei
dem Menschen, den wir heiraten, haben wir die freie Wahl.
Trotzdem entscheiden wir uns oft falsch. Viele der Partner in
glücklichen Ehen stammen aus den unterschiedlichsten Familien und Gesellschaftsschichten; lediglich ein Paar wuchs
im gleichen Ort auf. Und doch trafen sie alle die richtige
Wahl. Wie fanden sie ihren Partner?

Abgesehen von der körperlichen Anziehung spielt auch die bewußte und unbewußte Suche nach dem psychologisch richtigen Partner eine Rolle. Oft finden Menschen durch gemeinsame Interessen zusammen – Hobbys, Arbeit, politische, ethische, religiöse Einstellung. Helen und Keith gehörten zur gleichen Kirchengruppe und hatten beide eine konservative Auffassung von Ehe und Familie. Und schließlich fanden sie heraus, daß sie beide eine unglückliche Kindheit gehabt hatten.

Menschen fühlen sich aufgrund von Bildern, die mit den Eltern und anderen wichtigen Bezugspersonen zu tun haben, zu anderen Menschen hingezogen. Diese Bilder verweben sich zu einem Gemisch aus Bedingungen, die die Vorstellung davon bestimmen, was wir von uns selbst und von anderen erwarten. Sie haben großen Einfluß auf die Art der Ehe, die diese Leute führen wollen. Die Tatsache, daß mein Vater starb, als ich acht Jahre alt war, hat mich ein Leben lang beeinflußt und wahrscheinlich auch zu meiner Berufswahl geführt, meiner Entscheidung, Kindern über ihre Verluste hinwegzuhelfen. Der Beschluß, Robert zu heiraten, hat mit Sicherheit etwas mit den positiven Erinnerungen an meinen Vater zu tun. Die kindliche Gewißheit, daß ich eine wichtige Person war, die von allen geliebt wurde, hat sich auf meine spätere Erwartung ausgewirkt, daß ich mich nicht für den erstbesten Mann entscheiden müßte, sondern warten könnte, bis ich jemanden fände, der mich wirklich liebte. Sara Turner hatte aus ähnlichen Gründen dieselben Erwartungen.

Menschen fühlen sich auch aufgrund von Unterschieden angezogen: Wir suchen nach jemandem, der Qualitäten besitzt, die uns selbst fehlen. Wie Matt sagte: »Mit Sara fühle ich mich vollständig.« Die Suche nach dem richtigen Partner hat also mit unserem Wunsch zu tun, die Leere in uns zu füllen, und diese Kombination von psychologischen Unterschieden heißt Komplementarität.

Wir alle suchen in der verfügbaren Auswahl von Partnern nach dem, was wir uns wünschen. An den äußerlichen Hinweisen versuchen wir abzulesen, was der andere zu bieten hat. Manche Entscheidungen fallen dabei wenig subtil aus: Ich bin arm und möchte jemanden heiraten, der reich ist; ich bin ein Niemand, also suche ich nach jemandem, der Macht hat. Andere Entscheidungen laufen unbewußt ab: Ich habe Angst, den Mund aufzumachen, also suche ich mir jemanden, der keine Furcht vor Auseinandersetzungen hat. Ich traue mich nicht, meine Gefühle auszudrücken, also tue ich mich mit jemandem zusammen, der es kann. Es gibt vielfältige Kombinationen.

Diese Komplementarität ist ein wichtiger psychologischer Mechanismus, der gute und schlechte Folgen zeitigen kann. In einer glücklichen Ehe hat das Zusammentreffen psychologischer Unterschiede die Macht zu heilen, wie uns die Ehe der Turners zeigt. Gefühle waren kein Problem für Sara. Sie traf schnelle Entscheidungen, schaute nur selten zurück und ließ sich leicht zu leidenschaftlichen Ausbrüchen hinreißen. Matt hingegen, der in einer Familie aufgewachsen war, in der man nicht über Gefühle sprach, war ungemein rational. Die Ehe ermöglichte ihm größere innere Freiheiten und ihr ein Gefühl der Sicherheit. Sie ergänzten sich gegenseitig.

Um sich für den richtigen Partner zu entscheiden, muß man zuerst lernen, selbständig zu werden, wie Helen es tat, als sie das neunmonatige Gespräch mit ihrem Verehrer einleitete. Und um selbständig zu werden, muß man das Gefühl haben, die Wahl zu haben, sich für jemanden entscheiden zu können und von jemandem gewählt zu werden.

Diese Selbständigkeit bedeutet nicht nur, nach der Schule

allein zu wohnen, sie bedeutet auch, daß man von einem Fest allein nach Hause gehen kann. Sie bedeutet, die Nacht allein zu überstehen. Sie bedeutet, nicht aus Einsamkeit irgend jemanden mit nach Hause zu nehmen. Die Selbständigkeit bedeutet auch, ein Frühwarnsystem zu entwickeln, das einen davor bewahrt, verletzt zu werden. Helen zum Beispiel wartete erst einmal ab und bestand darauf, die gemeinsamen Vorstellungen zu erforschen, bevor sie sich bereit erklärte, Keith zu heiraten.

Keith Buckley

——◆——

Zwei Wochen später kehrte ich nach San Mateo zurück, um mich mit Helens Mann Keith zu unterhalten. Keith ist ein freundlicher, gutgelaunter Mann mit gesunder Gesichtsfarbe, grauem Haarkranz und erstaunlich feingliedrigen Händen.

Helen hatte mir bereits etliches erzählt, aber noch nicht alles. Ich wußte, daß sie und Keith an die gleichen moralischen und religiösen Werte glaubten. Doch wie sah Keiths Rolle in Helens Leben aus? Warum hatte er sich für sie entschieden? Wieso funktionierte diese Ehe?

Als ich Keith fragte, was an seiner Ehe gut sei, fragte er scherzend zurück: »Na, woher wissen Sie denn, *daß* meine Ehe gut ist?« Dann schüttelte er kichernd den Kopf. »Nein, nein, meine Ehe *ist* gut. Wir haben eine Menge Spaß miteinander.« Dann überlegte er einen Moment. »Sie geht mir ab, wenn sie nicht da ist. Wir sind sehr unterschiedlich.«

»Können Sie diese Unterschiede beschreiben?«

»Nun, man könnte sagen, daß ich ziemlich konservativ bin. Aber mir gefallen ihre Einfälle, sie fordern mich heraus. Ich stürze mich auf Details, sie versucht immer, das Ganze zu sehen, und packt Probleme an der Wurzel. Und sie ist optimistisch. Sie sieht die halbvolle Flasche, ich die halbleere. Sie ist eine sehr starke Persönlichkeit, und sie hatte eine sehr schwierige Kindheit. Nach dem, was sie mit zwei Jahren erlebt hat, hätte auch alles anders kommen können. Aber sie hat sich für den positiven Weg entschieden.«

Ich spürte, daß Keith sich mit Helens Erinnerungen auseinandergesetzt hatte, obwohl er sie in der Kindheit nicht gekannt hatte. Er begann sofort mit einer detaillierten Beschreibung ihrer Vergangenheit, statt über die seine zu sprechen. Er erzählte mir noch einmal die Geschichte von ihren Pflegeeltern und fügte eine Einzelheit hinzu, die sie vergessen hatte: Ihre ganze Kindheit hindurch hatte Helen immer wieder denselben Traum gehabt – daß sie an einen Pfahl gekettet war. Keith sagte: »Aber sie hat das alles überstanden.«

»Wie erklären Sie sich das?« fragte ich.

»Wahrscheinlich ist das angeboren.«

Als ich ihn nach seiner eigenen Kindheit fragte, antwortete er: »Meine Mutter war Bibliothekarin. Sie hat erste Mitte Dreißig geheiratet; mein Vater war ein paar Jahre jünger. Ein Jahr später bin ich zur Welt gekommen. Ich weiß noch, daß sie sich die ganze Zeit gestritten haben. Meinem Vater hat es Spaß gemacht, andere Leute zu verletzen, und meine Mutter war sanft, sie hätte keiner Fliege etwas zuleide getan. Meinem Vater hat sie nie etwas recht machen können. Er war ein Geizkragen, und er hat ihr und mir das Leben zur Hölle gemacht.« Ich war erstaunt, wie wütend Keith bei der Erinnerung wurde.

»Ich habe meine Mutter geliebt und bewundert. Sie war immer gut zu mir. Wenn sie nicht gewesen wäre, hätte ich es nie soweit gebracht. Aber mein Verhältnis zu meinem Vater war schrecklich. Irgendwann hat sich das auch körperlich auf meine Mutter ausgewirkt – sie hat so eine Art Kolitis bekommen, die ihr sehr zu schaffen gemacht hat. Als ich zwölf wurde, habe ich angefangen, ihr den Rücken zu stärken. Aber das hat nichts genützt. Er war einfach zu gemein, zu brutal. Ich habe meinen Vater gehaßt. Ich bin von zu Hause weg und zum Militär, und als ich wieder zurückkam, habe ich versucht, mit ihm auszukommen, aber das hatte keinen Sinn. Er hat mir immer wieder Gemeinheiten gesagt, zum Beispiel, daß ich nie einen Job finden würde. Er hat mich immer niedergemacht, mich verletzt, nur das Negative gesehen.

Ich weiß noch, einmal haben meine Eltern Urlaub gemacht. Ich saß hinten im Wagen, und sie haben sich die ganze Zeit gestritten. Meine Mutter hat geweint und gesagt: ›Vielleicht sollten wir uns scheiden lassen‹, und mein Vater hat wütend geantwortet: ›Ja, vielleicht sollten wir das.‹...«

»Was für ein Gefühl hatten Sie dabei?«

»Es war schrecklich«, sagte Keith mit geballten Fäusten. »Ich habe ihn gehaßt, aber ich hatte furchtbare Angst vor einer Scheidung.«

»Wollte Ihre Mutter Sie bei sich haben?«

Er holte tief Luft. »Meine Mutter war ein außergewöhnlicher Mensch. Sie hat sich große Mühe gegeben, mir Selbstvertrauen mit auf den Weg zu geben. Wenn mich wieder Selbstzweifel und Ängste quälten, sind wir miteinander spazierengegangen. Aber sie hat nie mit mir über das gesprochen, was mein Vater ihr angetan hat. Sie war sehr moralisch und in der lutherischen Kirche aktiv. Ich habe ihr immer helfen wollen.«

»Ist Ihnen das gelungen?«

»Nein. Sie ist gestorben, als ich siebzehn war.«

Ähnlich wie Helen hatte Keith mit einer schwierigen Kindheit zu kämpfen; sein Vater war grausam und tyrannisch und zeigte seiner Mutter gegenüber keinerlei Mitleid. Anders als Helen jedoch hatte er einen liebevollen Elternteil, den er auch liebte und achtete. Aber er litt sehr darunter, daß er seiner Mutter nicht helfen konnte. Seine Liebe zu Helen und sein Einfühlungsvermögen ihr gegenüber wurzelten in seiner Liebe zu seiner Mutter und in seinem Mitleid für sie.

Menschen, die in ihrer Kindheit ähnliche Traumata erlebt haben, brauchen nicht alle Hoffnung auf Glück und Liebe im Erwachsenenalter aufzugeben. Wenn diese Hoffnung auf einen Partner gerichtet ist, der die jeweiligen Wünsche und Sehnsüchte erfüllen kann – wie dies bei Helen und Keith der Fall war –, gelingt es manchen Menschen, die Vergangenheit zu überwinden und eine Zukunft mit guten Aussichten aufzubauen. Natürlich besteht immer die Gefahr, daß die Beteiligten wieder in alte Verhaltensweisen zurückverfallen, doch die Ehen, mit denen ich mich in diesem Kapitel befasse, deuten auf ein Phänomen hin, mit dem sich die psychologische Literatur noch nicht ausreichend beschäftigt hat: mit der heilenden Kraft einer guten Ehe.

Das soll nicht heißen, daß die Ehe für Menschen, die in der Kindheit schwere Schäden erlitten haben, einen Ersatz für die Psychotherapie darstellt. Anders als Helen und Keith sind viele derart Betroffene nicht in der Lage, ihr Leben ohne Therapie zu ändern, und nicht einmal mit ärztlichem Beistand ist der Erfolg garantiert.

In einem Modell der Ehe als Zuflucht beginnt die psychologische Veränderung, wenn zwei Menschen mit schwieriger Kindheit sich voneinander angezogen fühlen, obwohl sie in ihrem Innersten Angst davor haben, wieder verletzt zu werden. Wenn ihre Hoffnung stark genug ist, bringen sie das Vertrauen auf, gemeinsam eine Zukunft aufzubauen. Die beiden helfen einander, um die Wiederholung alter Szenarien zu verhindern. Sie beruhigen sich gegenseitig und gewinnen so ein Selbstvertrauen, das sie bis dahin nicht kannten. Ihre Beziehung lehrt sie, daß sie die Vergangenheit abschließen und ihre Hoffnungen verwirklichen können. Die Wirkung kann erstaunlich sein.

Keith und Helen begannen ihre Ehe mit Wünschen und

Hoffnungen, die bemerkenswert gut zueinander paßten. Anfangs war Helen, die ihre Vergangenheit und ihre Ängste, verletzt zu werden, auf Keith projizierte, erschreckt durch seinen Heiratsantrag. Doch gleichzeitig sehnte sie sich nach Liebe und Zuneigung. Da sie zusammen mit Keith ein Gefühl der Sicherheit entwickelte, war sie in der Lage, ihre geheimsten Hoffnungen auszusprechen. Ihr langgehegter Wunsch, eine liebevolle und treue Ehefrau zu werden, fiel bei Keith, der sich nichts mehr wünschte, als ein liebevoller und treuer Ehemann zu sein, auf fruchtbaren Boden. Er beschloß, bei ihr zu bleiben und sie vor dem Abgrund zu schützen, vor dem sie sich so sehr fürchtete.

Keith hatte seinerseits Angst vor Versagen und Zurückweisung, als er Helen seinen Wunsch mitteilte, weil er seines tyrannischen Vaters wegen nur ein geringes Selbstbewußtsein entwickeln konnte. Doch er nahm all seinen Mut zusammen und wehrte sich gegen seine pessimistische innere Stimme. Außerdem projizierte er auf Helen sein Bedürfnis nach einer starken, lebhaften Frau, die ihn dabei unterstützen würde, der gute Ehemann zu werden, der er gern sein wollte. Indem Helen ihm dabei half, seine Schuldgefühle zu überwinden, die er entwickelt hatte, weil er nicht in der Lage war, seiner Mutter beizustehen, ermutigte sie ihn.

Helen und Keith unterstützten einander liebevoll, ohne bewußt über die psychologischen Gründe dafür nachzudenken. Für sie beide bestand die Hauptaufgabe darin, nicht zu den Menschen zu werden, die sie fürchteten zu werden. Sie arbeiteten ihre ganze Ehe daran, sich von den verinnerlichten Bildern ihrer Eltern zu lösen.

Helen beschrieb die ersten Jahre ihrer Ehe: »Nach der ganzen Planungsarbeit davor war die Ehe selbst ein Zuckerschlecken.

Ich wollte selber nicht die Fehler machen, die ich bei allen anderen in unserer Familie gesehen hatte. Ich wollte immer alles mit meinem Mann besprechen.

Dabei mußte ich mir alles selbst zurechtlegen, weil ich ja keine positiven Vorbilder hatte. In den ersten fünf Jahren unserer Ehe habe ich mich einmal wöchentlich mit Keith zusammengesetzt und mit ihm alles besprochen, was uns aneinander störte. Ich habe ihn dazu zwingen müssen. Meistens hatte ich nichts zu sagen, weil er keine schlechten Gewohnheiten hatte, die hatte nur ich. Nach unserem ersten Kind haben wir diese wöchentlichen Sitzungen nicht mehr fortführen können und sie aufgegeben. Aber bis dahin hatten wir schon gelernt, mit den meisten Problemen umzugehen. Die Gespräche waren mittlerweile ein Teil unserer Ehe geworden.«

Keith sah diese Sitzungen ganz anders – nicht als Gelegenheit, seine Frau wegen ihrer schlechten Angewohnheiten zu kritisieren. »Wir haben stundenlang über unsere Beziehung geredet«, sagte er. »Wir haben über alles gesprochen, was passierte, und wie wir damit umgehen sollten. Helen hat sich große Sorgen darüber gemacht, daß es in ihrer Familie so viele Scheidungen gab. Sie hatte Angst, daß ihr so etwas auch passieren könnte. Sie hat mich sogar dazu gebracht, auch den Mund aufzumachen.«

Er schwieg eine Weile und sah zum Fenster hinaus. »Mir fällt es schwer zu reden«, sagte er, »besonders über mich selbst. Ich mache das normalerweise nicht. Wir haben an diesen Abenden alles immer wieder besprochen. Meine Frau mußte das Gefühl haben, daß sie nicht genauso enden würde wie ihre Mutter und ihre Tanten. Sie hat mich dazu gebracht, offener zu werden und über meine eigenen Gefühle nachzudenken. Das war ich nicht gewöhnt. Irgendwann war ich dann tatsächlich an dem Punkt angelangt, an dem ich verstand, warum ich sie liebte, und ihr das auch sagen konnte. Das war eine ziemlich große Veränderung für mich. Ich war es einfach nicht gewöhnt zu wissen, warum ich etwas empfand oder dachte.«

»Und dann konnten Sie es ihr erklären?«

»Ja, ich versuchte es«, antwortete er.

Keith wählte seine Worte sorgfältig: »Wissen Sie, bevor wir geheiratet haben, hatte mein Vater mir so oft gesagt, daß ich ein Versager bin, daß ich mir sicher war, ich würde in meinem Job und meiner Ehe keinen Erfolg haben. Aber Helen hat nie an mir gezweifelt. Sie hat nie das Vertrauen in mich verloren«, sagte er lächelnd.

Ob die Ehe als Zuflucht funktioniert oder nicht, hängt von ihrer spezifischen inneren Dynamik ab. Um zu gelingen, muß die Ehe es den Partnern ermöglichen, die langfristigen Folgen ihrer schwierigen Kindheit zu bekämpfen und die Hoffnung auf eine lange, liebevolle Beziehung aufzubauen. Die Partner sehen sich dabei gegenseitig als starke Überlebenskünstler an und versuchen, ihre bewußten und unbewußten Bedürfnisse zusammenzubringen. Gestärkt und erleichtert durch die Sicherheit der neuen Beziehung, bekommen beide den Mut, positive Modelle zu entwickeln. Zwar verschwinden die Ängste nicht ganz, aber sie beherrschen die Betroffenen nicht mehr.

Die Ehe als Zuflucht unterscheidet sich deutlich von der leidenschaftlichen Ehe. Sie basiert auf der starken Identifikation der Partner miteinander, einer Identifikation, die so stark ist, daß die beiden möglicherweise sogar eine ähnliche Vorgeschichte haben. Als ich Keith nach seiner Kindheit fragte, erzählte er mir zuerst über die von Helen. Solche Partner sind sich nicht nur ihrer eigenen Leiden bewußt, sondern auch der

Schwierigkeiten ihres Gefährten. Die eigene Identität umfaßt nun auch den anderen, als handle es sich um eine einzige Person.

Die Ehe als Zuflucht hat auch damit zu tun, daß die Partner einander als Symbole sehen, die sich deutlich unterscheiden. Das führt zu Handlungen, die im Einklang mit den Erwartungen des Partners stehen.

Für Keith war Helen ein Symbol des Mutes, der Fähigkeit, mit einer überwältigenden Vergangenheit fertig zu werden. Seine eigene Mutter hatte nicht die Kraft, sich gegen seinen Vater durchzusetzen, doch Helen behauptete sich. Und er war für sie der Fels in der Brandung, auf den sie sich, anders als auf ihre Eltern, verlassen konnte.

Die Geburt der Kinder und ihre Erziehung spielte eine wichtige Rolle im Modell der Ehe als Zuflucht. Solche Paare bemühten sich besonders, ihrer Elternrolle gerecht zu werden, weil sie die Erfahrungen ihrer eigenen Kindheit nicht wiederholen wollten. Glückliche Kinder aufzuziehen, die sie liebten und achteten, hatte besondere Bedeutung für alle Leute, die sich von ihren eigenen Eltern zurückgewiesen fühlten.

Durch die Neudefinition alter Rollen, die Veränderung von Erwartungen und die Suche nach einem Partner, der einen ergänzt, waren die Betroffenen in der Lage, sich von ihrer schrecklichen Vergangenheit zu befreien und selbst eine vielversprechende Beziehung aufzubauen.

Doch das Modell der Ehe als Zuflucht kann auch scheitern. Deshalb achteten die Partner in den glücklichen Beziehungen, mit denen ich mich in meiner Studie befaßte, darauf, daß sie weder den Märtyrer spielten noch völlig mit dem anderen verschmolzen. Sie opferten sich nicht, um den anderen zu retten, spielten keine Rolle, die es dem anderen erlaubte, sich seinem Selbstmitleid hinzugeben, und sie bewunderten den Partner auch nicht maßlos.

Im zehnten Jahr ihrer Ehe mußten sich Helen und Keith mit den Schatten der Vergangenheit auseinandersetzen, die drohten, die Ehe zu zerbrechen und den Kindern dauerhafte Schäden zuzufügen. Als der Abgrund, vor dem Helen sich so sehr fürchtete, sich ganz unerwartet vor ihr auftat, rettete Keith sie vor sich selbst und ihrer tragischen Vorgeschichte. Doch erst ihre Ehe machte diese Rettung möglich.

»Es war schon merkwürdig«, sagte Helen. »Nach zehn Jahren Ehe dachte ich plötzlich, wir sollten uns scheiden lassen. Wir hatten uns nicht gestritten, eigentlich bestand kein Grund zu diesem Wunsch.«

»Kein Grund? Wie erklären Sie sich das?«

»Ich weiß es nicht. Mein Sohn war damals sechs und meine Tochter zwei.«

Helens Wunsch nach einer Scheidung kam, als ihre Tochter zwei Jahre alt war – genauso alt wie Helen, als ihre Mutter sie verließ. Helen stellte jedoch keine Verbindung zwischen den beiden Ereignissen her.

»Plötzlich hatte ich das Gefühl, ich müßte mich scheiden lassen, Keith und meine Kinder verlassen.«

»Was ist passiert?«

»Ich habe mich mit meinem Mann darüber unterhalten«, sagte sie. »Er war der Meinung, daß das keine gute Idee sei.«

Keiths Reaktion auf diese Katastrophenmeldung war erstaunlich beherrscht.

»Ich bestand darauf, daß ich gehen müßte. Er war ganz ruhig und logisch und hat mir vorgeschlagen, wenn ich das machen müßte, solle ich doch zuerst einmal ein paar Tage wegfahren. Wir würden uns zuerst gemeinsam um eine

Unterkunft für die Kinder kümmern, für die Zeit, in der er arbeitete. Ich kann mich nicht mehr an alle Einzelheiten erinnern, aber ich weiß noch, daß ich drei Tage weg war. Ich bin mir auch nicht mehr im klaren, wohin ich verschwunden bin. Aber ich bin zum vereinbarten Zeitpunkt wieder zurückgekommen.«

»Und das war's?«

»Ja. Danach war mein Wunsch, meinen Mann und meine Kinder zu verlassen, weg.« Helen blinzelte. »Meine Tochter sagt, sie erinnert sich, daß ich sie allein gelassen habe und daß sie nicht wußte, wo ich war. Keith kam zwar jeden Tag nach der Arbeit nach Hause, aber er war wahrscheinlich ziemlich durcheinander. Die Kleine war ganz verunsichert, als ich wieder zurückkam, und hat sich richtiggehend an mich geklammert. Keith hat mir immer bei beiden Kindern geholfen, aber nach dem Zwischenfall hat sie es nicht mehr zugelassen, daß er ihr die Windeln wechselt oder irgend etwas anderes für sie tut. Ich mußte alles selber machen. Sie hatte damals wirklich Probleme, und wir mußten uns an einen Psychologen wenden. Ein ganzes Jahr lang hatte sie Angst, daß ich plötzlich verschwinden würde. Danach hat sie sich wieder gefangen.«

Helens Geschichte ist ein gutes Beispiel für das, was Psychologen den *anniversary effect* – den Jahrestageffekt – nennen. Viele Menschen, die in der Kindheit schwere Verluste erlitten haben, scheinen so etwas wie eine innere Uhr zu haben, die wie ein Wecker am Jahrestag dieses Verlustes abläuft. Manchmal fühlt die betreffende Person sich dann gezwungen, diese frühe Erfahrung noch einmal in der Rolle des Aggressors, nicht der des Opfers, durchzuspielen.

Statt ihrem Mann definitiv zu sagen, daß die Ehe keinen Sinn mehr habe und sie ihn verlassen wolle, bat Helen Keith um Hilfe. Und statt sie zu beschuldigen, daß sie eine Affäre mit einem anderen Mann habe oder sich verhalte wie ihre Mutter, half Keith ihr rational und einfühlsam dabei, ihr Bedürfnis, ihn zu verlassen, zu überwinden. Ohne eigentlich zu verstehen, was diesen Wunsch ausgelöst hatte, brachte er es fertig, sie davon abzubringen. Er bestätigte sie in ihren Bedürfnissen, stellte jedoch die Bedingung, daß sie die Familie nur unter gewissen Vorbehalten verlassen konnte, über die sie beide Kontrolle ausübten. Sie beschlossen zusammen, wie die Kinder während ihrer dreitägigen Abwesenheit versorgt werden würden. Dabei ließen seine Liebe zu ihr und seine Überzeugung, daß sie rechtzeitig wiederkommen würde, nie nach.

Später fragte ich Helen, wie der Sex in ihrer Ehe sei.

»Gut«, sagte sie. »Aber meine sexuellen Bedürfnisse sind immer schwächer gewesen als die von Keith.« Sie zuckte mit den Achseln. »Jetzt, wo ich älter werde, könnte ich sogar ganz ohne auskommen. Ich habe Spaß am Sex, aber mein Trieb ist längst nicht so stark wie seiner. Mir ist das Streicheln und Kuscheln viel wichtiger.«

»Und wie wichtig war der Sex Ihnen, als Sie noch jünger waren?«

»Für mich nicht so wichtig wie für ihn. Ich bin zum Orgasmus gekommen, aber nicht immer.«

»Ist Ihnen der Sex schwergefallen, weil Sie immer daran denken mußten, daß Sie so wie Ihre Mutter werden könnten?«

Sie antwortete: »Das hatte immer etwas mit Verdrängung zu tun. Ich habe im selben Zimmer wie meine Pflegeeltern geschlafen, bis ich zwölf war. Erst dann bekam ich endlich mein eigenes Zimmer.«

Als ich Keith später zum Thema Sex befragte, antwortete er

bedächtig: »Für mich ist der Sex immer sehr wichtig gewesen, viel wichtiger als für Helen, besonders in letzter Zeit. Ich habe mir sagen lassen, daß das oft vorkommt bei Frauen, wenn sie älter werden. Wir reden nicht viel über Sex, und das ist mir ganz recht so. Wir ziehen uns nie voreinander an oder aus. Da hat jeder noch ein kleines Geheimnis. Und wenn wir nicht darüber reden, bleibt es etwas Besonderes.«

»Gehe ich recht in der Annahme, daß der Punkt in Ihrer Ehe ein kleines Problem darstellt?«

Keith verteidigte seine Frau sofort. »Sie hat viel zu tun mit ihren ganzen ehrenamtlichen Tätigkeiten, und sie muß das Haus in Ordnung halten und tausend andere Sachen.«

Das Wir-Gefühl von Helen und Keith unterschied sich deutlich von dem in Saras und Matts leidenschaftlicher Ehe, in der die Sexualität eine zentrale Rolle spielte. Für Helen und Keith basierte das Wir-Gefühl eher auf Stabilität, Moral und Zuneigung. Sie erkannten beide die Bedeutung der Sexualität für die Beziehung an, doch Helen war Kuscheln lieber als Geschlechtsverkehr.

Diese Ehe konnte die Vergangenheit nicht ungeschehen machen, und sie löste auch nicht alle psychologischen Probleme, mit denen die beiden zu kämpfen hatten. Helens Angst davor, in die Fußstapfen ihrer promiskuitiven Mutter zu treten, machte es ihr schwer, die Sexualität entspannt zu genießen. Und obwohl Keith die Lebhaftigkeit und Gefühlsbetontheit seiner Frau schätzte, blieb er selbst zurückhaltend und ein wenig gehemmt.

Die Psychologen machen sich seit langem Gedanken über die Widerstandsfähigkeit von Kindern. Wieso überstehen manche Kinder schreckliche Erfahrungen besser als andere? Warum erhalten sich manche ein Gefühl von Integrität, Hoffnung und Vertrauen, während andere in Depressionen oder Verzweiflung verfallen?

Das Modell der Ehe als Zuflucht trägt zur Klärung dieser Frage bei, denn die betreffenden Paare ähneln sich in gewissen Punkten: Alle erkannten bereits früh, manchmal sogar schon mit sechs oder sieben Jahren, daß ihre Eltern große Probleme hatten, und begannen, sich instinktiv von ihnen zu distanzieren und viel Zeit allein zu verbringen. Außerdem bemühten sie sich, realistisch zu bleiben und ihre Gefühle und Wahrnehmungen nicht preiszugeben. Sie gaben das Recht auf ein Eigenleben nicht auf, sondern lernten, physisch wie emotional auf eigenen Füßen zu stehen.

Sie erkannten das Fehlverhalten ihrer Eltern und identifizierten sich nicht damit. Sie waren sich im klaren darüber, was mit ihnen selbst und zwischen ihren Eltern passierte, und sie entschieden sich bewußt dafür, es anders anzupacken. Eine Frau erinnerte sich, daß sie sich mit sechs Jahren sagte: »Mich wird nie jemand so behandeln, wie mein Dad meine Mom behandelt hat.« Es ist bemerkenswert, daß sie diese Erkenntnis nicht erst mit zwanzig hatte. Sie begann vielmehr, sich in einem Alter von ihren Eltern zu distanzieren, in dem Kinder sich normalerweise noch voll und ganz mit ihnen identifizieren.

Die Betroffenen sorgten auch dafür, daß ihre Gefühlswelt nicht von ihren Erfahrungen beeinträchtigt wurde. Obwohl sie zornig darüber waren, wie sie behandelt wurden, waren sie doch in der Lage, Mitleid zu empfinden, anderer Leute Leistungen zu schätzen und dankbar zu sein für jegliche Hilfe. Das ist ungewöhnlich, denn in vielen Fallbeispielen zum Thema Kindesmißhandlung sprechen die Opfer von einer gewissen Taubheit, von einer Unfähigkeit, gefühlsmäßig zu reagieren.

Nicht alle Betroffenen, denen es als Erwachsenen gelang, ein befriedigendes Leben aufzubauen, konnten sich in der Kindheit auf eine Bezugsperson verlassen. Keith hatte eine liebende Mutter, doch Helen konnte sich an niemanden wenden. Zwar übernahm sie von ihrem Pflegevater dessen Liebe zur Musik, aber er konnte ihr weder Schutz noch Rat bieten. Für manche der Leute, mit denen ich sprach, waren gewisse Institutionen wichtig. Für Helen und Keith spielte die Kirche eine bedeutende Rolle.

Am Ende meines Gesprächs mit Helen fragte ich sie: »Haben Sie in Ihrer Beziehung etwas gelernt, was für andere hilfreich sein könnte?«

Sie antwortete: »Ich habe gelernt, daß ich ausgeglichen sein muß, weil ich sonst Probleme bekomme. Keith sorgt dafür, daß ich ausgeglichen bin. Er geht keine Risiken ein, dafür gebe ich seinem Leben Würze. Ich wünsche mir immer schnelle Lösungen und neige dazu, übereilt zu reagieren. Er handelt bedächtiger. Ich habe gelernt, geduldiger zu sein, auf seine Entscheidungen zu warten.

Ich kenne viele Leute, die sich scheiden lassen«, fuhr sie fort, »und bei diesen Paaren sind mir zwei Dinge aufgefallen: Erstens erwarten viele Leute mehr von ihren Partnern, als sie selbst zu geben bereit sind. Zweitens haben sie nie richtig miteinander geredet. Ich glaube, wenn man mehr gibt, als man selbst erwartet, wird man alles bekommen, was man sich nur wünschen kann.«

»Was würden Sie verlieren, wenn Sie Keith verlören?«

»Meinen besten Freund. Nur der Tod könnte unsere Ehe beenden.«

Als ich Keith bat zusammenzufassen, was er in der Ehe gelernt hatte, sagte er: »Sie hat mir gezeigt, daß ich nicht allein dastehe. Manchmal bedeutet das, daß ich Dinge machen muß, die ich eigentlich nicht will. Ich muß etwas von mir selbst hergeben. Früher habe ich mich immer sofort in mein Schneckenhaus verkrochen. Die größte Herausforderung für mich war, glaube ich, zu erkennen, daß es – abgesehen von meiner Mutter, meinem Vater und mir – auch noch andere Menschen auf der Welt gibt. Ich denke, erst als ich im College Helen kennenlernte, ist mir das klargeworden.«

»Und sie hat Sie verändert?«

»Sie hat alles verändert. Wenn es nach mir gegangen wäre, hätte ich alles anders angepackt. Ich hatte nicht geahnt, welche Freude, Frustration und Wut eine Ehe mit sich bringt. Alles ist neu. Für mich war die Erkenntnis, nicht allein zu sein, das Wichtigste an meiner Ehe. Wenn sie mich nicht gedrängt hätte, würde ich in einer Welt des Schweigens leben.«

»Was würde passieren, wenn Sie Helen verlören?«

»Du lieber Himmel«, sagte er. »Daran habe ich auch schon gedacht. Ich würde ziemlich viel verlieren. Am meisten würden mir die Anregungen und neuen Ideen abgehen, die sie in die Ehe einbringt. Sie schlägt immer wieder neue Sachen vor und sagt: ›Warum gehen wir nicht da und da hin, probieren das oder jenes aus.‹

Ohne sie müßte ich mich anstrengen, kein Einsiedler zu werden. Ohne sie käme ich mir alt vor.«

Die vierte Aufgabe:
Der Umgang mit Krisen

— ·•· —

Der Gedanke, die Partner in langjährigen glücklichen Ehen hätten einfach nur Glück gehabt, ist verführerisch. Doch dem ist nicht so. Alle Paare in der vorliegenden Studie mußten mit mindestens einer großen Krise im Leben fertig werden.

Die vierte Aufgabe innerhalb der Ehe, der Umgang mit Krisen, ist vielfältiger als die anderen Aufgaben, weil jedes belastende Ereignis unterschiedliche Ängste hervorruft und andere Gefühle anspricht. Jede Krise besitzt das Potential, die Ehe zu stärken, sie zu schwächen oder ganz zum Scheitern zu bringen. Dauerhafte Belastungen wie finanzielle Nöte sind ganz anders als plötzliche Krisen wie zum Beispiel unerwartete Arbeitslosigkeit; eine Diabetesdiagnose hat einen anderen Stellenwert als die Nachricht, die Frau habe Brustkrebs. Der Einfluß eines Unglücks auf die ganze Gemeinschaft, in der die Familie lebt, unterscheidet sich wiederum von einer Familientragödie. Der Tod eines Kindes ist weit schwerer zu bewältigen als der eines betagten Elternteils. Ein Paar, das allein mit dem Streß umgeht, macht andere Erfahrungen als eines, das von Freunden und Familienangehörigen unterstützt wird.

Im allgemeinen lassen sich Krisen in zwei Kategorien einteilen: Die erste hat mit den vorhersehbaren Veränderungen des Lebens zu tun, wie zum Beispiel dem Herannahen des Alters, den Wechseljahren oder dem Ruhestand. In die zweite

Kategorie gehören die unvorhersehbaren Dinge, die sich zu jedem Zeitpunkt des Lebens ereignen können.

Krisen innerhalb der Familie, wie zum Beispiel eine Anhäufung von Konflikten zwischen den Partnern oder das Nachlassen der sexuellen Begierde, sind häufig durch Ereignisse in der Außenwelt bedingt. Arbeitslosigkeit, der Tod eines engen Freundes oder eines Elternteils, Naturkatastrophen – all das kann zu Schwierigkeiten innerhalb der Familie führen. Leider sind sich Mann und Frau nur selten der wahren Ursachen dieser Probleme bewußt.

Die Krisen, von denen ich hier spreche, stellen eine ernsthafte Bedrohung für die Ehe dar, weil sie die Gefühle der Partner und ihr Verhalten verändern. Sie haben die Macht, die Beziehung zu zerstören. Ein Paar kann seine Ehe nur dann schützen, wenn es weiß, wie die äußeren Einflüsse die Beziehung verändern. Die Methoden, d.h. wie manche der von mir befragten Paare mit Krisen umgingen, zeigen die allgemeinen Grundsätze dieser Aufgabe auf.

Zweieinhalb Jahre, nachdem ich mich das erste Mal mit Helen und Keith unterhalten hatte, fuhr ich an einem lauen Juliabend noch einmal zu ihnen. Die Luft roch nach Geißblatt und gemähtem Gras, als Keith mich zu einem Liegestuhl im Garten führte. Als Helen sich zu uns gesellte, fragte ich: »Wie geht's? Haben sich irgendwelche größeren Veränderungen ergeben seit unserem letzten Gespräch?«

Helen sah Keith an und holte tief Luft. Mit nüchterner Stimme begann sie: »Sie haben einen guten Zeitpunkt für Ihren Besuch ausgewählt. Jetzt haben wir's fast überstanden, aber eine Weile stand die Sache auf des Messers Schneide. Vor einem Jahr hat mein Arzt mir gesagt, daß ich Brustkrebs habe.«

»Wie schrecklich«, sagte ich.

Helen pflichtete mir bei: »Ja, es ist genauso schrecklich, wie alle immer sagen.«

»Und wie fühlen Sie sich?«

Sie antwortete: »Ich muß morgen wieder zur Kontrolle, und bis jetzt klappt alles. Aber neulich nacht habe ich einen Traum gehabt. Ich habe geträumt, daß sich wieder ein Geschwür bildet. In den letzten Wochen habe ich das ziemlich oft geträumt. In dem Traum gehe ich ins Krankenhaus, und dort sagen sie mir: ›Sie müssen sich das ganze nächste Jahr einer Chemotherapie unterziehen.‹«

»Wie interpretieren Sie diesen Traum?«

»Nun, ich glaube, er hat mit der Antwort auf eine Frage zu tun, die mich beschäftigt. Ich habe versucht, mir darüber klarzuwerden, ob ich die Sache mit den Musikschulen ausbauen möchte. Der Traum scheint zu sagen: ›Nein, tu's nicht, laß es lieber ein bißchen langsamer angehen.‹«

»Also haben Sie sich entschieden?«

»Ich habe beschlossen, auf den Traum zu hören. Ich werde die Sache erst mal nicht ausbauen.«

Wieder einmal war ich beeindruckt von Helens Mut und Pragmatismus, von ihrer Fähigkeit, sich sogar einen bedrohlichen Traum zunutze zu machen.

Sie fuhr fort: »Der Brustkrebs hat nicht nur meine Weltsicht, sondern auch die von Keith verändert. Er hat uns gezeigt, welche Dinge wirklich wichtig sind und welche nicht.« Mir fiel auf, daß sie sich nicht scheute, das Wort »Brustkrebs« zu verwenden. Helen lächelte ihren Mann an. »Er war einfach wunderbar. Er hat mich nie im Stich gelassen.«

»Hat Sie das überrascht?«

»Natürlich nicht.« Sie lächelte. »Der Arzt hatte mir gesagt, daß Männer es oft nicht schaffen, bei der Chemotherapie dabei zu sein. Die meisten Frauen kommen mit einer Verwandten oder einer Freundin. Aber Keith hat mich begleitet.

Ich glaube, ich weiß, was Sie mich fragen wollen: Ob meine Krankheit Einfluß auf unsere Beziehung hatte.« Sie sah Keith an. »Die Antwort lautet nein. Ich habe nie daran gezweifelt, daß er für mich da sein würde.«

Keith sagte: »Es war schrecklich. Sie haben den Knoten in ihrer Brust kurz nach der Beerdigung meiner Tante entdeckt. Sie war an Brustkrebs gestorben, weil sie ihn zu spät entdeckt hatten. Die Ärzte hatten Angst, und wir auch. Helen mußte sofort operiert werden. Ich war am Boden zerstört. Ich hatte schreckliche Angst, sie zu verlieren. Ich habe meinen ganzen Tagesablauf geändert, damit ich bei ihr zu Hause bleiben konnte. Aber jetzt läuft alles wieder normal. Und auf lange Sicht hat sich nicht viel verändert. Dies ist die einzige schwere Krankheit, mit der wir es je zu tun gehabt haben, und wir haben uns gemeinsam damit auseinandergesetzt.«

»War das die schlimmste Krise in ihrer Ehe?«

»Ja«, sagte Keith mit einem Blick auf seine Frau.

»In unserem ganzen Erwachsenenleben«, sagte Helen.

»Dich zu verlieren wäre das schlimmste für mich. Wenn ich nur daran denke …«

»Erzählen Sie mir, was Sie getan haben.«

Keith antwortete: »Wir haben die Sache gemeinsam angepackt, und zwar ganz logisch, immer einen Schritt nach dem anderen. Ich war immer mit dabei. Ich hatte das Gefühl, daß ich das muß, und ich wollte nicht ausgeschlossen werden.«

Als Keith mich später zu meinem Wagen brachte, sagte er: »Ich wollte das nicht vor Helen sagen, aber natürlich habe ich mir Sorgen um sie gemacht, daß sie zuviel arbeitet trotz der Krankheit. Ich habe immer Angst, daß sie sich zuviel zumutet. Das gehört zu den größten Problemen in unserer Ehe. Sie möchte immer zur Stelle sein, wenn jemand sie braucht. Ich habe das Gefühl, daß sie sich zuviel aufhalst, besonders in ihren ehrenamtlichen Tätigkeiten. Ich mache mir Sorgen um ihre Gesundheit, jetzt, wo sie sich von der Operation erholt. Wir reden viel darüber. Ich versuche, ihr nicht zu zeigen, welche Sorgen ich mir in Wirklichkeit mache.«

Wir wissen ziemlich viel darüber, wie eine Krise die Innen- und Außenwelt eines Menschen verändern kann; danach sind die Dinge nicht mehr so, wie sie waren. Wir müssen mit dem Schock der Veränderung zurechtkommen und die Verluste überwinden; wir müssen um einen Toten trauern, mit dem Krebs zurechtkommen, das zerstörte Haus wiederaufbauen, weiterleben. Manche Krisen machen sich nur relativ kurz bemerkbar, andere verändern einen Menschen für immer.

Viel weniger beachtet wurde bis jetzt die Tatsache, daß Krisen sich auch auf die Ehe auswirken: Der Partner ist immer mitbetroffen. Eine Krise kann die Beziehungen des Paars zu Eltern, anderen Familienmitgliedern und Kindern neu definieren. Sie stärkt oder schwächt das Wir-Gefühl, das sich im Lauf der Jahre aufgebaut hat. Die Beteiligten klammern sich entweder auf der Suche nach Unterstützung aneinander oder distanzieren sich, weil sie jedesmal, wenn sie dem anderen in die Augen schauen, an die Tragödie erinnert werden.

Jede Krise stellt andere Anforderungen an das eheliche Wechselspiel und bietet andere Möglichkeiten zur Neudefinition von Wir-Gefühl und Unabhängigkeit. Dabei verändern sich auch die jeweiligen Rollen der Partner. Eine Krise macht es nötig, die Aufgaben der Ehe neu zu besprechen. Weil die Menschen heutzutage älter werden, sieht sich ein Ehepaar in einer langjährigen Beziehung zwangsläufig vielen Krisen gegenüber.

In Ehen, die unter der Belastung einer Krise zerbrechen, habe ich verschiedene Tendenzen beobachtet: Die eine ist die Sorge – oft äußert sie sich in Form von Zorn –, die die Beteiligten während oder nach der Krise empfinden. Möglicherweise projiziert ein Ehepartner diesen Zorn auf seinen Gefährten, der ja immer zur Verfügung steht. Die Anschuldigung »Nie bist du da, wenn ich dich brauche«, ist oft zu hören. Wenn man einen Sündenbock findet, fühlt man sich besser, verspielt jedoch genau dann die Unterstützung des Partners, wenn man sie am nötigsten braucht.

Menschen in Ehen, die solche Krisen überstehen und stärker werden, empfinden genauso starke Sorge und Schuld wie alle anderen. Sie sind genauso durcheinander und wütend, doch statt sich einen Sündenbock zu suchen, helfen sie einander, die neue Last zu tragen. Und sie wissen um die Bedeutung der Hilfe, die sie geben und bekommen. Ein Mann, dem die Ärzte kurz nach unserem ersten Gespräch sagten, er habe Darmkrebs, erklärte mir in meinem Interview zwei Jahre später: »Meine Krankheit hat uns wieder enger aneinander herangeführt. So etwas macht die Menschen entweder stärker oder zerbricht sie. Im Augenblick besteht die Hauptaufgabe für mich darin, am Leben zu bleiben. Mein Körper hat mich im Stich gelassen, und ich mache mir Sorgen um meine Frau und meine Söhne.« Seine Frau sagte: »Ich habe ihm gesagt, er kann sich auf mich verlassen, damit er keine Depressionen bekommt. Ich kann mir nicht vorstellen, wie Menschen solche Krisen allein bewältigen.«

Die Bewältigung von Krisen umfaßt mehrere Punkte, die die Leute in den von mir untersuchten Ehen offenbar ganz instinktiv erledigten: Erstens versuchten sie, realistisch über die Auswirkungen der Krise nachzudenken. Sie bemühten sich, eine Sichtweise zu finden, die nicht alle Probleme dieser Krise zuschrieb. Dadurch gelang es ihnen, die Krise in Grenzen zu halten. Außerdem versuchten sie, ihre Ängste vor dem allerschlimmsten Fall von dem zu unterscheiden, was wahrscheinlich passieren würde.

Paare in starken Ehen versuchten, nicht nur zu sehen, wie die Krise die Ehe und den unmittelbar Betroffenen beeinflußte, sondern auch die anderen Familienmitglieder. Sie dachten realistisch über das Ausmaß und die Dauer der Krise nach und bemühten sich, alle nur erdenklichen Informationen über die möglichen Auswirkungen zu bekommen. Durch diese realistische Planung gelang es ihnen, nicht hilflos zu erstarren oder in hektische Überaktivität zu verfallen.

Zweitens machten sie sich gegenseitig keine Vorwürfe, egal, wie groß die Versuchung dazu auch war. Sie gingen sogar noch einen Schritt weiter und gaben sich Mühe, einander vor unangemessenen Selbstvorwürfen zu bewahren.

Drittens ließen sie ein gewisses Maß an Freude und Fröhlichkeit in ihrem Leben zu. Sie bemühten sich, sich nicht völlig von der Tragödie überrollen zu lassen.

Viertens spielten sie nicht Märtyrer oder gaben vor, Heilige zu sein. Angst macht alle Menschen schwierig, und die von mir befragten Paare stritten auch. Sie waren genauso versucht wie andere Menschen, zerstörerische oder selbstzerstörerische Dinge zu tun, doch im allgemeinen waren sie in der Lage, solche Impulse zu unterdrücken, weil sie die Verbindung zwischen der Krise und der Reaktion im Auge behielten. Sie erkannten, daß Krankheiten und Todesfälle zu hilfloser Wut führen können, daß die Verzweiflung über einen Verlust ein Gefühl von Paranoia erzeugen kann (»Warum immer ich?«), daß Sorgen schlimme Unorganisiertheit zur Folge haben können. Sie gaben sich größte Mühe, solch zerstörerische Tendenzen unter Kontrolle zu halten.

Fünftens versuchten sie, Krisen, die sie bereits im voraus erkannten, abzuwenden. Statt abzuwarten, bis Alkoholprobleme oder Depressionen zu wirklichen Schwierigkeiten führten, schritten sie schon zu einem frühen Zeitpunkt ein. Eine Frau, deren Mann zu trinken anfing und immer später von der Arbeit nach Hause kam, weil er Gefahr lief, seinen Job zu verlieren, sagte klipp und klar: »Ich werde unserer Tochter nicht sagen, daß ich nicht weiß, wo ihr Vater ist. Hör mit der Trinkerei auf.« Sie sprach für die gemeinsame Tochter, die er liebte, und er hörte tatsächlich zu trinken auf. Später war er seiner Frau für ihre Weitsicht dankbar.

Doch zurück zu Helens Krankheit. Nach dem Schock über die Diagnose folgte die Angst vor dem möglichen Tod, der sicheren Operation, der Chemotherapie und der Bestrahlung. Eine solche Krise verändert die Ehe für immer. Das weibliche Selbstwertgefühl steht in engem Zusammenhang mit den Brüsten. Wenn sie eine oder beide Brüste verliert, fühlt eine Frau sich als Krüppel, nur noch als halbe Frau.

In Helens Fall verband sich der Verlust einer Brust mit der frühkindlichen Erfahrung der Zurückweisung und des Verlassenwerdens. Die Diagnose bestätigte diese Erfahrungen.

Keith mußte sich nicht nur mit ihrem Schmerz und ihrer Angst auseinandersetzen, sondern auch mit seiner eigenen Furcht, sie zu verlieren, denn sein ganzes Erwachsenenleben hing von Helens Existenz ab. Außerdem wurde er an seine eigene Sterblichkeit erinnert. Es ist fast unvermeidlich, daß die Betroffenen eine solche Verbindung herstellen, denn Krebsdiagnosen kommen meist im mittleren oder hohen Alter vor, wenn die Menschen sich ohnehin Gedanken über

Tod, Potenz, Alter und sexuelle Anziehungskraft machen. Möglicherweise hat der Mann nun Angst, seine Frau zu berühren, vielleicht ist er auch nicht in der Lage, die Narbe anzusehen. Er könnte das Gefühl haben, daß sie zerbrechlich ist, daß er sie verletzen könnte. Unter Umständen glaubt er sogar ganz irrational, sie könnte ihn anstecken.

Wenn der Mann sensibel und die Ehe stark ist, wird er merken, wie groß die Sorgen seiner Frau sind, wie sehr sie sich vor Zurückweisung fürchtet, wie wütend sie über ihr Schicksal ist. Er weiß, wie verletzlich und liebesbedürftig sie ist, und zeigt ihr, daß er sie immer noch attraktiv und schön findet.

Keith und andere Ehemänner in guten Ehen kommen ihrer Frau näher, wenn einer von beiden ernsthaft krank wird. Das ist alles andere als leicht. Keith arbeitete Teilzeit, als Helen sich der Chemotherapie unterziehen mußte, damit er sie zu den jeweiligen Sitzungen begleiten konnte. Er bewies Einfühlungsvermögen und identifizierte sich mit den Qualen seiner Frau. Sie hatte praktisch nicht allein Brustkrebs, nein, beide wurden von diesem Schicksalsschlag getroffen.

Diese Krise machte es erforderlich, die Aufgabe, ein Wir-Gefühl innerhalb der Ehe aufzubauen, neu zu definieren. Keith und Helen stellten sich der Krise gemeinsam. Diese Fähigkeit zur gegenseitigen Identifikation ist bezeichnend für eine gute Ehe.

Helens Krankheit brachte auch Veränderungen für ihr Unabhängigkeitsgefühl mit sich. Ihre Angst, ein Krüppel zu werden, bekämpfte sie durch noch mehr ehrenamtliche Aktivitäten. Keith machte sich Sorgen darüber, doch ihm war klar, daß ihr Bedürfnis, sich zu beschäftigen, vielleicht einen Weg zur schnelleren Besserung darstellte. In einer solchen Situation nimmt die Aufgabe, sich seine Unabhängigkeit zu bewahren, neue Dimensionen an.

Normalerweise bedeutet der Tod eines Elternteils nur für den erwachsenen Sohn oder die erwachsene Tochter eine Krise, doch er kann auch für die Ehe zu einer schweren Last werden. Der Tod eines Elternteils bringt das psychologische Gleichgewicht eines Menschen oft auf unvorhersehbare Weise durcheinander. An erster Stelle steht der Wunsch des Betroffenen nach Trost. Auch wenn der Partner diesen Trost bereitwillig und liebevoll spendet, hat der Gefährte möglicherweise das Gefühl, seine Bemühungen genügten nicht. Diese Verletzung erhöht den Schmerz und die Trauer noch.

Doch die Situation kann sich noch komplexer gestalten: Der Betroffene verfällt möglicherweise in tiefste Melancholie. Vielleicht ist er auch zornig auf den Verstorbenen, weil er ihn verlassen hat, oder erleichtert darüber, daß die mit dem alten Menschen verbundenen Belastungen verschwunden sind. Er hat unter Umständen das Gefühl, daß er nicht genug getan oder den Sterbenden nicht oft genug besucht hat. Wahrscheinlich freut er sich, selbst noch am Leben zu sein, hat aber Schuldgefühle wegen dieser Freude. Wenn der Verstorbene eine wichtige Bezugsperson war, hat er vermutlich das Gefühl, ganz allein auf der Welt zu stehen.

All diese Reaktionen können gleich beim Tod oder auch erst viel später eintreten, und der Betroffene verarbeitet diese Gefühle entweder ganz allein oder läßt sie an der Familie und der Ehe aus. In einer solchen Situation können die merkwürdigsten Projektionen passieren.

Ich habe im Verlauf meiner Recherchen mehrfach von Scheidungen gehört, die sich nach dem Tod eines Elternteils mit einer besonders starken Bindung zu Sohn oder Tochter ereigneten. In manchen Fällen scheint das erwachsene Kind solche Schuldgefühle hinsichtlich des Todesfalles empfunden zu haben, daß es meinte, selbst kein Anrecht auf eine glückliche Ehe zu haben, weil der Verstorbene auch nicht das Glück einer guten Beziehung gehabt hatte.

Eheprobleme und Arbeitslosigkeit gehen oft Hand in Hand. Die Gewalttätigkeitsrate innerhalb von Ehen erhöht sich während einer Rezession deutlich. Abgesehen von der finanziellen Seite bedeutet der Job heutzutage für die meisten Menschen einen wichtigen Faktor im Selbstbild, und sein Verlust ist ein schwerer Schlag.

Befriedigung in anderen Lebensbereichen ist dafür kein Ausgleich. Der betroffene Mann kommt sich wie ein Versager vor und fürchtet, daß seine Frau ihn zurückweisen könnte und seine Kinder sich für ihn schämen werden. Möglicherweise sieht er den Alkohol als einzige Fluchtmöglichkeit. Gewalttätigkeit hat ihre Wurzel oft in Scham und merkwürdigerweise auch in der Unfähigkeit, mit Mitleid oder Sympathie umzugehen.

Oft gelingt es dem Partner nicht, hinter die Fassade der Gewalt zu blicken und ihre Motive zu verstehen. Das führt zu Ungeduld und weiteren Sorgen. Schon bald wird die Ehe zum Schlachtfeld; beide Partner suchen nach einem Sündenbock, weil es leichter ist, wütend zu sein, als Schuldgefühle zu haben oder sich ohnmächtig vorzukommen.

Wie wurden die Partner in guten Ehen mit solchen Problemen fertig? Einige der Männer in dieser Studie, die in hohen Positionen tätig waren, verloren ihren Arbeitsplatz in der Rezession Anfang der neunziger Jahre. Das war besonders schwer zu verkraften, weil sie genau wußten, daß sie keine vergleichbaren Jobs mehr finden würden.

Einer dieser Männer, ein Börsenmakler, fand über ein Jahr lang keine Arbeit. Er beteiligte sich an einer Fahrgemeinschaft, ging einkaufen, strich die Garage und fühlte sich elend und deprimiert, als er merkte, daß die Krise sich auf die ganze

Familie auswirkte. Seine Frau hatte einen Ganztagsjob als Krankenschwester, aber ihr Einkommen reichte nicht, um den Lebensunterhalt der Familie zu sichern. Als die Noten ihres zwölfjährigen Sohnes rapide abfielen, bestand die Frau darauf, daß die ganze Familie trotz der prekären finanziellen Lage einen Psychologen aufsuchte.

Ich fragte sie, was ihr Mann dazu gesagt hatte. »Ich habe betont, daß das für mich ist«, antwortete sie, »obwohl es eigentlich um ihn und unseren Sohn ging. Die Beratung hat uns sehr geholfen. Wir haben's geschafft.«

»Was hat Ihnen Ihrer Ansicht nach am meisten geholfen?«

»Ich glaube, daß ich zu ihm gesagt habe: ›Nimm nicht den erstbesten Job.‹ Das habe ich auch so gemeint. Ich habe gesagt: ›Ich möchte nicht, daß du etwas tust, was dir keinen Spaß macht. Das ist mir sehr wichtig.‹ Außerdem habe ich immer wieder betont: ›Laß uns keine Panik kriegen.‹ Ich habe ihn daran gehindert, übereilt zu handeln.«

Die meisten Frauen in ähnlichen Situationen gingen bewußt gegen das Gefühl ihres Mannes an, versagt zu haben. Außerdem reagierten sie sensibel auf die Ängste des Mannes, daß die Frau die Rolle des alleinigen Brötchenverdieners übernehmen könnte. Sie gaben sich größte Mühe, den Haushalt so weiterzuführen wie bisher und die Kinder an Überreaktionen zu hindern. Natürlich können solche Maßnahmen keinen neuen Arbeitsplatz herbeizaubern, aber sie tragen dazu bei, die Familie und die Ehe zu schützen.

Manchmal bekämpfen die Partner drohende Krisen mit spektakulären Maßnahmen. Ein Mann verlor seinen Job und litt nach der Geburt des ersten Kindes unter schweren Depressionen. Obwohl die Frau einen guten Job hatte, machte sie sich Sorgen, als sie ihren Partner auf dem Bett liegen und die Decke anstarren sah, wie es sein Vater früher gemacht hatte. Er war nicht die Sorte Mann, die gern zu Hause bleibt und die Kinder aufzieht, während die Frau den Lebensunterhalt verdient. Sie erkannte, daß er sich früher oder später über ihre Anstrengungen und ihre Stärke ärgern und sie – erzürnt über seine eigene Unzulänglichkeit – verlassen würde.

In einem Akt der Verzweiflung gab sie ihre Arbeit auf und erklärte ihm, wenn die Familie überleben solle, müsse er sich einen Job suchen. Innerhalb von zwei Wochen fand er eine Arbeitsstelle. Bereits nach einem Jahr war sein Selbstwertgefühl wieder aufgebaut, und noch einmal zwei Jahre später konnte auch sie wieder ihre Arbeit aufnehmen. Natürlich würde eine solch drastische Vorgehensweise nicht bei jedem funktionieren, doch hier lohnte sich das Risiko.

Marty und Tina Delgado
Eine andere Art der Zuflucht

—•◦•—

Ich lernte Marty und Tina Delgado über ein Paar kennen, das an der vorliegenden Studie teilnahm. Es war eng mit den Delgados befreundet und bei der Feier zu Martys und Tinas fünfundzwanzigstem Hochzeitstag eingeladen gewesen. Die beiden hatte sehr beeindruckt, daß die Delgados von ihrer Ehe meinten, sie wäre »im Himmel geschlossen« worden.

Doch als ich mich mit Marty und Tina traf, mußte ich feststellen, daß sie sich die ganze Zeit stritten und anbrüllten. Ihre Ehe unterschied sich sehr von Keiths und Helens Beziehung, aber mir wurde schon bald klar, daß auch Marty und Tina ihre Ehe als Zuflucht sahen.

Sie waren gerade wieder in eine Auseinandersetzung vertieft, als ich sie interviewen wollte. Marty lief im Zimmer hin und her wie ein Tiger im Käfig. Er war wütend auf Tina, weil sie gesagt hatte, daß die Krankheit, unter der er zwei Jahre davor gelitten hatte, ihre Ehe nicht verändert hätte.

»Wie kannst du so was sagen?« brüllte er. »Wie kannst du so was einfach ignorieren?« Er lief hin und her, hin und her.

»Aber deine Krankheit hat weder an meinem Beruf noch an unserer Ehe etwas geändert«, sagte Tina, die ganz ruhig auf der Couch saß. »Das heißt nicht, daß es nicht etwas Ernstes gewesen wäre.«

Sie wandte sich, inzwischen ebenfalls erregt, an mich und sagte: »Sehen Sie? So geht das die ganze Zeit. Schau mich an, Marty. Schau mich an. Er sieht mich nie an. Schau mich an!«

Marty lief weiter hin und her und starrte vor sich hin, ohne sie anzusehen.

Offenbar war dies ein typisches Szenario innerhalb dieser Ehe, also fragte ich: »Marty, warum sehen Sie sie nicht an?«

Er blieb stehen und sagte in völlig verändertem Tonfall: »Wenn ich sie anschauen würde, würde ich das Gesicht der Frau sehen, die ich liebe.« Dann setzte er sich. »Wenn ich nicht müde wäre, weil ich gerade erst aus Portland gekommen bin, hätte ich euch das nicht gesagt.«

Martys Worte zeigten mir, daß sein Schreien und Hin- und Herlaufen wenig mit der Frau auf der Couch zu tun hatte – und das wußte er auch. Doch wie ließen sich dieser Zorn und seine Überreaktion angesichts seiner Liebeserklärung verstehen?

Ich hatte Marty an einem stürmischen Märztag in seinem Büro am Yachthafen von San Francisco kennengelernt. Er importierte Meeresfrüchte aus Asien, Australien und Neuseeland und lieferte sie an Restaurants in ganz Amerika. Marty war ungefähr fünfzig, klein, hatte eine Halbglatze und war sehr charmant und höchst intelligent. Er empfing mich mit gewissen Vorbehalten, taute aber im Verlauf des Gesprächs auf und unterhielt sich fast den ganzen Vormittag mit mir. Er war ein energischer und rechthaberischer Mann, der schnell lachte und wahrscheinlich genauso schnell wütend werden konnte. Er hielt sich selbst für einen Mann von Welt, insbesondere der Welt des Wettbewerbs.

»Das Gute an meiner Ehe ist meine Frau«, sagte er, als ich ihm meine übliche Eingangsfrage stellte. »Sie ist immer eine Quelle der Kraft für mich gewesen. Sie ist meine beste Freundin. Ich habe den größten Respekt vor ihr.«

»Erzählen Sie mir von ihr.«

»Sie liebt das Leben, besonders Tiere. Ich darf in unserem Haus nicht mal eine Spinne töten.« Er fuhr grinsend fort: »Ich erzähle Ihnen jetzt eine Geschichte über meine Frau: Als wir zwanzig Jahre verheiratet waren, haben wir ein großes Fest veranstaltet. Wir haben fünf, sechs, sieben Paare eingeladen. Es war ein tolles Fest. Wir haben die Gäste gebeten, keine Geschenke mitzubringen, sondern lieber etwas zu sagen oder vorzuführen. Ein Freund kam mit einer achtseitigen Schilderung unserer Ehe an. Es war köstlich.

Wir haben uns wunderbar amüsiert, und um Mitternacht sagte jemand zu mir: ›Sag doch du was über Tina.‹ Und da habe ich gesagt, alle sollen erfahren, wie sehr ich sie liebe. Wenn die Ehe jemals scheitern sollte, würde ich mir sie als beste Freundin wünschen, weil sie ein großartiger Mensch ist. Danach haben unsere Freunde sie gebeten, ein paar Worte über mich zu sagen, und das hat sie auch getan.

Irgendwann sind dann alle nach Hause, und wir sind ins Bett gegangen. Ich bin am Morgen aufgewacht, da saß meine Frau auf der Bettkante und starrte vor sich hin. Ich hab' gefragt: ›Was ist denn los?‹ Und sie hat geantwortet: ›Hör zu. Wenn wir zwei uns trennen sollten, würde ich dir dein letztes Hemd ausziehen. Du hättest Glück, wenn du danach noch Unterwäsche hättest.‹« Marty strahlte voller Stolz. »So ist meine Frau«, sagte er. »Klarheit. Sie ist klar wie ein Kristall. Ich weiß immer genau, woran ich mit ihr bin.«

»Und worin liegt der Vorteil dieser Klarheit?« fragte ich.

»Ganz einfach. Man braucht sich keine Gedanken zu machen und keine Sorgen. Was man sieht, kriegt man auch. Was sie sagt, meint sie. Sie hat das auch bei der Kindererziehung so gehalten. Ich hab' gesagt: ›Wenn du das anrührst, kriegst du Probleme.‹ Aber das waren leere Drohungen. Wenn sie das gleiche gesagt hat, hat sie's auch gemeint. Ganz einfach. Ich hab' manchmal Schwierigkeiten, meine Gedanken zu sortieren und meine Gefühle. Aber sie weiß immer, was Sache ist. Sie ist absolut klar.«

»Sagen Sie mir, was Sie an Ihrer Ehe enttäuscht.«

»Die ersten Jahre unserer Ehe waren ein Alptraum. Wir haben uns gestritten, uns Sachen an den Kopf geworfen. Fünf Jahre lang haben wir mit Tellern geschmissen. Sie können die Spuren immer noch an den Möbeln sehen. Erst in letzter Zeit hat sich das ein bißchen gelegt. Sie hat mir das Hemd vom Leib gerissen. Sie hat gebrüllt. Ich habe gebrüllt. Wir haben die ganze Zeit gebrüllt. Immer weiter. Eigentlich versöhnen wir uns nie, wir streiten immer weiter.«

»Wurde jemals einer von Ihnen dabei verletzt?« fragte ich.

»Nein, wir haben einander nie verletzt. Sie ist auf mich losgegangen, aber ich habe mich verteidigt. Ich hab' sie nie geschlagen. Ich hab' sie nie angefaßt. Sie hat mir das Hemd vom Leib gerissen, aber sie hat mich nie geschlagen.« Er lächelte, als wäre das ein großes Geschenk.

Ich sagte: »Sie haben also immer darauf geachtet, einander körperlich keinen Schaden zuzufügen.«

»Ja, da waren wir sehr, sehr vorsichtig. Wir haben gebrüllt, wir haben alles mögliche durch die Gegend geschleudert. Einmal habe ich eine Kehrichtschaufel durchs ganze Zimmer geworfen. Und dann haben wir uns allmählich beruhigt.«

Marty und Tina unterschieden sich sehr von den anderen Paaren, die ich besucht hatte. Ich sagte: »Marty, wollen Sie damit sagen, daß Sie den größten Teil Ihrer Ehe mit Ihrer Frau gestritten haben und trotzdem glauben, es ist eine gute Ehe? Was ist denn gut daran?«

Er sah mich an. »Zuneigung, gegenseitige Achtung, Sinn für Humor. Und Liebe. Wir lieben uns. Ich habe eine Menge Dinge von ihr gelernt. Als wir geheiratet haben, hatte ich keine Ahnung von Musik, Kunst oder Kultur. Sie hat mir das alles beigebracht, das weiß ich zu schätzen. Von mir hat sie gelernt, selbständig zu werden. Sie läßt sich von niemandem etwas gefallen.«

»Marty, das ist keine Erklärung. Wieso sind Sie zusammengeblieben?«

»Wieso wir zusammengeblieben sind?« Er dachte nach und sagte: »Lassen Sie es mich so ausdrücken: Wer sonst würde uns schon wollen? Ich erzähle Ihnen mal, wie wir uns kennengelernt haben: Ich war zweiundzwanzig, sie zwanzig. Als ich ihr in die Augen geschaut habe, wußte ich, daß wir zusammengehören, also hab' ich gesagt: ›Mädchen, ich werde dich lieben, wie dich noch nie ein Mann geliebt hat.‹ Das habe ich auch so gemeint. Ich hatte Angst, aber es war mir ernst. Und es ist mir immer noch ernst. Ich stelle sie mir immer mit unseren drei Hunden vor. Die Hunde lieben sie, und sie liebt sie. Wenn ich noch mal geboren werde, würde ich gern ihr Haustier. Sie ist eine wunderbare, großzügige, liebevolle Frau. Mehr kann sich ein Mann nicht wünschen.«

Später bat ich ihn, mir etwas über seine Familie zu erzählen.

»Haben Sie den ganzen Tag Zeit? Das Wichtigste zuerst: Mein Vater war ein brutales Schwein. Er hat meine Mutter die ganze Zeit geschlagen. Als Junge habe ich mir eingebildet, ich könnte ihn daran hindern. Im Teenageralter habe ich dann einen Kleiderbügel genommen und mich zwischen ihn und Mom gestellt. Und da hat sie mich angebrüllt, weil ich meinen Vater angegriffen hatte. So ging's bei mir zu Hause zu.«

»Und Tina?«

»Sie kommt auch aus einer tollen Familie«, sagte er mit einem verächtlichen Schnauben. »Ihr Vater wollte ihr ständig an die Wäsche, und ihre Mutter konnte sich nicht dagegen wehren. Das ist die Kurzfassung.«

Ich fragte: »Worüber haben Sie sich immer mit Tina gestritten?«

»Es ging um Sex«, gab Marty zu. »Wir haben uns oft gestritten. Sie war erregt, und im letzten Augenblick hat sie dann einen Rückzieher gemacht. Sie können sich gar nicht vorstellen, wie ich mich da gefühlt habe – schrecklich. Sie hat mich behandelt, als wolle ich sie vergewaltigen. Dabei hätte ich das nie getan. Ich hatte keine Ahnung, was da vorging. Irgendwann ist mir dann aufgegangen, daß sie es auch nicht wußte. Ich hatte das Gefühl, daß sie mich nicht leiden kann, daß sie mich für einen Angeber hält. Erst Jahre später, als sie eine Therapie machte, wurde ihr klar, daß sie als Kind mißbraucht worden war. Aber sie blieb bei mir. Erst nach neun oder zehn Ehejahren hat sie endlich Spaß am Sex gefunden. Wir sind zusammen in eine Sextherapie gegangen, und erst danach hat sie sich selbst körperliches Vergnügen zugestanden.«

»Und worüber haben Sie sich gestritten?«

»Ich streite mich immer, wenn's mir schlecht geht«, sagte Marty.

»Haben Ihnen die Streitereien Spaß gemacht?«

»Sie haben mir Erleichterung verschafft. Wahrscheinlich wäre die Ehe sonst in die Brüche gegangen.«

»Wieso das?«

»Weil wir uns so viel von der Seele schreien konnten – das war der innere Kitt unserer Ehe.«

»Hat es nach den Auseinandersetzungen eine schöne Versöhnung gegeben?«

»Nein.«

»Sind Sie danach miteinander ins Bett gegangen?«

»Nein.«

Er fügte hinzu: »Die Auseinandersetzungen waren auch viel weniger heftig, nachdem wir nach Kalifornien gezogen sind und von unseren Familien weg waren. Sie hat sich hier ihre eigene berufliche Laufbahn aufgebaut.

Auch die Kinder haben uns zusammengehalten. Wir lieben unsere Kinder. Ich war ein prima Vater. Ich hab' sie gebadet und gewickelt, ich bin mitten in der Nacht aufgestanden. Unsere Kinder haben immer gewußt, wie sehr wir sie lieben. Sie war eine fabelhafte Mutter.«

Anders als bei Helen schienen sich bei Marty und Tina die Kindheitstraumata nicht auf die Kinder auszuwirken. Ich fragte: »Wie geht's den Kindern?«

Er erzählte mir voller Liebe von seinem Sohn John und seiner Tochter. John und seine Frau lebten in Seattle, wo er mit ein paar Freunden ein neues Computerunternehmen aufzubauen versuchte. »Wir sprechen zweimal die Woche miteinander. Ich muß schon sagen, ich bewundere seinen Mut. Aber ich könnte mir vorstellen, daß er's schafft. Ich wünschte, ich würde mehr wissen, was ihnen helfen könnte. Ich gebe mir größte Mühe, aber er ist mir geistig weit voraus«, sagte Marty stolz.

»Ellen ist da ganz anders. Sie bekommt in drei Monten ein Kind, und Tina ist schon ganz aufgeregt deswegen. Ich freue mich genauso, aber ich versuche, das nicht zu zeigen. Ellen ist Musikerin. Sie ist die Künstlerin in der Familie und sehr sensibel. Sie war immer eine große Freude für uns. Die Beziehung zwischen ihr und ihrer Mutter ist von Anfang an sehr eng gewesen.«

Eine Ehe wie die der Delgados hätte ich in meiner Studie nicht erwartet. Sie hatten aneinander eine Zuflucht vor ihren

Familien gefunden, gegen die sie sich nicht auflehnen konnten. Sie waren sich als Kinder beide ungeliebt und ausgenutzt vorgekommen. Liebe, gegenseitige Identifikation und Verständnis für die Leiden des Partners hatten sie zusammengeschweißt.

Mit Tina fand Marty eine Frau, die er bewundern und achten konnte, anders als seine Eltern. Als Kind und Teenager stellte er sich vor, wie er seiner Mutter half, doch als er tatsächlich versuchte, sie zu beschützen, beschuldigte sie ihn, seinen Vater angegriffen zu haben. Marty fühlte sich von beiden Elternteilen verraten. Als sein Vater ihn schlug, schlug er zurück. Und er hörte auf, seiner Mutter zu helfen.

Der erwachsene Marty lebte seine kindlichen Gefühle der Hilflosigkeit und Ohnmacht aus, indem er brüllte und um sich schlug – aber er verletzte dabei seine Frau nie. Das Objekt seiner Wut war letztendlich nicht Tina, sondern seine eigene Familie, von der er sich innerlich nicht lösen und zu der er auch keine Beziehung aufbauen konnte. Doch Marty vergaß nie, daß der Zorn nicht seiner Frau galt. Seine Liebe zu ihr war unerschütterlich, auch wenn sie immer wieder seine Wutanfälle abbekam.

Für Marty, der meinte, sein ganzes Leben lang emotional nicht genug bekommen zu haben, war Tina ein Symbol des Lebens. Sie war eine starke Frau, die sich nicht von ihm einschüchtern ließ. Sie blieb ungerührt von seiner Aggression, und das provozierte und beruhigte ihn gleichermaßen. Ihre Regeln waren absolut klar, und diese Klarheit liebte er. Sie bedeuteten, daß er brüllen konnte und trotzdem keine Angst um seine Ehe haben mußte.

Am nächsten Tag unterhielt ich mich mit Tina in ihrem Büro. Sie war zierlich, hatte rote Haare und Sommersprossen und eine gutgehende Praxis für Kieferorthopädie in San Mateo.

Wie üblich fragte ich zuerst, was sie an ihrer Ehe als glücklich empfinde.

»Das ist eine interessante Frage«, sagte sie. »Es ist schön, daß wir endlich harmonisch zusammenleben können. Die Angst ist vorbei. Wir fechten keine Machtkämpfe mehr aus. Mittlerweile sind wir seit Ewigkeiten zusammen, eigentlich unser ganzes Erwachsenenleben lang. Wir wissen es beide sehr zu schätzen, daß wir zusammen sind und es geschafft haben.«

Sie erinnerte sich an ihre erste gemeinsame Zeit. »Ich hab' immer schon eine Vorliebe für kompakte Männer gehabt. Er war klein und kräftig. Wahrscheinlich wird er das nicht zugeben, wenn Sie ihn fragen, aber er hat mich bereits bei unserer ersten Verabredung gebeten, ihn zu heiraten. Er hat zu mir gesagt: ›Wir sollten zusammen sein. Niemand wird dich je so lieben wie ich.‹«

»Und was ist dann passiert?«

»Er war ganz schön hinter mir her, hat mir keine Ruhe gelassen. Ich war damals noch Jungfrau. Irgendwie habe ich gewußt, daß dieser Grobian der richtige Mann für mich ist. Ich habe ihn aufregend gefunden. Irgendwie war das vorbestimmt. Ich kann mich noch gut an die Nacht erinnern, bevor ich zum erstenmal mit ihm geschlafen habe. Ich habe zu meiner besten Freundin gesagt: ›Ich weiß noch nicht, ob ich ihn heiraten will, aber ich muß mit ihm schlafen.‹ Wie gesagt, es war vorbestimmt.«

»Was war vorbestimmt, und warum?«

Sie zögerte. »Ich mußte weg von zu Hause, weg von all den angenehmen Dingen, mit denen ich aufgewachsen war.«

»Ich verstehe nicht so ganz.«

»Nun, es war folgendermaßen: Die Beziehung zu meinem Vater war zu eng. Man könnte sagen, es war ein inzestuöses Verhältnis. Es war zu Ende, als ich sechs war.«

»Wie inzestuös?«

»Ich glaube nicht, daß es jemals bis zum Geschlechtsverkehr gekommen ist, aber ich bin mir nicht sicher. Ich kann mich nicht mehr so genau erinnern. Allerdings habe ich gemerkt, daß etwas nicht stimmte. Ich weiß nicht so genau, was vor sich ging, aber ich weiß, daß ich bei ihm im Bett lag, und er war nackt. Ich war der Liebling meines Vaters. Ich habe kleine Botschaften von meiner Mutter zu ihm gebracht. Wenn sie zum Abendessen ausgehen wollte, hat sie mich zu meinem Vater geschickt, um ihn zu fragen. Mein Vater hat mich lieber gemocht als sie.«

»Wußte Ihre Mutter von der Sache?«

»Ja, sie wußte es«, sagte Tina mit kaum hörbarer Stimme.

Sie fuhr fort: »Tja, und dazu kam, daß auch mein Mann von zu Hause weg wollte. Die Probleme in unseren jeweiligen Familien haben uns zusammengebracht. Wir haben ganz schön aufregende Jahre miteinander erlebt. Es war fast, als wären alle schlimmen Sachen in unsere Ehe geflossen. Die Verletzungen und die traurigen Ereignisse unserer Kindheit haben uns zusammengehalten.«

»Wie hat sich das auf Ihre Ehe ausgewirkt?«

»Auf die unterschiedlichste Weise. Erst durch die Ehe sind meine Erinnerungen wieder hochgekommen. Mein Mann hat mich nicht daran gehindert, meine Kindheit wiederzuentdekken. Er liebt mich. Er war manchmal ganz schön verrückt, aber Gedanken darüber, daß ich allein dastehen könnte, habe ich mir nie zu machen brauchen. Manchmal habe ich mich einsam gefühlt, aber ich wußte, daß ich nicht allein bin. Und weil ich nicht allein war, spürte ich auch, wie einsam ich früher gewesen war. Ich fühlte mich sicher und beschützt und geliebt. Erst mit Mitte Dreißig habe ich gemerkt, daß ich meine ganze Kindheit und Jugend hindurch unsicher, unbeschützt und ungeliebt gewesen war. Erst als mein Vater starb, habe ich meinen Zorn verstanden.«

Ich fragte sie nach den ersten Jahren der Ehe.

»Ein Alptraum«, sagte sie. »Sie können sich das gar nicht vorstellen. Wir haben ständig gestritten.«

»Worüber?«

»Über alles. Er war ungeheuer eifersüchtig und ist beim geringsten Anlaß in die Luft gegangen. Wir haben uns gestritten, wer das Abendessen machen sollte. Wir haben uns gestritten, weil ich wieder in die Schule wollte. Wir stritten uns, weil es ihm nicht paßte, wie ich den Haushalt führte. Wie gesagt, es war ein Alptraum. Es war das einzig Richtige, daß ich noch einmal zurück auf die Schule bin. Wissen Sie, ich war vor dem Abschluß vom College abgegangen. Dann habe ich mich später aufs Biologiestudium gestürzt und mich auf meine Prüfungen konzentriert. Ich habe gelernt, mit Terminen umzugehen. Danach habe ich noch die Ausbildung zur Kieferorthopädin gemacht. Alles andere in dieser Zeit war chaotisch.«

»Und irgendwie haben Sie's trotzdem geschafft.«

»Ja, er war immer für mich da. Und ich habe nie daran gezweifelt, daß er mir treu ist. Hoffnung, Liebe und Beharrlichkeit haben uns zusammengehalten. Ich wollte auf keinen Fall mehr nach Hause zurück, denn ich hatte kein Zuhause mehr. Marty und ich haben in einer fürchterlichen Gegend gewohnt. Wissen Sie, wie die Slums von Philadelphia aussehen? Es war schrecklich, der scheußlichste Ort der Welt. Der Dreck und der Staub von den Fabriken war überall.

Und dann sind wir wie durch ein Wunder nach Kalifornien

gekommen. Sie können sich gar nicht vorstellen, was dieser Umzug für uns bedeutet hat – es war ein riesiger Sprung vorwärts. Mein Mann bekam einen Job dort angeboten, und er hat sofort zugesagt. Wir sind nach Westen gegangen und haben dem Osten keine Träne nachgeweint. Die ersten Jahre hier gehören zu den glücklichsten in unserem Leben und unserer Ehe. Das Leben in Kalifornien war wie eine Neugeburt. Wir haben uns aus der alten dunklen Welt gelöst. Es war wie ein Traum.«

Tina sprach nicht nur von Kalifornien, sondern auch von ihrer Ehe mit Marty. Philadelphia und Kalifornien waren Symbole für ihre schreckliche Kindheit und ihre glückliche Ehe.

»Lieben Sie ihn?« fragte ich.

»Ja, sehr. Er ist ein sehr guter Ehemann. Er liebt mich, und er findet mich schön. Das sagt er mir auch. Am Anfang unserer Ehe bin ich einmal nach einem harten Tag völlig erschöpft nach Hause gekommen. Ich habe mich die Treppe hochgeschleppt. Neben dem Eingang war ein Ganzkörperspiegel, und als ich mich darin sah, dachte ich: ›Du lieber Himmel, was für ein Anblick.‹ Dann habe ich gemerkt, daß Marty hinter mir stand und seine Augen vor Freude leuchteten. Da ist mir klar geworden, daß ich für ihn wie eine Prinzessin aussah, und das war toll.

Ich habe fünfzehn Jahre gebraucht, um zu merken, wie sanft er ist, fünfzehn Jahre, bis ich hinter seine Fassade schauen konnte. Aber dann habe ich mich in ihn verliebt.«

Tina hatte mit Marty einen Mann gefunden, der sie liebte und achtete, aber auch auf einer sexuellen Beziehung bestand, egal, wie ihre Vergangenheit aussah. Obwohl er wütend war, als sie ihn zurückwies, tat er ihr keine Gewalt an. Er sah immer nur die liebenswerte Frau in ihr und hatte größtes Mitge-

135

fühl für sie. Seine Liebe und sein Stolz halfen ihr dabei, sich selbst als liebenswerte Frau zu sehen, und irgendwann konnte auch sie Freude am Sex finden.

Tina sagte: »Die Kinder waren sehr wichtig für unsere Ehe. Sie kamen im fünften und siebten Jahr unserer Ehe zur Welt. Wir haben sie sofort sehr geliebt. Sie haben uns näher zusammengebracht. Egal, wie mein Mann mich angebrüllt hat, für sie war er der liebevolle Vater. Er hat sich nie gewehrt, wenn er mitten in der Nacht aufstehen mußte. Er hat seine Launen nie an den Kindern ausgelassen. Die Kinder haben uns sehr geholfen.«

»Wie ist es Ihnen gelungen, all Ihre eigenen Kindheitsprobleme nicht auf die Kinder zu übertragen?«

»Keine Ahnung«, antwortete sie. »Es war nun mal so. Wir haben sie beide gefördert. Ich war diejenige mit der Disziplin, aber wir haben sie beide beschützt. Ich habe alle Bücher über Kinderpsychologie gelesen, die ich in die Finger bekommen konnte.

Meine Tochter erwartet jetzt ihr erstes Kind, und wir sind beide ganz aufgeregt. Marty und ich freuen uns sehr über ihre gute Ehe. Zum Glück hatte sie keine solchen Eltern wie wir. Auch mein Sohn ist glücklich mit seiner Frau. Er hat ein stark ausgeprägtes Selbstbewußtsein und ein gutes Verhältnis zu seinem Vater. Sie lieben uns beide.«

Marty und Tina lebten in einer Ehe voller Konflikte, die trotzdem von Liebe und Leidenschaft geprägt war. Sie begriffen die schmerzliche Vorgeschichte des Partners sowie seine unerfüllten, vielleicht auch unerfüllbaren Wünsche. Ihre Ehe erwies sich als besser, als sie beide erwartet hatten. Sie konnten einander anbrüllen, ohne einander wirklich zu verletzen. Ihre jeweilige Vergangenheit trug zu dem Wir-Gefühl in dieser Ehe bei. Trotzdem mußten sie ihr Leben lang daran arbeiten, sich innerlich von ihren Eltern zu lösen. Genau wie Keith und Helen mußten sie eine neue Identität für sich finden.

Nachdem ich mich mit Marty und Tina und anderen Paaren unterhalten hatte, kam ich zu dem Schluß, daß eine stabile Ursprungsfamilie keine Garantie für eine gute Ehe darstellt und daß Streitereien kein Hindernisgrund für eine glückliche Beziehung sind. Auch die Kinder können von dem neuen, positiven Wir-Gefühl profitieren, ohne daß die Elterntraumata notwendigerweise auf sie übertragen werden.

Die fünfte Aufgabe:
Raum für Auseinandersetzungen schaffen

———•—

Die fünfte Aufgabe der Ehe besteht darin, eine Beziehung aufzubauen, die auch Streit und Wut überdauert. Alle Verheirateten wissen, daß eine »konfliktfreie« Ehe ein Widerspruch in sich ist. In Wirklichkeit ist ein solcher Zustand weder möglich noch wünschenswert. Die Ehe kann allerdings die offene Konfliktbewältigung hemmen. Nach außen hin geben sich die Beteiligten gern harmonisch.

In meiner Jugend war es undenkbar, daß eine Frau öffentlich eine von ihrem Mann abweichende Meinung vertrat. In einer modernen Ehe jedoch geht man davon aus, daß Mann und Frau unterschiedliche Ansichten haben. Auseinandersetzungen in Fragen, in denen sich kein Kompromiß finden läßt, sind unausweichlich.

Wie wir am Beispiel von Marty und Tina gesehen haben, kommen durch die eheliche Nähe alte Ängste und Irritationen wieder an die Oberfläche. Eine besonders wichtige Rolle spielen solche Irritationen in der Ehe als Zuflucht.

Wie die vorliegende Studie erwiesen hat, sind Konflikte allgegenwärtig, doch die befragten Paare erachteten die Lernprozesse, die damit einhergehen, als Kennzeichen einer guten Ehe. Die Unterwerfung eines Partners oder seine gedankenlose Anpassung wurde nicht geschätzt. Viele Paare betrachteten ihren ersten Streit sogar als Meilenstein für ihre Ehe, als Chance, den anderen in neuem Licht zu sehen. Solche Konflikte ließen erkennen, wie groß die Angst normalerweise ist, seinen Zorn auszudrücken oder das Opfer von Aggressionen zu werden. Wer sich vor Aggressionen fürchtete, war höchst erleichtert, als die erwartete Katastrophe nicht eintraf.

Wir haben vor Konflikten Angst, weil wir Vergeltung fürchten. Das destruktive Potential der Wut erschreckt uns. Wir haben Angst, daß unser Partner uns zurückweist oder verläßt, wenn wir aus der Fassung geraten oder ihm widersprechen. Doch in einer guten Ehe bedeutet ein Streit noch nicht das Ende der Beziehung. Das ist enorm wichtig. Beide Partner müssen das Gefühl haben, daß ihre Beziehung sicher ist. Und wenn einer oder beide – egal ob als Kind oder als Erwachsener – verlassen worden sind, sollten sie sich das immer wieder vergegenwärtigen.

Innerhalb einer guten Ehe ereignen sich Konflikte in einem Klima der Verbundenheit und der Sorge. Das Paar wird dabei durch die Regeln geschützt, die es gemeinsam aufstellt. Alle befragten Paare hatten als Faustregel aufgestellt, daß sie keine körperliche Gewalt anwenden dürften. Auch in höchster Wut hielt sich der Betreffende zurück, um den Bestand der Ehe nicht zu gefährden.

Die Anerkennung von Grenzen ist nicht nur als Schutz vor Verletzungen wichtig, sondern auch als Zurückhaltung, die sich die Beteiligten auferlegen müssen. In den guten Ehen dieser Studie hatten alle begriffen, daß sich manche Bemerkungen nicht mehr rückgängig machen lassen. Das gleiche gilt für bestimmte Aktionen. Alle waren sich darüber einig, daß das niemanden an hitzigen Auseinandersetzungen hinderte. Zu einer guten Ehe gehört es, daß man innerhalb gewisser Grenzen seine Meinung sagen kann, ohne schwerwiegende Folgen befürchten zu müssen.

Die befragten Paare stellten auch Richtlinien für die Gebiete auf, über die man sich auseinandersetzen konnte, und Bereiche, die für beide tabu waren. In den meisten Fällen hatten sich diese Regeln allmählich herausgebildet, ohne daß die Partner allzuviel darüber gesprochen hätten. Wenn sie bestimmte Interessen nicht teilten, gingen sie getrennt zu den betreffenden Veranstaltungen und drängten sich dem anderen nicht auf.

Vor allen Dingen stritten sich die Paare in der vorliegenden Studie nicht über irrelevante Fragen, sondern erkannten, daß manche Probleme nichts mit der inneren Basis der Ehe zu tun hatten. Sie wußten, daß jemand, der berufliche Probleme hat und zu Hause Partner oder Kind anschreit, dem Hund einen Fußtritt versetzt oder stumm vor dem Fernseher hockt, nicht bewußt provokativ handelt. Sie wußten außerdem, wie leicht solche Sorgen zu einem Streit führen und wie befriedigend, aber letztlich sinnlos es ist, wenn man allen, nur nicht sich selbst, die Schuld für Fehler gibt. Sie blieben realistisch. Ein Mann sagte: »Egal, wen wir geheiratet hätten – die Belastungen im Leben wären immer die gleichen.«

Über Unabhängigkeit, Geld und Arbeit jedoch setzten sich die befragten Paare durchaus auseinander. Manche Männer wollten, daß ihre Frauen arbeiteten, andere, daß sie zu Hause blieben. In manchen Fällen spitzte sich der Konflikt zu, wenn die Kinder von zu Hause auszogen und der Mann neidisch wurde auf seine Frau, die nun plötzlich wieder Zeit für Hobbys oder Fortbildung hatte. Auch die Einmischung der Eltern in die Kindererziehung konnte zum Problem werden. Eine Frau sagte mir: »Das einzige, was unsere Ehe erschüttern kann, ist seine Mutter, die sich in alles einmischt.«

Heftige Auseinandersetzungen ergaben sich bezüglich der Verwaltung des gemeinsam verdienten Geldes. Dieses Problem tauchte besonders häufig in zweiten Ehen auf, weil mindestens ein Partner die Bedürfnisse von zwei Familien mitbedenken mußte.

Auch wenn einer der Partner den anderen im Verdacht hatte, fremdgegangen zu sein, kam es zu heftigen Streitereien. Eine Frau erzählte mir: »Normalerweise streiten wir uns nur selten, aber manchmal werde ich ohne wirklichen Grund schrecklich eifersüchtig. Vielleicht hat das mit meinen spanischen Vorfahren zu tun. Einmal hat mein Mann sich den Rücken verletzt, und ich dachte, er verliebt sich in seine hübsche Pflegerin. Ich bin zornig aus dem Zimmer marschiert. Er ist sehr wütend geworden und hat mich für verrückt erklärt. Aber ich hab' gar nicht auf ihn gehört. Dann habe ich meine Tochter weinen sehen und bin wieder zu mir gekommen.«

Ziemlich häufig wurde übers Rauchen und Trinken gestritten. In einer Ehe saßen die Partner im Auto und brüllten sich gegenseitig an, um die Kinder nicht zu verunsichern. Sie erklärte ihm, daß passives Rauchen erwiesenermaßen krebserregend sei und daß er nicht im Haus rauchen könne, solange die Kinder noch klein seien. Draußen könne er machen, was er wolle. Der Mann mußte zugeben, daß ihre Bitte vernünftig war, doch er war wütend. Er strafte sie, indem er drei Monate lang nur das Nötigste mit ihr redete. Dann fügte er sich in sein Schicksal, und sie nahmen ihre normale Beziehung wieder auf.

In mehreren Fällen wurde das Trinken zum Problem, wenn der Mann arbeitslos wurde. Die meisten Frauen sagten ihren Männern schon bald, daß sie das nicht lange mitmachen würden. Die Männer erklärten mir, sie hätten sich zum betreffenden Zeitpunkt gegen das Ultimatum gewehrt, ihre Partnerin aber später verstanden.

Einer der wichtigsten Streitmechanismen in guten Ehen bestand darin, den Zorn unter Kontrolle zu halten und sich sowohl der eigenen Person als auch der des Partners bewußt zu bleiben, auch wenn die Diskussion hitzig wurde. Die Partner achteten auf die jeweiligen Verletzlichkeiten. Dabei orientierten sie sich auch an unausgesprochenen Zeichen. Diese Bewußtheit half ihnen dabei, ihre Gefühle und Handlungen im Zaum zu halten. Eine Frau sagte: »Nach all den gemeinsamen Jahren kennen wir die Schwachstellen des anderen. Das heißt nicht, daß wir nicht manchmal darauf herumreiten. Wir sind schließlich auch nur Menschen. Aber es bedeutet auch, daß wir um so mehr Respekt vor dem anderen haben, wenn er nicht in solchen Wunden herumwühlt.«

Die kameradschaftliche Ehe

—.•.—

Kit Morgan

—— ◆ ——

Wie alle Mütter mache ich mir immer noch Sorgen um meine Kinder, obwohl sie mittlerweile glücklich verheiratet und erfolgreich im Beruf sind und selbst wieder Kinder aufziehen. Besonders beschäftigt mich dabei der Gedanke, daß sie Arbeit, Kinder, Ehe, Haushalt, Freunde und Tausende anderer Dinge unter einen Hut bringen müssen.

Mein Sohn ist an einer großen Universität beschäftigt; seine Frau, eine Künstlerin, muß in der Nähe von Kunstzentren und -galerien wohnen. Deshalb leben sie in einer Großstadt. Mein Sohn verbringt viel Zeit mit dem Verfassen von Artikeln und besucht Konferenzen in aller Welt; meine Schwiegertochter arbeitet Teilzeit. Beide nehmen ihre Elternrolle sehr ernst und versuchen, sich Zeit für ihre zwei Kinder zu nehmen. Sie kaufen zusammen ein, kochen und putzen – ein größerer Teil der Arbeit, besonders was Putzen und Kinder Chauffieren anbelangt, bleibt an ihr hängen. Da sie tagsüber kaum Gelegenheit hat, sich mit ihrer Kunst zu beschäftigen, steht sie jeden Morgen um fünf auf, um ein oder zwei Stunden in ihrem Atelier verbringen zu können, bevor die anderen Familienmitglieder aufstehen. Zum Glück haben sie und ihr Mann eine schier unerschöpfliche Energie. Allerdings frage ich mich manchmal, ob sie noch Zeit für sich und ihre Beziehung haben.

Meine Tochter, ebenfalls Akademikerin, sprach neulich am Telefon ein Dilemma an, mit dem viele junge Ehen heute zu kämpfen haben. Sie sagte, sie habe sich bei einer großen Universität beworben. Die Leute dort hätten ihr gefallen, und die

Kurse seien genau das richtige für sie gewesen. Der Leiter des Instituts deutete an, daß sie die erste Wahl für den Posten sei.

»Aber …«, fing ich an.

»Ich weiß schon«, erwiderte sie. »Ed hat gesagt, es macht ihm nichts aus, ein Jahr hinzuziehen, aber im Moment läuft hier alles bestens für ihn. Endlich ist sein Forschungsstipendium bewilligt worden.«

»Ja«, sagte ich. »Aber wenn ich mich richtig erinnere, ist er doch letztes Jahr immer wieder wegen Jobinterviews in die Bay Area geflogen.«

»Mom«, erklärte sie mir, »du weißt, daß Ed und ich in unserer Beziehung gleichberechtigt sind, aber wenn eine Frau daran denkt, wegen einer neuen Arbeitsstelle mit der ganzen Familie umzuziehen, denkt sie automatisch daran, daß das das Leben der Kinder und des Ehemannes durcheinanderbringt. Frauen übernehmen die Verantwortung für die Zufriedenheit aller Familienmitglieder und haben Schuldgefühle, wenn sie sie an einen anderen Ort verpflanzen sollen. Wahrscheinlich ist das nicht fair, aber es ist nun mal so. Männer erwarten, daß sich Frau und Kind an sie anpassen. Und das tun wir dann auch.«

»Und wie wirst du dich entscheiden?« fragte ich in dem Wissen, daß sie sich im letzten Jahr beruflich isoliert gefühlt und sich große Hoffnungen auf diese neue Arbeitsstelle gemacht hatte.

Sie beklagte sich: »Tja, in solchen Fragen gibt es einfach keine richtige Lösung und keine Regeln darüber, wer zuerst kommt und warum.«

Wir einigten uns darauf, in ein paar Tagen wieder miteinander zu telefonieren, und legten auf. Ich dachte über mein eigenes Leben nach. Drei Jahre nach unserer Hochzeit bekam mein Mann einen Job an der Menninger Clinic in Topeka,

146

Kansas, angeboten. Ich konnte Topeka nicht mal auf der Karte finden, zweifelte aber keine Sekunde daran, daß der Umzug dorthin die richtige Entscheidung war. Ich würde mich eben anpassen müssen. So sahen die Regeln damals aus. Angenommen jedoch, ich hätte mich gegen diesen Umzug gewehrt? Was wäre dann aus unserer Ehe geworden?

Der dritte Haupttypus der Ehe, der sich im Verlauf meiner Studie herauskristallisierte, ist die sogenannte kameradschaftliche Ehe. Sie ist gleichzeitig die modernste und – wie meine Kinder mir bestätigen – die am schwierigsten aufrechtzuerhaltende. Die kameradschaftliche Ehe entstand aus den mannigfaltigen gesellschaftlichen Veränderungen der vergangenen zwei Jahrzehnte und ist bei den jungen Leuten am weitesten verbreitet. Von den Paaren in meiner Studie, die in den fünfziger Jahren heirateten, führte kein einziges eine kameradschaftliche Ehe, doch bereits vierzig Prozent derjenigen, die in den siebziger oder frühen achtziger Jahren den Bund fürs Leben schlossen, entschieden sich für diese Form. Die meisten Partner in solchen Beziehungen wuchsen in den sechziger Jahren auf und erlebten die Antikriegs-, Bürgerrechts- und Frauenbewegung sowie die Zeit der sexuellen Befreiung. Viele der Frauen waren in Frauenrechtsgruppen tätig gewesen, die von den Männern unterstützt wurden.

Die kameradschaftliche Ehe gründet sich auf die Überzeugung von Mann und Frau, daß sie in allen Lebensbereichen gleichberechtigt und ihre Rollen, auch die innerhalb der Ehe, austauschbar sind. Beide verbringen einen großen Teil des Lebens außerhalb der Familie. Auch wenn ein Partner – im Regelfall die Frau – Erziehungsurlaub nimmt, bleibt der Kontakt zur Arbeitswelt erhalten.

Auch früher schon gab es unter Adeligen und Intellektuellen kameradschaftliche Ehen, doch heutzutage sehen solche Beziehungen anders aus.

Die Basis der kameradschaftlichen Ehe bilden Freundschaft und Vertrauen sowie die Überzeugung, daß die beiden Partner in allen Bereichen der Ehe gleiche Rechte und Verantwortung besitzen. Sie teilen sich nicht nur den Gelderwerb, sondern auch die Kindererziehung und gehen davon aus, daß die sexuellen Bedürfnisse und Wünsche beider Partner artikuliert und erfüllt werden sollen. Sie akzeptieren darüber hinaus, daß ihre eigenen Bedürfnisse hintanstehen müssen, solange die Kinder noch klein sind. Mit Konflikten gehen sie offen um. Es ist ihnen klar, daß eine Ehe durch gegenseitige Bindung zusammengehalten wird.

Mehr als jede andere Form der Ehe wird die kameradschaftliche von innen zusammengehalten. Die Beziehung erfordert ein hohes Maß an Selbstbewußtsein und Vertrauen sowie die Fähigkeit, eigene Wünsche zurückzustellen.

Wir sollten den revolutionären Charakter dieses Ehetypus nicht unterschätzen, denn eine kameradschaftliche Ehe erfordert eine völlige Neudefinition der Rolle von Mann und Frau.

Die Partner in kameradschaftlichen Ehen betrachten einander als Freunde, betonen ihre Achtung voreinander und ihre Unabhängigkeit. »Meine Ehe hängt von der Freundschaft mit meiner Frau ab«, sagte ein Mann. »Schlafen kann man mit jeder Frau, aber geheiratet habe ich, um eine Partnerin zu haben.« Eine Frau drückte es so aus: »Eigentlich wollte ich nicht heiraten, weil ich vom feministischen Gedankengut beeinflußt war.« Ein anderer Mann sagte über seine Frau: »Sie kann sich durchsetzen im Beruf; ihr Job ist ihr wichtig. Man liebt sich nicht immer gleich stark, aber so ist die Ehe nun mal.« Und eine Frau sagte: »Es ist sehr wichtig für mich, daß ich ein eigenständiger Mensch sein kann. Ich könnte mich nie einem Mann unterordnen, wie meine Mutter es getan hat, oder mich von jemandem abhängig machen.«

Doch genau das, was die kameradschaftliche Ehe so interessant macht – das Gefühl von größerer Freiheit im Leben und in der Ehe – erschwert sie auch. Große Entscheidungen, zum Beispiel, ob das Paar Kinder haben will oder nicht, müssen gut durchdacht werden, denn es gibt keine fertigen Lösungen wie für vergangene Generationen. Wessen Karriere hat Vorrang? Wie lösen sich die Partner ab? Wer übernimmt die finanziellen Entscheidungen? Richtet das Paar ein gemeinsames oder getrennte Konten ein? Behält die Frau ihren Mädchennamen bei, und wie sollen dann die Kinder heißen? All diese Fragen werden nach dem Prinzip der Fairneß gelöst.

Jede Ehe muß sich zusammen mit den Partnern wandeln, doch die kameradschaftliche, die sich praktisch auf keine Traditionen berufen kann, macht ein höheres Maß an Flexibilität erforderlich. Die Partner müssen überprüfen, was die Beziehung aushält und was die Beteiligten können oder nicht. Die ständige Veränderung innerhalb dieser Form der Ehe setzt Aufmerksamkeit und Einfühlungsvermögen voraus. Nicht jeder ist dazu in der Lage.

Ich hörte über meine jüngere Tochter von Kit Morgan und Beth McNeil. Sie kannte die beiden bereits mehrere Jahre und war beeindruckt von ihnen, ihrer Ehe und ihren zwei Kindern, die mit ihren eigenen Kindern befreundet waren. Kit und Beth erklärten sich sofort bereit, an der Studie teilzunehmen.

Beide sind zweiundvierzig Jahre alt. Sie sind seit zehn Jahren verheiratet. Kit unterrichtet Mathematik an einem Gemeinde-College; Beth arbeitet sowohl frei als auch in einem

Hospital in Oakland als Krankenschwester und ist an einem AIDS-Projekt der Gemeinde beteiligt.

Als ich meinen Wagen vor dem Haus abstellte, sah ich überall Spielzeug herumliegen. Ich war mir nicht sicher, ob irgend jemand mein Klingeln hören würde, denn von drinnen drang lautes Gekicher. Dann rief Kit: »Augenblick, bitte. Ich komme gleich.« Er machte die Tür auf, fuhr sich mit der Hand durch die zerzausten Haare und versuchte vergebens, seinen verknitterten Trainingsanzug glattzustreichen.

»Kommen Sie herein«, sagte er und stellte mich seinen Kindern vor – der siebenjährigen Martha und dem vierjährigen Sam –, die noch immer ganz aufgedreht waren von dem Spiel, das ihr Vater gerade auf dem Boden mit ihnen gespielt hatte. Kit entfernte sich einen Augenblick, um die Nachbarin anzurufen, die die Kinder beaufsichtigen würde, während wir uns unterhielten. Beth befand sich auf einer Geschäftsreise und hielt sich nicht in der Stadt auf.

Wenig später wurde es ruhig im Haus. Mit seiner Nikkelbrille und dem schütteren Haar sah Kit genauso aus, wie man sich einen Mathematiklehrer vorstellt. Er bot mir einen Sherry an, den ich gern annahm.

Seine Antwort auf meine erste Frage war erfreulich direkt: »Ich weiß gar nicht, wo ich anfangen soll. Ich würde sagen, unsere Ehe ist auf allen Ebenen glücklich. Beth ist die Frau, von der ich als Teenager geträumt habe, die Frau, mit der ich später zusammensein wollte. Und ich habe sie gefunden. Wir haben die gleichen politischen Ansichten und machen dieselben Dinge gern. Wir unterstützen uns gegenseitig in allen Dingen. Wir haben guten Sex und sind gute Eltern. Die Rollen, die wir innerhalb der Ehe innehaben, sind genau definiert, allerdings nicht nach traditionellem Muster. Wir mußten zuerst herausfinden, was wem besser liegt.«

»Sagen Sie mir doch, wie Sie festlegen, wer was tut.«

»Ich koche und mache die Reparaturen im Haus, weil ich das lieber tue als Beth«, erklärte er. »Wir diskutieren nur die Dinge, die keiner von uns gern macht. Zum Beispiel die Putzerei. Beth ist wirklich nicht zwanghaft sauber, aber ihr ist Ordnung einfach wichtiger als mir. Deshalb habe ich gedacht, das ist ihr Bereich.« Er lachte. »Aber so gern putzt sie nun auch wieder nicht, und anfangs war sie ziemlich sauer auf mich, weil ich nicht mehr getan habe. Irgendwann ist mir klargeworden, daß ich mich in einer privilegierten Position befand. Ich mußte nicht in einem schmutzigen Haus wohnen, und ich mußte auch nicht putzen. Das war nicht fair. Also teilen wir uns jetzt die Putzerei.«

Weil die Rollen in einer kameradschaftlichen Ehe austauschbar werden, kommt die Rede immer wieder darauf, wer welche Haushaltspflichten übernimmt. In allen kameradschaftlichen Ehen dieser Studie – von denen sich nur wenige eine Haushaltshilfe leisteten – übernahm die Frau den größeren Teil der Verantwortung im Haus. Die Männer in kameradschaftlichen Ehen versuchen, ihren Teil zur Hausarbeit beizutragen, doch viele müssen gegen ihre schlechten Gewohnheiten ankämpfen.

Wenn die Partner beschließen, daß der Mann zu Hause bleibt, übernimmt er voll und ganz die traditionelle Frauenrolle. In zwei der befragten Fälle war das so. Beide Männer waren künstlerisch tätig und hatten sich einen Namen gemacht. Aber weil sie keinen Arbeitsplatz hatten, der sie von neun bis fünf beanspruchte, und kein regelmäßiges Einkommen, waren die Frauen die Brötchenverdiener. Die Männer erledigten den größten Teil der Kindererziehung, des Kochens und der Hausarbeit. Sie ärgerten sich manchmal über die langen Arbeitszeiten ihrer Partnerinnen und machten sich Gedanken, daß sie sich überfordern könnten. Offenbar sind solche Konflikte also nicht vom Geschlecht abhängig, sondern reflektieren vielmehr die Rolle, die jeder innerhalb der Familie übernimmt.

Fairneß, sagten die Partner in kameradschaftlichen Ehen, sei viel wichtiger als die genaue Aufteilung der Pflichten. Sie überprüften nicht akribisch, wer was tat; sie versuchten lediglich, alles zu erledigen, bevor sie abends müde ins Bett fielen. Doch sie erkannten die Bemühungen des jeweils anderen an. In vielen Familien übernahmen die Frauen den größten Teil der Hausarbeit, weil sie wußten, daß die Termine des Ehemannes ihn daran hinderten, mehr zu tun. Das fiel besonders Müttern mit kleinen Kindern schwer, die selbst arbeiteten. Wenn die Frau das Gefühl hatte, daß der Mann so viel half wie möglich, erachtete sie seinen Beitrag im allgemeinen als ausreichend. Doch wenn er sich einen schönen Lenz machte, während sie sich abhetzte, wurde sie wütend und war enttäuscht.

Kit beteiligte sich also im Haushalt. Ich wollte erfahren, über welche Dinge sie sonst noch Beschlüsse faßten. Ich sagte: »Es gibt wahrscheinlich eine ganze Menge Sachen, über die Beth und Sie reden.«

Er nickte. »Wir diskutieren alles von der Situation im Irak bis zu unseren persönlichen Problemen. Wir fordern einander intellektuell und interessieren uns für die Meinung des anderen.«

Wieder hatte er die Weltpolitik vor ihrem Privatleben erwähnt. Fast als lese er meine Gedanken, sagte er: »Das schöne an unserer Ehe ist, daß wir uns nicht nur für uns, sondern für die ganze Welt interessieren. Wir unterhalten uns ziemlich viel.«

»Was würde Beth an Ihrer Ehe gut finden?«

»Ich glaube, sie würde sagen, daß wir uns lieben und enge Freunde sind. Ich glaube, sie würde auch sagen, sie ist froh, nicht immer die Stärkere sein zu müssen. Sie hatte auch schon andere Beziehungen mit Männern, in denen sie sich emotional immer um sie kümmern mußte.«

»Und was würden Ihre Kinder an Ihrer Ehe gut finden?«

»Nun, Martha ist sieben, und sie ist ein glückliches Kind. Sam ist erst vier; wahrscheinlich ist er noch nicht in der Lage zu artikulieren, was er wirklich empfindet, aber er sieht so aus, als sei er glücklich.« Kit kicherte ein bißchen, als er sich an einen »wunderbaren Traum« erinnerte, den seine Tochter vor kurzem gehabt hatte. »In ihrem Traum hat sie entdeckt, daß sie fliegen konnte. Sie flog über dem Garten hinterm Haus herum, aber immer in Sichtweite des Hauses, weil das Haus die Quelle ihrer Kraft zu fliegen war.« Er sah mich an. »Ist das nicht ein schöner Traum?«

»Ja«, antwortete ich. »Wie würden Sie ihn interpretieren?«

»Die Familie ist die Quelle ihrer Kraft, ohne sie kann sie nicht fliegen. Ich fliege übrigens auch so«, sagte er mit einem breiten Lächeln. »Unsere Ehe ist bis jetzt erstaunlich konfliktarm gewesen. Natürlich streiten wir uns, aber normalerweise geht's dabei darum, daß wir beide so viel zu tun haben. Meistens erhitzen sich die Gemüter, weil irgend etwas unerledigt geblieben ist.«

»Der Druck ist einfach gewaltig.«

»Genau. Aber dieser Druck hat nichts mit der Ehe zu tun. Wenn ich mit einer anderen Frau verheiratet wäre, hätte ich denselben Druck. So läuft eine Ehe nun mal in den Neunzigern. Besonders, wenn Kinder da sind.«

Kits Aussage zeigt auf, wo der Unterschied zwischen glücklich verheirateten Paaren und Scheidungskandidaten liegt: Er suchte nicht nach einfachen Antworten, denn er wußte, daß Ehe, Familie, Leben und Beruf tagtäglich einen schwierigen Balanceakt erfordern. Viele Leute, die sich scheiden lassen, glauben hingegen, daß der Partner für den Druck verantwortlich ist, und sie erträumen sich, daß ein neuer Partner diesen Druck von ihnen nimmt. Doch das ist ein Irrtum.

»Wie bald, nachdem Sie Beth kennengelernt hatten, dachten Sie ans Heiraten?« fragte ich Kit.

»Meine Eltern hatten eine schreckliche Ehe«, antwortete er. »Vielleicht klingt das in Ihren Ohren merkwürdig, aber ich konnte damals nichts mit der Ehe anfangen und kann es immer noch nicht. Beth war ganz ähnlicher Meinung, allerdings aus anderen Gründen.

Als Junge habe ich nicht viele gute Ehevorbilder erlebt«, fuhr er fort. »Damals wie heute dreht sich die Ehe letztlich nur um diesen lächerlichen Schwur, daß man einander bis zum Lebensende treu bleibt. Woher zum Teufel soll man wissen, daß es so lange gutgehen wird? Mein Gott, da verspricht man nun mit Zwanzig, daß man sein ganzes Leben lang an dieser Ehe festhalten wird. Wie soll man mit dem Alter wissen, ob das mit Sechzig noch einen Sinn ergibt? Vergessen Sie's. An die Ehe in dem Sinn glaube ich nicht.

Ich weiß schon, was Sie gleich fragen: Warum wir dann überhaupt geheiratet haben.« Er lachte. »Uns ist beiden klargeworden, daß wir den Rest unseres Lebens miteinander verbringen wollten, und wir wollten, daß die Leute, die uns wichtig sind, das auch wußten.«

Immer wenn ich im Verlauf dieser Studie mit jungen Leuten sprach, war ich erstaunt darüber, wie sehr sich ihr Leben von meinem unterschied. Alle wesentlichen Dinge, die meine Generation noch für selbstverständlich hielt, werden heute in

Frage gestellt. Meine Freunde und ich zweifelten nie daran, daß wir heiraten und Kinder haben würden. Wir kamen gar nicht auf die Idee, daß unsere Männer sich nicht nach Kräften bemühen würden, uns zu versorgen. Wir ließen uns nicht träumen, daß wir vielleicht einen Beruf haben würden, der mit der Karriere des Mannes in Konflikt geraten könnte. Wir stellten fast keine der Grundsatzfragen, die die Paare in kameradschaftlichen Ehen die ganze Zeit diskutieren. Und wir hatten auch weder ihre Offenheit noch ihren Mut, das muß ich ehrlich zugeben.

»Erzählen Sie mir von Ihrer Familie, Kit. Wie sind Sie aufgewachsen?«

»Meine Eltern haben nicht viel Zeit miteinander verbracht, und wenn sie es taten, hat es keinen Spaß gemacht. Mein Vater war ein ziemlich argwöhnischer Mensch. Die beiden haben sich getrennt und wieder zusammengerauft, bis ich erwachsen war. Ich kenne eigentlich kein Paar, das mir ein positives Modell für die Ehe mitgegeben hätte, weder in meinem Bekanntenkreis noch in meiner Verwandtschaft.

Ich kann mich noch an ein Erlebnis erinnern, als ich vielleicht zwei oder drei Jahre alt war. Es war Winter. Meine Mutter hatte mich im Wagen gelassen, um einkaufen zu gehen, da habe ich gedacht, ich bin schuld, meine Mutter würde mich verlassen. Ich habe geweint, und die Wagenfenster sind beschlagen. Ich erinnere mich noch an dieses Gefühl der grenzenlosen Angst und Ohnmacht. Ich habe mir damals eingeredet, daß das das Ende der Welt ist. Wahrscheinlich hat sich das Gefühl ständig wiederholt, wenn meine Eltern sich getrennt haben. Ich hatte Angst, daß für mich kein Platz ist.

Da überrascht es Sie wahrscheinlich, wenn ich Ihnen sage, daß unsere Hochzeit für mich eine der schönsten Erfahrungen meines Lebens war. Wir haben unsere Freunde eingeladen, aber es war keine traditionelle Feier. Keine zehn Pferde hätten mich in eine Kirche mit irgendeinem idiotischen Pfarrer gebracht, der irgendeinen Blödsinn verzapft hätte, von dem er keine Ahnung haben konnte. Wir haben selber einen schlichten Text geschrieben und nur die Leute eingeladen, die uns wirklich etwas bedeuteten, dazu noch die Eltern. Und dann haben wir bis zum Umfallen getanzt. Ich glaube, ich war noch nie im Leben so glücklich – und Beth ging's genauso. Wir haben beide vor Freude geweint.

Ich hatte eine ziemlich genaue Vorstellung davon, wie eine gute Beziehung aussehen muß. Das ist so ein Ideal, das wahrscheinlich jeder Mensch hat. Bloß, daß ich noch nie jemanden getroffen hatte, der dieses Ideal auch verwirklicht hätte. Aber ich habe wohl noch was Eigenes eingebracht, weil ich glaube, daß eine Frau tun soll, was sie gern macht, daß ein Mann die Beziehung nicht dominieren darf. Man könnte sagen, ich bin so etwas wie ein Feminist. Das liegt zum Teil an meiner Liebe zu meiner Mutter und zum Teil an der Frauenbewegung.«

»Was bedeutet es für Sie, Feminist zu sein?« fragte ich.

»Das hat mit zwei wesentlichen Dingen zu tun – mit Respekt und mit Fairneß. Beides habe ich mir für meine Mutter gewünscht. Aber mein Vater, der sie so sehr brauchte, hat sie nie mit Respekt behandelt. Er hat nur an sich selbst gedacht. Und sie hat sich nie gewehrt. Meine Frau soll das können. Ich habe auch eine Menge Respekt vor meinen Kolleginnen und Freundinnen. Ich bin der Meinung, daß wir alle gleiche Chancen haben sollten. Ich wünsche mir das auch für meine Tochter. Vor ein paar Tagen hab' ich sie auf dem Schulhof beobachtet. Ein anderes Kind hat sie rumgeschubst. Es hat mich sehr gefreut, daß die Kleine zurückgeschubst hat.

Mein Vater hielt nichts von der Scheidung, und meine Mutter eigentlich auch nicht, bis sie es einfach nicht mehr ausgehalten und erkannt hat, daß sie die falsche Entscheidung getroffen hatte.«

»Wie lange waren die beiden verheiratet?«

»Fünfundzwanzig Jahre. Mom hatte Schuldgefühle, daß sie gegangen ist, obwohl sie noch eineinhalb Jahre gewartet hat, nachdem ich ausgezogen war.«

»Wie hat das Ihre Einstellung zur Scheidung beeinflußt?«

»Ich halte viel von der Scheidung«, antwortete Kit, ohne zu zögern. »Aber ich halte auch etwas davon, an einer Beziehung zu arbeiten. Ich weiß, daß Scheidungen schwierig werden, wenn Kinder betroffen sind, aber ich halte es nicht für richtig, eine schlechte Beziehung weiterzuführen, nur weil Kinder da sind.« Er dachte eine Weile nach. »Wenn ich mir überlege, welche der Ehen, die ich kenne, am schlechtesten waren, gehört mit Sicherheit auch die meiner Eltern dazu.«

Die größte Gefahr bei kameradschaftlichen Ehen besteht darin, daß das Zusammengehörigkeitsgefühl aufgrund der Unabhängigkeit der Partner vernachlässigt wird. Mit getrennten Bankkonten und Aufgaben im Haushalt ist es gar nicht so schwer, weiter der Illusion anzuhängen, daß man völlig unabhängig ist. Der Terminkalender der Partner ist voll, man geht zu unterschiedlichen Abendeinladungen, und Geschäftsreisen sind oft wichtiger als die gemeinsame Zeit mit der Familie. Mann und Frau führen in vielerlei Hinsicht getrennte Leben. Unter diesen Umständen ist es besonders schwierig, ein starkes Gefühl der Zusammengehörigkeit aufzubauen und zu erhalten.

Ich fragte Kit: »Ist es nicht schwierig, Kontakt zu halten, wenn Sie beide so viel zu tun haben?«

Er lachte. »Darauf gibt es zwei Antworten. Ich bin der Meinung, daß der innere Zusammenhalt der Ehe noch wichtiger wird, wenn das Leben so hektisch und unvorhersehbar ist. In dieser Beziehung habe ich gelernt, wie man eine enge Bindung zu jemandem aufbaut und Meinungsverschiedenheiten beilegt. Ich habe gelernt, die ganze Zeit Beth mitzudenken. Außerhalb der Familie ist sie ein höchst dynamischer Mensch, der alles schafft. Mir zeigt sie ihre verletzliche Seite. Ich kenne eine andere Beth als die Welt da draußen. Und ich liebe beide Seiten. Ich bewundere sie dafür, daß sie die Welt verändern möchte. Aber die Tatsache, daß sie mich braucht, stärkt auch mein Selbstwertgefühl als Mann und Ehemann.

Und nun zur zweiten Antwort: Wie viele Paare kennen Sie, in denen die Schwiegertochter ihren Mann zu seiner sterbenden Mutter schickt? Obwohl Beth damals einen Ganztagsjob hatte und die Kinder versorgt werden mußten, hat sie mich damals gedrängt, mehrere Monate nach Portland zu meiner sterbenden Mutter zu gehen und mich um sie zu kümmern. Sie war der Meinung, daß das wichtig für meine Mutter, für mich und dadurch auch für unsere Ehe wäre. Das bedeutete drei Monate lang Streß für Beth. Aber so waren unsere Regeln nun mal. Sie hatte recht. Wir sind uns dadurch sehr nahe gekommen.

Beth McNeil

Es verging mehr als ein Monat, bevor Beth in ihrem vollen Terminkalender Platz für ein Interview fand. Sie hatte nicht nur zwei Kinder und zwei Jobs, sondern betätigte sich noch freiwillig in der AIDS-Hilfe. Doch am Telefon klang sie freundlich und sehr interessiert an meinem Projekt. Offenbar hatte Kit ihr gesagt, daß unsere Unterhaltung anregend gewesen war.

Ich kam ein bißchen zu früh bei ihnen an und saß im Auto, wo ich mir den Fragebogen ansah, den Beth vorbereitend auf unser Gespräch ausgefüllt hatte. Die Frage, warum sie geheiratet habe, hatte sie kurz und bündig beantwortet: »Wir waren uns sicher, daß die Beziehung halten würde.« Auf die Frage »Auf was sind Sie in Ihrem Leben besonders stolz?« schrieb Beth zwei Antworten nieder: »Auf meine Ehe und auf meinen Beruf.«

Wenig später führte sie mich in ihr Arbeitszimmer, einen kleinen, gemütlichen Raum mit Polstersesseln, Korbtischen und Grünpflanzen. Sie gab mir das Gefühl, als hätte sie den ganzen Tag Zeit für mich, obwohl ich wußte, wieviel sie zu tun hatte. Beth hatte eine schöne Haut, hübsche haselnußbraune Augen und braune Haare. Sie sah wie eine Frau aus, die morgens zum Schminken und Anziehen weniger als zehn Minuten braucht.

Sie begann ganz offen: »Ich werde Ihnen sagen, wieso unsere Ehe funktioniert. Wir mögen einander und respektieren uns gegenseitig. Wir haben Vertrauen zueinander, das ist sehr, sehr wichtig. Natürlich ist die Liebe wichtig, aber verlieben kann man sich auch ohne dieses grundsätzliche Einverständnis, und dann wird die Liebe möglicherweise zum Problem. Wahrscheinlich gibt es unterschiedliche Definitionen von Liebe. Die Basis für diese Liebe bildet jedenfalls echtes Vertrauen, Vertrauen darauf, daß der andere nur macht, was in beider Interesse ist.«

Sie schwieg einen Augenblick. »Es ist wesentlich, die gleichen Werte zu haben. Zu unseren Stärken gehört unsere gemeinsame Weltsicht. Viele Leute meinen, das sei nicht wichtig, besonders, wenn sie sich gerade erst kennengelernt haben. Aber für uns ist das wesentlich, und es ist auch wesentlich für unsere Arbeit.«

Beths Ansichten über die Ehe unterschieden sich sehr von denen Helens oder Saras. Sie beschrieb eine völlig andere Beziehung, in der zuerst die gemeinsamen Werte und Weltsicht kamen, und dann erst die Liebe. Für sie waren gegenseitiges Vertrauen und Achtung wichtiger als leidenschaftliche Liebe. Beth erklärte mir, wie sie zu dieser Haltung gekommen war, ohne daß ich sie danach gefragt hätte. Sie bestätigte meine Vermutung, daß ihre früheren Beziehungen eine bedeutende Rolle dabei gespielt hatten.

»Als Kit und ich uns zusammengetan haben, waren wir beide dazu bereit. Wir hatten beide Beziehungen hinter uns und eine Menge Fehler gemacht. Wir hatten aus diesen Fehlern gelernt, waren reifer geworden.«

»Wie sahen diese Fehler aus?«

»Ich hatte zwei langjährige Beziehungen, in denen es chaotisch zuging«, sagte Beth. »Ich habe alle Fehler gemacht, die man nur machen kann, weil ich letztlich nicht auf eigenen Beinen stehen konnte. Ich habe immer wieder Beziehungen angefangen, die nichts für mich waren, viel zu leidenschaftliche und zerstörerische Beziehungen.«

»Würden Sie mir von diesen leidenschaftlichen und zerstörerischen Beziehungen erzählen?«

»Aber natürlich«, antwortete sie. »Ich bin immer wieder auf den Typ armer Künstler reingefallen, auf das launische Genie, den romantischen Zigeuner. Es war fast zwanghaft. Je schlimmer, desto besser.« Sie zuckte lächelnd mit den Achseln.

»Und was hat Sie immer wieder zu den Qualen hingezogen?«

Sie hörte auf zu lächeln. »Ich denke, das hatte mit meiner Kindheit zu tun. Ich kann mich erinnern, daß wir immer wieder umgezogen sind, als ich noch klein war. Wir waren abwechselnd reich und arm. Mein Vater war erster Maat bei der Handelsmarine und immer ein halbes Jahr am Stück von zu Hause weg. Meine Mutter hatte ständig Selbstmitleid und mein Vater immer Schuldgefühle, weil er so lange weg war und sie deshalb oft weinte. Sie liebten einander.«

Beth seufzte. »Ich habe mich als Kind immer um meine Mutter kümmern müssen, wenn mein Vater weg war. Sie hat immer über all ihre Probleme mit mir gesprochen. Es gab keine Grenzen zwischen uns. Ich hatte kein Vorbild für eine Frau, die Probleme lösen konnte, und mein Vater war zwar ein guter Vater, aber er war nie da. Deshalb hab' ich später immer nach aufregenden Typen mit einem chaotischen Leben gesucht, die auftauchten und irgendwann wieder verschwanden.«

»Und wie hat sich das verändert?«

»Meine Freundin Annie und ich waren gemeinsam auf dem College. Wir sprachen immer wieder über unser ›Melodrama‹ – das heißt, über unseren Drang, uns immer wieder Partner zu suchen, die sich selbst bemitleideten. Irgendwann hatten wir genug von diesen melodramatischen Beziehungen und zwangen uns herauszufinden, was wir wirklich wollten.

Also haben wir eine sechsmonatige Reise nach Europa und Indien gemacht, wo wir in Jugendherbergen schliefen und ziemlich viel Zeit in Bussen und Zügen verbrachten. Da ist es uns ganz schön oft schlecht gegangen, manchmal haben wir einfach irgendwo rumgehangen und gewartet und geredet, geredet, geredet. Über alle Beziehungen, die wir jemals gehabt hatten. Wir haben uns gegenseitig gefragt: ›Was hast du durch diese Beziehung gewonnen?‹ oder ›Warum hast du das und das gemacht?‹«

»Und wie erschien Kit auf der Bildfläche?« fragte ich.

»Ganz einfach: Als ich wieder von der Reise zurück war, begegnete ich Kit. Mein alter Freund wollte unsere Beziehung fortsetzen, aber ich hab' gewußt, daß das vorbei war. Außerdem wollte ich nicht mehr vom einen zum nächsten hüpfen. Ich war ein ganzes Jahr ohne Freund gewesen und hatte nichts vermißt. Ich wollte jetzt eine Beziehung, die wirklich funktionieren würde, keine neurotischen Melodramen mehr. Ich wollte nicht mehr meinem Hang zum Tragischen nachgeben, wußte aber nicht so recht, ob Kit interessant genug sein würde. Mit ihm konnte ich immer reden. Er war vernünftig, jemand, der mich verstand.«

Sie beschrieb einen wichtigen Punkt in ihrer Entwicklung. Um sich bewußt für eine ernsthafte Beziehung entscheiden zu können, muß man in der Lage sein, auf eigenen Beinen zu stehen – psychologisch und emotional. Beth merkte das intuitiv. Nachdem sie einen Mann gefunden hatte, der sich nicht ständig selbst bemitleidete, stellte sie sich eine zweite wichtige Frage: Würde eine Beziehung mit einem »vernünftigen« Partner auch interessant werden? Für sie waren sexuelle Erregung und Risiko immer eng miteinander verbunden gewesen. Kit jedoch ging keine Risiken ein. Konnte diese Verbindung dennoch für sie befriedigend werden?

Beth erzählte, wieso sie sich zu Kit hingezogen fühlte und wie sich schließlich für ihn entschied.

»Wir hatten viele Gemeinsamkeiten, also hat sich unsere Beziehung weiterentwickelt. Es war erfrischend, daß sie nicht meine ganze Lebensenergie auffraß – wie meine früheren Affären. Ich hatte mehr Zeit für meine Freunde und mehr Spaß. Und wir hatten Spaß miteinander ohne die ganzen Tragödien. Wir hatten eine Beziehung, ohne voneinander besessen zu sein. Allmählich wurden wir uns klar darüber, ob die Beziehung langfristig funktionieren würde. Wir haben vier Jahre lang zusammengelebt, bevor wir heirateten.«

Ich fragte: »Fühlten Sie sich körperlich von Kit angezogen?«

Sie antwortete bedächtig: »Tja, nun, das war etwas ganz Neues, weil er ja immer so etwas wie ein Freund für mich gewesen war. Wir haben einfach angefangen, diese Freundschaft zu vertiefen. Das ist, als würde man eine völlig neue Seite eines Menschen kennenlernen. Plötzlich dachte ich mir: ›Ja, das ergibt Sinn.‹

Ich hatte mich früher immer auf die erotische Anziehung verlassen, aber wenn wir dann versuchten, eine Beziehung aufzubauen, habe ich gemerkt, daß wir letztlich nichts gemein hatten. Diesmal war es genau umgekehrt. Kit war ein enger Freund, und erst hinterher habe ich bei ihm die Leidenschaft entdeckt. Unser Sexleben ist ziemlich gut. Ich komme jedesmal zum Orgasmus. Eigentlich würde ich gern öfter mit ihm schlafen, vielleicht dreimal die Woche, aber das geht einfach nicht. Normalerweise schlafen wir ein- oder zweimal die Woche miteinander, das entspricht seinen Bedürfnissen.«

»Die meisten Leute meinen, daß Männer sich stärker für Sex interessieren als Frauen.«

Beth lachte und sagte: »Ich glaube, ich habe ihm geholfen, seine Sexualität zu entdecken, weil ich weniger Hemmungen hatte als er. Ich wollte, daß meine Bedürfnisse befriedigt werden, nicht nur seine. Für den Sex braucht man Zeit, man muß den Partner kennenlernen, herausfinden, was er mag. Bei manchen Leuten hat man überhaupt keine Hemmungen, bei anderen hält man sich zurück. Wir sind mit unserer sexuellen Beziehung nur so weit gekommen, weil wir so vertraut miteinander umgehen und offen und ehrlich sind. Wir wissen, daß wir immer füreinander da sind. Die Sexualität wird durch die anderen Aspekte der Beziehung intensiviert.«

»Wie ist es Ihnen gelungen, Kit die Hemmungen zu nehmen, ohne ihn zu verschrecken?«

»Ich habe viel mit ihm geredet und ihm auch körperlich gezeigt, was ich will. Ich habe selbst mehr getan. Wahrscheinlich war er an so etwas nicht gewöhnt. Endlich konnte er es annehmen, daß *ich* ihm etwas gab und daß er keine Angst davor zu haben braucht. Ich war an guten Sex gewöhnt und wollte mich nicht mit weniger Erotik zufriedengeben. Ich habe ihn ermuntert zu fühlen, sich zu erforschen, sich gehenzulassen, verletzlich zu werden.«

»Und wie ist Ihr jetziges Sexleben verglichen mit dem ›Melodrama‹?«

»Als ich mich vom ›Melodrama‹ abgewandt habe, war mir klar, daß der Sex weniger intensiv werden würde, aber genau durch diese Intensität kamen ja auch die ganzen tragischen Sachen. Es ist schon so, daß die eigene Phantasie etwas eingeschränkter ist, wenn man einen Menschen gut kennt. Das ist nicht wie das Prickeln bei einer völlig neuen Beziehung.«

»Haben Sie das alles erst in Ihrer Ehe herausgefunden oder schon in den Jahren Ihres Zusammenlebens davor?« fragte ich.

»Es war nicht leicht für mich, ihm zu vertrauen. Das konnte ich erst, als wir zusammengezogen sind. Wir haben sozusagen ein vierjähriges Vorspiel gebraucht.«

Heutzutage bringen junge Leute viele Erfahrungen in die Ehe mit. Sie können sich selbst und ihren Partner besser einschätzen als die Paare früher, und sie wissen auch, was sie erotisch finden und was nicht. Sie können Gefahren abschätzen.

Sie lernen, mit ihren eigenen Schwächen zurechtzukommen und auf ihre inneren Warnsignale zu achten, zu unterscheiden zwischen Liebe, Lust und Freundschaft und Wahrheit von Lüge zu trennen. Sie wissen um die Schrecken der Einsamkeit und die Trauer nach einer mißglückten Beziehung. Und sie werden sich bewußt darüber, daß gewisse Verhaltensweisen Konsequenzen haben, daß Beziehungen die Macht besitzen, alte Wunden zu heilen, aber auch, neue hinzuzufügen, daß Liebe und menschliche Beziehungen etwas Ernstes sind und zu dauerhaften Ansprüchen führen.

Für viele Befragte in dieser Studie stellte es sich als gute Entscheidung heraus, vor der Ehe zusammenzuleben. Doch dieses Zusammenleben ist noch keine Garantie für eine glückliche Ehe, ganz im Gegenteil: Neuere Forschungen haben bewiesen, daß die Scheidungsrate bei Paaren, die vor der Ehe zusammenleben, höher ist als bei anderen.

Als ich im Jahre 1947 heiratete, war das voreheliche Zusammenleben noch undenkbar. Zwar schliefen viele Paare auch damals schon vor der Hochzeit miteinander, aber darüber sprach man nicht. Von den Frauen in meiner Studie, die in den fünfziger Jahren heirateten, waren bis auf zwei alle noch Jungfrau, als sie den Bund fürs Leben schlossen. Die beiden anderen waren schwanger, als sie vor den Altar traten. Keine von ihnen hatte zuvor mit dem Partner zusammengelebt. Die Männer hatten im Vergleich dazu mehr sexuelle Erfahrungen gesammelt, auch wenn diese meist flüchtiger Natur waren – eine Romanze mit einer Schulfreundin oder wie bei Matt ein Besuch bei einer Prostituierten oder eine kurze Affäre mit einer verheirateten Frau.

Die Einstellung zur Sexualität begann sich in den sechziger Jahren zu verändern, und in den Siebzigern und Achtzigern war das voreheliche Zusammenleben nichts Ungewöhnliches mehr. Alle Paare in meiner Studie hatten vor der Hochzeit zwischen einem und neun Jahren zusammengelebt. Alle waren mit sexuellen Erfahrungen in die Ehe gegangen, die meisten hatten auch bereits ernsthafte Beziehungen gehabt.

Dieser Trend weist auf eine Revolutionierung der gesellschaftlichen Einstellung hin. Früher konnten junge Frauen nicht mit ihren Freunden zusammenleben, weil die gängige Meinung folgendermaßen lautete: Wenn er Sex haben kann, soviel er will, braucht er sie ja nicht mehr zu heiraten. Sie hatte einen »Makel«. Noch schlimmer war die Angst vor einem unehelichen Kind. Der Preis für Sex mit einer Frau aus einer guten Familie war die Heirat. Mit der Erfindung der Pille in den sechziger Jahren schwand die Angst vor ungewollten Schwangerschaften, und die äußeren Zwänge, die das Zusammenleben behinderten, verschwanden sozusagen über Nacht.

Heutzutage, in einer Zeit steigender Scheidungsziffern, tauchen die alten Ängste wieder auf, allerdings aus der entgegengesetzten Richtung: Abgesehen von der Furcht vor AIDS werden vorehelicher Sex und Zusammenleben als sicher erachtet, doch die Ehe ist gefährlich! Schließlich scheitert fast die Hälfte der Ehen. Das führt zu dem Schluß, daß man sich nicht scheiden lassen kann, wenn man gar nicht erst heiratet. Genau wie Kit fragen sich viele junge Leute: Warum soll ich heiraten? Wenn wir nicht heiraten, können wir vielleicht die

Spontaneität unserer Beziehung erhalten; die Ehe macht die Liebe nur kaputt.

Doch auch das Zusammenleben führt von Paar zu Paar zu unterschiedlichen Entschlüssen – die einen leben einfach nur zusammen, andere bauen dadurch ihre Bindungsängste ab, wieder andere lassen sich auf das Wagnis einer Ehe ein, die gelingt oder mißglückt. Der jeweilige Weg hat mit den Motivationen zu tun, die das Paar zusammengebracht haben. Wenn die Sache als Spiel begonnen hat, bleibt's dann beim Spiel oder wird's ernst? Haben die Partner innerhalb der Beziehung Raum, sich und ihre jeweiligen Wünsche kennenzulernen?

Auch Kit erzählte, was er in einer früheren Beziehung gelernt hatte: »Damals hab' ich große Probleme gehabt, wütend zu werden und die Wut auch rauszulassen. In der Beziehung hab' ich gelernt, daß es besser ist, es dem anderen zu sagen, wenn man zornig ist, statt alles in sich reinzufressen und so zu tun, als sei alles in Ordnung.«

Für Leute wie Kit kann die Grenze zwischen langjährigem Zusammenleben und Ehe leicht verschwimmen. Viele Paare, die zusammenleben, erwarten vom Partner die Bereitschaft zur Bindung sowie Treue. »Ich sehe da keinen Unterschied«, sagte Kit. »Wenn man zusammenlebt, sehen die moralischen Regeln genauso aus wie in einer Ehe.«

Doch das Zusammenleben kann genauso schiefgehen wie die Ehe, und die Folgen können schmerzlich sein. Der Gedanke, daß das Zusammenleben zum Selektionsprozeß werden kann wie die Anprobe eines neuen Kleidungsstücks, ist trügerisch. Menschliche Beziehungen sind eben nicht wie Kleidungsstücke, man kann nicht einfach sagen, daß die Ärmel zu lang sind oder der Saum zu kurz ist. Das Zusammenleben erscheint verlockend, weil die Beziehung offenbar keine Fesseln auferlegt; man kann sie beginnen oder beenden, wann man möchte. Doch auch Beziehungen ohne Trauschein können bindend sein.

Das Zusammenleben erfordert auch keine gleichmäßige Verantwortung von den beiden Partnern; es kann zur tragischen Brutstätte für unrealistische Zufluchtsphantasien und Abhängigkeiten werden. Es ist leicht zusammenzuziehen – man hat keine Familienbindung und verspricht nichts –, aber daraus folgt nicht automatisch, daß auch das Ende leicht wird. Die Auflösung einer langjährigen Beziehung, in der die Partner zusammengelebt haben, kann genauso zermürbend sein und genauso langfristige Folgen haben wie eine Scheidung.

Beth hatte nichts davon erwähnt, daß sie Kinder haben wollte, einer der Hauptgründe, warum viele Leute, die zusammenleben, beschließen zu heiraten. Ich fragte: »Waren Ihre beiden Kinder geplant?«

Sie senkte den Blick. »Das war ein wichtiger Punkt für uns, über den wir lange diskutiert haben. Wissen Sie, ich war mir nicht sicher, ob ich Kinder wollte. Ich war noch nicht dazu bereit, und letztlich hatte ich auch kein sonderliches Interesse daran, aber Kit wollte sofort welche. Ich habe dreieinhalb Jahre gebraucht, bis ich genauso dachte wie er. Dabei dürfen Sie nicht vergessen, daß ich schon zweiunddreißig war, als wir geheiratet haben. Ziemlich lange konnten wir über dieses Thema nicht mal vernünftig reden.

Wir haben uns nicht darüber gestritten, nein, aber wir sind ernsten Fragen auch nicht aus dem Weg gegangen. Es war nur einfach eine schwierige Entscheidung für mich. Ich hatte Angst davor, Kinder zu haben. Ich war mir nicht so sicher, was für eine Mutter ich werden würde, und ich wußte auch nicht, ob ich ein Kind vor all den Gefahren schützen könnte, die da draußen lauerten. Ich hatte außerdem Angst, daß ein Kind das, was ich mit Kit aufgebaut hatte, zerstören würde. Und ich hatte Angst, in einer Beziehung gefangen zu sein, aus der ich nicht mehr heraus konnte. Von einem Kind kann man nicht einfach weglaufen. Ich hatte auch Angst, daß das Kind Kit näher sein würde, weil er sich emotional mehr damit abgeben würde. Das war ein zwiespältiges Gefühl. Ich habe mir die schrecklichsten Dreiecksverhältnisse ausgemalt.«

Wieder einmal war ich beeindruckt davon, wie wenig in kameradschaftlichen Ehen als selbstverständlich erachtet wird. Die Elternschaft wird als Möglichkeit bedacht, die man sorgfältig erwägen muß, weil sie ernsthafte Konsequenzen hat.

»Ich bin drei Monate lang in der Therapie gewesen, um mir darüber klarzuwerden, ob ich ein Kind wollte oder nicht«, sagte Beth. »Ich habe mich einfach nicht entscheiden können. Als die Therapeutin meinte, meine Eltern würden sich doch sicher darüber freuen, Großeltern zu werden, habe ich plötzlich gemerkt, daß das genaue Gegenteil stimmte. Meine Mutter wollte nicht, daß ich ein Kind bekomme. Sie wollte, daß ich immer für sie da bin.«

»Und wie sind Sie dann zu dem Schluß gekommen, daß Sie ein Kind haben wollten?«

»Nun, irgendwann wurde mir bewußt, daß ein Teil von mir tatsächlich ein Kind wollte, und ich wurde schwanger. Doch dann hatte ich eine Fehlgeburt. Kit ging es danach so schlecht, daß ich merkte, wie wichtig ihm die Sache mit dem Kind war. Also beschloß ich, es noch einmal zu versuchen, für den Teil in mir, der das Kind wollte, und für den Teil, der ihn liebte.«

Ich fragte sie nach der Schwangerschaft und der Geburt.

»Kit hat sich sehr um mich gekümmert«, sagte sie. »Er hat

mich zur Schwangerschaftsgymnastik begleitet und war immer aufmerksam. Durch seine Unterstützung habe ich nicht mehr so viel Angst gehabt. Aber die Geburt war sehr schwierig. Für mich war das wie eine Durchquerung der australischen Wüste mit verschiedenen Prüfungen. Ich habe drei Tage lang nicht geschlafen und war völlig erschöpft. Nach der Geburt des Kindes bin ich drei Jahre zu Hause geblieben und fühlte mich auch wohl dabei. Dann habe ich wieder ganztags zu arbeiten angefangen und versucht, Arbeit und Familie auf die Reihe zu kriegen. Es war ziemlich anstrengend.

Aber irgendwann wurde mir klar, daß das Leben nun mal so ist. Arbeit und Familie gehen einfach immer weiter. Nachdem ich meine Bedenken überwunden hatte, konnten wir uns sogar mit dem Gedanken an ein zweites Kind befassen. Ich bin immer wieder frustriert darüber, daß Kinder einfach nicht so schnell reagieren wie Erwachsene. Und außerdem konnte ich mir nicht vorstellen, der Mama-Typ zu werden. Ich möchte mich natürlich um meine Kinder kümmern, aber ich will auch auf all die anderen Dinge in meinem Leben nicht verzichten.« Sie lachte. »Da geht's mir genauso wie meinen ganzen Freundinnen.«

Frauen wie Beth hatten keine Skrupel zu sagen, daß sie keine Kinder wollten – auch wenn ihr Mann sich etwas anderes vorstellte. Sie hatten keine Angst, eine Entscheidung zu treffen, die ihn enttäuschen würde. Männer, die Kinder wollten, hatten nicht mehr länger das Gefühl, sie könnten auf ihrem Wunsch beharren. Manche warteten wie Kit mehr oder minder geduldig in der Hoffnung, daß ihre Frau es sich anders überlegen würde; andere drängten sie, die Sache noch einmal zu überdenken. Als Beth nach der Fehlgeburt die Enttäuschung und den Schmerz auf Kits Gesicht sah, beschloß sie, es noch einmal zu versuchen – nicht wirklich für sie selbst, sondern für Kit und die Ehe.

»Kümmert sich Kit genauso viel um die Kinder wie Sie?« fragte ich.

»Nun, meine Freundinnen beneiden mich«, sagte Beth. »Kit und ich ziehen die Kinder wirklich gemeinsam auf. Wir teilen uns alle Aufgaben. Ich bin konsequenter, er kann besser erklären. Wir sind uns völlig einig über die Kindererziehung und Schulprobleme, auch wenn ich wahrscheinlich öfter das Heft in die Hand nehme. Ich kaufe die Kleidung, mache Termine aus, kümmere mich um die Schule und so weiter. Er hilft Martha beim Klavierlernen und zeigt Sam das Radfahren. Ich glaube, die Kinder sind glücklich. Ich hoffe, daß sie es einmal leichter haben werden als ich.«

Doch die Aufgabenteilung kann auch Probleme mit sich bringen. Die Eltern haben unterschiedliche Vorgeschichten, und sie werden sich mit ziemlicher Sicherheit nicht über alle Einzelheiten wie Abstillen, Windeln, soziale Kompetenz, Heimkommzeiten, Manieren, Fernsehen oder Aggressionen einigen können. Wenn zwei Elternteile sich gleichberechtigt um die Kindererziehung kümmern, kommt es unweigerlich zu Konflikten, Rivalitäten und Neid.

Ungefähr eine Stunde nach Beginn unseres Interviews fragte ich Beth: »Könnte irgend etwas diese Ehe zerstören?«

Nachdem sie einen Augenblick über meine Frage nachgedacht hatte, sagte sie: »Untreue. Auf beiden Seiten. Schon nach unserer ersten Verabredung war klar, daß wir beide eine monogame Beziehung wollten. Das bedeutet nicht, daß wir keine Freunde des anderen Geschlechts haben könnten, aber wir sind uns in bezug auf Sex und Gefühle einig. Wir wissen beide, daß es Versuchungen gibt, aber wir haben die Monogamie gewählt. Untreue passiert nicht einfach so, man entscheidet sich dafür. Treue hat mit Disziplin zu tun«, sagte sie in bestimmtem Tonfall. »Für uns ist sie wesentlich, das ist eine Frage des Vertrauens.«

»Das muß aber eine ziemlich große Veränderung für Sie gewesen sein.«

Sie lächelte. »Das stimmt. Am Anfang unserer Beziehung habe ich mir Sorgen gemacht, daß ihm auch andere Frauen gefallen könnten. Der letzte Freund, den ich hatte, hat mich immer wieder wegen anderen verlassen, aber nach drei Wochen oder so ist er dann wieder zurückgekommen. Irgendwann habe ich gemerkt, daß ich es genauso mache. Ich habe mich in andere Leute verliebt, um die alte Beziehung zu beenden. Ich war unreif und konnte nicht allein sein. Kit und ich waren uns im klaren darüber, daß wir einander vertrauen mußten. Wenn einer von uns fremdginge, wäre die Beziehung zu Ende. Aber davor haben wir keine Angst mehr«, sagte sie, »denn das wird nicht passieren.«

Sie lächelte verschwörerisch. »Wissen Sie, es ist mir gar nicht leichtgefallen, meine alten Gewohnheiten abzulegen. Zum Beispiel habe ich seine Taschen durchsucht, um zu sehen, ob er Hinweise auf irgendwelche anderen Frauen mit sich rumschleppt. Natürlich habe ich die Namen anderer Frauen gefunden, weil er beruflich mit ihnen zu tun hat. Ich war eifersüchtig, wenn er mit ihnen zum Mittagessen ging, aber er hat gesagt: ›Klar gehe ich mit ihr zum Mittagessen. Schließlich sind wir Kollegen und Freunde.‹ Mein Argwohn hat ihn zum Wahnsinn getrieben. Aber es war uns beiden sehr, sehr wichtig, daß wir uns nicht gegenseitig anketten. Wir wollen beide eine freie Beziehung. Ich habe sehr enge Freundschaften, und er hat enge Freundinnen.«

»Waren Sie nie in Versuchung, ihm untreu zu werden?«

»Doch, doch, das ist nur natürlich. Schließlich sehe ich, wenn ein Mann attraktiv ist. Aber darüber mache ich mir keine Gedanken, weil ich nie zu weit gehen werde. Ich sorge dafür, daß ich nie in eine Situation komme, die zu nah werden könnte. Wenn das trotzdem einmal passiert, beende ich sie. Das ist letztlich ganz einfach.«

»Das heißt, daß Sie noch nie sexuell belästigt worden oder in eine Situation geraten sind, über die Sie keine Kontrolle mehr hatten?«

»Nein, ich habe Glück gehabt. In meinem Berufsleben spielt so etwas keine Rolle.

Kit und ich haben keinerlei Zweifel an unserer Beziehung – niemals. Ich weiß, wir werden noch weitere vierzig wechselhafte Jahre erleben, aber ich könnte mir nicht vorstellen, daß wir nicht bis an unser Lebensende zusammenbleiben. Ich glaube, er ist derselben Überzeugung. Das gibt mir ein unglaubliches Gefühl der Sicherheit. Ich muß all diese zermürbenden Fragen einfach nicht mehr stellen. Ich weiß nicht, ob er das genauso ausdrücken würde, aber ich weiß, das ist die Grundlage für unser Gefühl der Sicherheit in einer unsicheren Welt.«

Die sechste Aufgabe:
Die Ehe – auch sexuell attraktiv

Eine interessante sexuelle Beziehung ist die Basis einer guten Ehe. Hier geht es um Vertrautheit, Leidenschaft und Spaß. Hier kann sich das Paar von den Tabus der Kindheit lösen. Es gibt kein besseres Rezept gegen den Lebensstreß als ein gutes Sexleben.

Genau wie Beth sprach auch Kit ganz offen über seine sexuellen Erfahrungen vor und während der Ehe. »Ich bin mir bei Beth sexuell wie ein neuer Mensch vorgekommen. Gegenüber meinen anderen Erfahrungen war das ein Unterschied wie Tag und Nacht. Ich mag Frauen sehr, und zwischen zwanzig und dreißig hatte ich ziemlich viele sexuelle Erfahrungen gesammelt. Außerdem habe ich zwei Jahre lang mit einer Frau zusammengelebt, bevor ich Beth kennenlernte. Mit dieser Frau hatte ich eine offene Beziehung; sie wollte das, aber ich kam nicht damit zurecht. Ich hatte ständig einen vorzeitigen Samenerguß. Nach einer Weile hatte mein Ego einen ziemlichen Knacks abbekommen; ich hatte Angst, daß niemand mich begehrenswert finden würde. Aber bei Beth fühle ich mich reif und gut. Der Sex mit ihr ist nach wie vor ein Erlebnis. Während der Schwangerschaft war der Sex mit ihr die schönste Erfahrung der Welt.«

Beth sagte: »Als ich ihn heiratete, wußte ich, daß der Sex weniger intensiv werden würde. Das ist keine Frage der Technik, nein, aber die Sicherheit der Ehe reduziert einfach die Erregung. Allerdings hatte ich auch den besten Sex meines Lebens mit Kit.«

174

Kit und Beth gelang es wie anderen Paaren in dieser Studie, ihre früheren sexuellen Ängste innerhalb der Ehe zu bewältigen. Dabei mußten sie gewisse Zugeständnisse machen. Kit war zwar sehr zufrieden mit ihrem Sexleben, aber er mußte sich zusammenreißen, um anderen Frauen nicht mehr als nur nachzusehen. Beth mußte ihrerseits ihre leidenschaftlichen Phantasien aufgeben, die sie früher mit anderen Männern verwirklicht hatte. Der Sex war nun zahmer und auch seltener, als sie es sich gewünscht hätte, aber dafür hatte sie es auch nicht mehr länger mit Obsessionen zu tun. Beth und Kit hatten eine Lösung gefunden, die für sie beide funktionierte.

Viele Leute glauben, daß es heutzutage keine großen Probleme mehr bereitet, ein befriedigendes Sexleben aufzubauen, weil die Partner im Regelfalle sexuelle Erfahrungen vor der Ehe sammeln konnten. Doch die sexuelle Freiheit bedeutet auch, daß die Beteiligten heute viel höhere Erwartungen an ihren Partner und sich selbst mitbringen. Wer in früheren Beziehungen in dieser Hinsicht Probleme hatte – und das gestanden mehrere Leute in dieser Studie –, erwartet, sie in einer Ehe zu lösen. Das bedeutet, daß der Aufbau einer für beide Teile reizvollen sexuellen Beziehung nicht nur angenehm ist, sondern bisweilen auch ziemlich schwierig. Er erfordert Feingefühl, Einfühlungsvermögen und Geduld. Man braucht Zeit dazu und die Bereitschaft und Fähigkeit, sich auf die Bedürfnisse des anderen einzustellen.

Jeder Partner kommt mit einer Vorgeschichte in die Ehe, die seine sexuellen Bedürfnisse, seine Phantasien, seine Hemmungen und Ängste beeinflußt hat. All das kann sich erst in der Nähe und Vertrautheit einer festen Bindung äußern. Die sexuellen Bedürfnisse eines jeden Menschen sind so individuell wie ein Fingerabdruck. Früher hatten die Männer mehr sexuelle Erfahrungen als die Frauen und mußten deshalb die

Führungsrolle übernehmen. Doch wie wir an Beth gesehen haben, muß das nicht mehr unbedingt der Fall sein.

Ein Sexleben aufzubauen, das nie an Reiz verliert, erfordert Einfühlungsvermögen und Phantasie. Dieser Bereich wird von Mann und Frau gemeinsam geschaffen – er hängt ausschließlich von ihrem Einfallsreichtum ab. Sie entscheiden darüber, ob er emotional und leidenschaftlich ist oder experimentell. Wenn er alte Ängste verstärkt, mechanisch wird, Zärtlichkeit oder Leidenschaft vermissen läßt, liegt das an ihnen. Ob die Sexualität die ganze Ehe hindurch interessant bleibt oder bereits früher an Reiz verliert, hängt davon ab, was die Partner in diesen zutiefst privaten Bereich einbringen und was sie daraus machen.

Teresa und Peter, beide Anfang Dreißig, erzählten mir von ihrer sexuellen Beziehung. Obwohl ihre Wünsche und Begierden sich anfangs unterschieden, schufen die beiden eine leidenschaftliche sexuelle Beziehung, die zur Grundlage ihrer Ehe wurde. Wie alle Paare dieser Studie, die in den achtziger Jahren heirateten, brachten auch sie beträchtliche sexuelle Erfahrungen mit. Peter war schon einmal verheiratet gewesen, und die Scheidung hatte er als traumatische Erfahrung empfunden.

»Ich hätte nie gedacht, daß etwas so schmerzhaft sein könnte«, sagte er. »Nach meiner Scheidung hatte ich ernsthafte Probleme beim Sex. Ich hatte das Gefühl, daß mein ganzes Elend sich auf diesem Gebiet äußerte. Teresa und ich haben ein wunderbares, leidenschaftliches Sexleben, aber anfangs war es ein Fiasko. Als wir das erste Mal miteinander geschlafen haben, bin ich gekommen, sobald ich sie berührt hatte. Sie war sehr verständnisvoll. Und zum Glück mag sie Sex. Bei unserer dritten Verabredung waren wir zum Essen in einem

Restaurant. Da hat sie meine Hand genommen und mich nach draußen gezogen, wo wir uns in die Arme gefallen sind und uns leidenschaftlich geküßt haben. Ich hatte das Gefühl, daß sie mich befreit. Sie hat eine wundervoll schmutzige Phantasie. Wir haben einander in den zehn Jahren unserer Ehe eigentlich immer begehrt. Unser Sexleben ist toll.«

Teresa sagte: »Als ich meinen Mann kennenlernte, war der Sex ganz in Ordnung, aber ich war Besseres gewöhnt. Schließlich komme ich aus einer italienischen Familie, und italienische Mädchen werden so erzogen, daß sie die Männer verführen. Ich war mir seit meinem fünfzehnten Lebensjahr über meine Sexualität im klaren. Und weil ich guten Sex gewöhnt war, wollte ich ihn auch mit Peter. Also übernahm ich die führende Rolle.

Wir wußten beide, daß es nicht nur um den Sex ging, sondern um die ganze Beziehung. Es war nicht leicht. Ich wollte befriedigt werden, nicht nur ihm helfen. Wir haben uns viel über Körperkontakt unterhalten. Ich habe mich sehr bemüht, ihn lockerer zu machen. Manchmal weinte ich, und er sagte: ›Ich weiß nicht, was ich machen soll, wenn du es mir nicht zeigst.‹ Und ich dachte, wenn er mir wirklich etwas schenken will, muß ich nicht drum bitten. Und er meinte, du mußt es mir sagen, sonst weiß ich's nicht. Irgendwann wurde mir klar, daß er recht hatte. Wenn ich ihn um etwas gebeten habe, hab' ich's auch bekommen. Und zwar immer, also hab' ich angefangen, ihm zu glauben. Schließlich hat sich alles eingerenkt. Ich habe nicht mehr bitten müssen, weil er angefangen hat zu verstehen. Ich habe begonnen, ihm zu vertrauen. Und ab da wurde es wirklich gut.« Sie lachte. »Manchmal kann er ziemlich wild und verrückt werden.«

Das Bild von der eigenen Persönlichkeit verändert sich durch die gemeinsame erotische Erfahrung, durch die gemeinsamen Erinnerungen und die neuen physischen Bande. Eine gute sexuelle Beziehung stärkt das Selbstvertrauen, den Stolz des Mannes auf seine Männlichkeit und den Stolz der Frau auf ihre Weiblichkeit. Die Fähigkeit, sexuelles Vergnügen zu bereiten und zu empfinden, gehört zu den Hauptaspekten des Erwachsenendaseins. Es gemeinsam zu erreichen führt nicht nur zum Stolz der Partner, sondern auch zu einer Bestätigung des Paares als Einheit. Peter sagte: »Ich fühle mich in dieser Ehe bestätigt und habe Selbstvertrauen als Mann und Sexualpartner.« Teresa meinte: »Ich habe immer versucht, ihn so eng wie möglich an mich zu binden. Das gibt mir ein Gefühl der Macht, der Macht, daß ich ihm so großes Vergnügen bereiten kann.«

Viele Männer und Frauen betonen die enge Verbindung zwischen ihrem Sexleben und ihrem emotionalen Band. Eine Frau Mitte Vierzig sagte: »Mir ist der Sex sehr wichtig wegen der Vertrautheit und der gegenseitigen Bestätigung. Für uns ist er ein Jungbrunnen, weil er andere Dinge transzendiert. Der Sex ist eine Möglichkeit, eine emotionale Verbindung herzustellen und unsere Liebe zueinander zu bekräftigen.« Ein Mann, ebenfalls Mitte Vierzig, sagte: »Unser Sexleben ist sehr gut, aber nicht nur der Sex ist wichtig. Wir sind sehr zärtlich. Wir berühren uns auch tagsüber, so oft es geht. Wir sehnen uns gegenseitig nach Körperkontakt. Wenn sie an mir vorbeigeht, strecke ich die Hand aus, um sie zu berühren. Das gehört zu unserer Ehe. Wir erachten uns gegenseitig als sehr erotisch.«

Wenn der Geschlechtsverkehr mit Liebe verbunden ist, erfordert er Vertrauen, denn einem anderen emotional und physisch so nahe zu kommen ist ein Risiko. Beide Partner müssen sich sicher fühlen, und dazu ist Vertrauen nötig. Menschen sind dann am verletzlichsten, wenn Körper und Seele sich verbinden, wenn Grenzen verschwinden und die Leidenschaft die Zügel übernimmt. Ein Großteil der Erregung beim Sex hängt damit zusammen, daß man diese physischen und emotionalen Grenzen überwindet. Für manche Menschen ist der Sex ohne Liebe einfacher; manchen fällt die Liebe allein leichter. Die Kombination aus beiden kann angst machen.

Man darf nicht vergessen, wie verletzlich Menschen in Sachen Sex sind, wie leicht sie sich entmutigen lassen. Deshalb muß man gerade in diesem Bereich sich selbst und dem Partner Gelegenheit geben, Schüchternheit, Hemmungen sowie die Angst, sich gehenzulassen oder die Kontrolle zu verlieren, zu überwinden.

Jede Liebesbeziehung hat zwei Seiten. Es gibt keine Liebe ohne Haß, weil Liebe immer mit starken Bedürfnissen und Abhängigkeit zu tun hat. Es gibt auch keine Liebe ohne Neid. Die Herausforderung in einer Ehe besteht darin, Liebe und Haß so zu mischen, daß die Liebe überwiegt, und diese Mischung das ganze Leben lang beizubehalten.

Ein brasilianischer Kollege beschrieb diesen Vorgang in einem Brief folgendermaßen: »Maria und ich lieben uns seit vierzig Jahren. Wir haben jeden einzelnen Tag in diesen Jahren an unserer Liebe gearbeitet; wir haben versucht, den Haß und seine Genossen Eifersucht, Neid und Angst im Zaum zu halten.«

Wenn Urängste und Feindseligkeiten durch die Liebe besiegt werden, kann der Sex zur mächtigsten Erfahrung im Leben eines Paares werden. Matt sagte: »Wenn ich mit ihr schlafe, verschmelze ich manchmal völlig mit ihr.« Manche Männer, die der Frau, die sie lieben, nicht so sehr vertrauen wie er, würde so etwas erschrecken. Doch in einer liebevollen sexuellen Beziehung kann ein solches Gefühl die Grundlage für großes Glück werden. Die Partner sind einander dankbar, nicht nur für das kurze Glück der Leidenschaft, sondern auch für die Sicherheit und die Liebe, die beide empfinden, nachdem sie ein so großes Risiko eingegangen sind.

Die Kombination aus Sex und Liebe war etwas ganz Neues für diejenigen Leute in meiner Studie, die mit zahlreichen flüchtigen Erfahrungen in die Ehe gegangen waren; manche von ihnen waren bereits mit fünfzehn Jahren sexuell geworden. Doch sobald sie auch innerhalb der Ehe ein befriedigendes Sexleben aufgebaut hatten, fiel es ihnen erstaunlich leicht, mit der Vergangenheit abzuschließen. Sie alle sagten, sie seien ihrem Partner absolut treu gewesen, nicht erst seit der Hochzeit, sondern seit Beginn der Beziehung.

Nancy und Joe zum Beispiel, die jüngsten Teilnehmer an meiner Studie, lernten einander im College kennen und zogen zwei Jahre später zusammen. Mit einundzwanzig heirateten sie. Mittlerweile unterrichten beide an der Universität. Als ich Nancy im zehnten Jahr ihrer Ehe interviewte, hatte sie nicht mehr lange bis zur Entbindung ihres dritten Kindes. Sie beschrieb mir nicht nur die Ereignisse, sondern auch die Gefühle, die sie und Joe hatten, als sie sich kennenlernten.

»Wir haben die ersten beiden College-Jahre mit ziemlich merkwürdigen Leuten verkehrt und haben uns durch sämtliche Betten geschlafen. Die ganze Zeit über waren Joe und ich enge Freunde und haben viel miteinander unternommen. Wir haben uns zum Beispiel immer unter einen bestimmten Baum gesetzt und geredet. Wir haben uns gegenseitig geholfen, wenn wir Heimweh hatten. Aber Sex und Freundschaft waren für uns zwei völlig verschiedene Dinge. Es kam nicht in Frage, diese Grenze zu überschreiten. So sahen die Regeln nun mal aus.

Eines Abends haben wir eine Kneipentour gemacht und sind irgendwie miteinander im Bett gelandet. Aber er wollte nicht mit mir schlafen. Ich bin auf ihn raufgeklettert, aber er hat nein gesagt. Das war das erste Mal in meinem Leben, daß ein Mann mich zurückgewiesen hat. ›Kein Sex?‹ habe ich gefragt. ›Das kapier' ich nicht. Was ist denn los mit mir?‹ Ich war ganz schön verletzt.«

Joe erzählte mir dieselbe Geschichte aus seiner Perspektive: »Wir lagen also im Bett, sie auf mir drauf. Aber ich hatte Angst vor der Heftigkeit meiner Gefühle. Ich war noch nicht bereit dazu. Ich wußte, daß das eine wichtige Beziehung werden würde, und meine Angst hatte mit diesem Wissen zu tun. Ich hatte anfangs noch nicht den Mut, das zu sagen. Es war das erste Mal im Leben, daß ich keinen hochkriegte. Ich hab' gedacht, die Welt geht unter.

Ich war mehrere Wochen lang impotent, aber irgendwann haben wir es dann doch geschafft. Der Sex mit ihr war intensiver, besser. Das Komische daran jedoch war, daß der Sex nicht an meine Gefühle herankam. Es war auch nicht der Sex, sondern meine Gefühle, die mir angst machten, weil sie so intensiv waren. Erst nach einer gewissen Zeit reichte der Sex dann an diese Gefühle heran.«

Nancy erzählte: »Als wir zusammengezogen sind, haben wir zwei- oder dreimal täglich miteinander geschlafen, und wir haben beide unseren Abschluß mit Auszeichnung geschafft. Jetzt mit dreißig ist der Sex nicht mehr so wichtig. Manchmal habe ich das Gefühl, daß er längst nicht mehr so wichtig ist wie die Tatsache, daß wir uns emotional auf etwas eingelassen haben. Wenn wir aus irgendeinem Grund nie wieder miteinander schlafen könnten, würde das unsere Beziehung wahrscheinlich nicht zerstören. Natürlich ist der Sex unser ureigenstes Gebiet, in dem unsere Kinder nichts zu suchen haben. Diese Zeit gehört uns. Und in dieser Hinsicht ist der Sex natürlich sehr wichtig. Aber deshalb haben wir nicht geheiratet. Wir haben geheiratet, weil wir einander lieben. Es gibt nur einen einzigen anderen Mann auf der Welt, den ich sonst noch geliebt habe. Alle anderen habe ich nicht geliebt, ich habe nur Spaß mit ihnen gehabt. Ich glaube, das beruhte auf Gegenseitigkeit.«

Für diese jungen Leute war der flüchtige Sex so etwas wie Spiel. Wenn er das nicht mehr ist, bekommen die Partner Angst. In dem neuen Spiel geht es um die Zukunft, und zwar ohne Netz und doppelten Boden.

Man geht im allgemeinen davon aus, daß die sexuelle Aktivität zu Beginn der Ehe am größten ist, doch das stimmte nicht bei allen von mir befragten Paaren. Die sexuelle Aktivität nahm auch im Verlauf der Jahre nicht unbedingt ab. In vielen Ehen folgte auf die große Leidenschaft der frühen Jahre eine Abnahme der Lust, wenn die Kinder kamen, und wenn sie aus dem Haus waren, stieg sie wieder an und hielt sich bis ins hohe Alter.

In manchen Ehen bestand ein großer Unterschied zwischen den Begierden des Mannes und der Frau. In einem Viertel der Ehen wollte die Frau mehr Sex als der Mann. Ein Beispiel dafür war Beth. In wieder einem Viertel der Ehen, zum Beispiel in der von Keith, wollte der Mann mehr Sex. Die anderen hatten ungefähr gleiche Begierden. Auch wenn die Bedürfnisse unterschiedlich waren, kam es kaum zu wirklich schweren Konflikten. Lediglich die Anfangsjahre von Tinas und Martys Ehe könnten als Ausnahme angesehen werden.

Die Geburt von Kindern macht die Ehe hektischer und beeinflußt auch den Sex. Manche Paare erzählten, ihr Sexleben habe nach der Geburt des ersten Kindes oft monatelang aufgehört. Wenn kurz darauf noch ein zweites Kind folgte, verlängerte sich die Zeit der Abstinenz entsprechend.

Während der Wechseljahre und danach ergaben sich für die meisten Frauen große Veränderungen im Sexualverhalten. Manche berichteten, daß ihre Begierden wuchsen, andere, daß sie nachließen. Beides führte häufig zu Problemen. Eine Frau in den Wechseljahren sagte: »Ich merke, daß ich gern öfter mit meinem Mann schlafen würde. Ich hoffe, daß wir in der nächsten Phase unserer Beziehung in dieser Hinsicht kreativer sein werden.« Ihr Mann sagte: »Wir schlafen ungefähr einmal die Woche miteinander. Ich weiß, daß ihr das eigentlich nicht genügt, aber nach sechsundzwanzig Jahren Ehe empfinde ich nicht mehr die gleiche Leidenschaft wie früher.«

Alle älteren Paare hatten weiter Freude am Sex. Die über Sechzigjährigen sagten, sie schliefen noch regelmäßig einmal die Woche miteinander. Die Partner sagten einander offen und ehrlich, wenn sich ihre sexuellen Bedürfnisse und Gefühle veränderten. Manche berichteten, daß sie zwar im Alter weniger häufig miteinander schliefen, dafür aber stärkere Erregung erlebten. Eine Frau Mitte Fünfzig sagte: »Wir schlafen jetzt, wo wir älter sind, nicht mehr so oft miteinander, aber ich komme leichter zum Orgasmus, und er ist heftiger als früher.«

Manche Paare mittleren Alters lasen Sexheftchen, um sich Anregungen zu holen, andere versuchten es mit Pornofilmen. Die meisten fanden, daß der Zeitfaktor und die richtigen Umstände eine zunehmend wichtigere Rolle spielten. Besonders die Männer sagten, daß ihre Lust wiederkehrte, wenn sie ausgeruht waren und sich nicht mit dem Alltagsstreß auseinandersetzen mußten. Auch wenn die Partner manchmal traurig darüber waren, keine so starken Begierden mehr zu haben –

eine Frau sagte: »Ich war schon mal viel geiler« –, versuchten sie ihr möglichstes, um einander nicht zu enttäuschen.

Die Intensität des sexuellen Erlebens unterschied sich auch von Ehetyp zu Ehetyp. In den leidenschaftlichen Ehen war der Sex häufiger und intensiver als in den anderen Mustern. In kameradschaftlichen und traditionellen Ehen spielte der Sex oft eine weit weniger zentrale Rolle. Ein Mann sagte: »In unserer Ehe ist die Freundschaft und nicht die Leidenschaft das wichtigste.«

Auch in vielen Zweitehen bildete der Sex das Fundament der Beziehung. Oft hatten die Partner nach einer langen Zeit der sexuellen Abstinenz zueinander gefunden und sehnten sich nach einem intensiveren Sexleben, um die Verletzungen der Vergangenheit zu vergessen. In den Ehen als Zuflucht variierte der Grad der sexuellen Aktivität. Einer ganzen Anzahl von Frauen war wie Helen das Streicheln und Kuscheln wichtiger als der Geschlechtsverkehr, andere wiederum mochten den Sex, wenn sie sich innerhalb der Beziehung sicher und aufgehoben fühlten.

Das Sexleben ist der empfindlichste Teil einer Ehe. Anders als der flüchtige Sex, den man immer irgendwie unterbringen kann, hängt der Sex innerhalb der Ehe von einem gewissen Maß an innerer Ruhe ab. Ohne die Sicherheit eines Privatbereichs schafft es das Paar unter Umständen nicht, sich aufeinander einzulassen. Wenn der Sex aufgrund anderer, dringenderer Dinge immer wieder verschoben wird, kann er unbefriedigend und oberflächlich werden und die Ehe schädigen.

Verheiratete gehen mit vielerlei Bedürfnissen miteinander ins Bett, nicht nur mit dem Wunsch nach Befriedigung der Lust. Der Sex bietet die einzigartige Gelegenheit, einen Ort des Vergnügens zu schaffen, den wir alle brauchen. Eine Frau sagte: »Es ist wichtig, daß wir uns Zeit für Intimitäten nehmen, denn sonst würden wir auseinanderdriften. Ein Unterschied zwischen uns beiden ist, daß ich keinen Sex ohne vertraute Gespräche mag und für ihn der Sex eine Form der Kommunikation ist. Ich brauche Vertrautheit als Vorspiel zum Körperlichen, für ihn ist Vertrautheit körperlich. Aber ich liebe an ihm, daß er sich bemüht, diese Unterschiede im Kopf zu behalten.«

Die Menschen sind auch innerhalb einer guten Ehe verletzlich. »Man muß aufpassen, wenn man einen Mann zurückweist«, sagte eine Frau. »Die Männer sind verletzlich. Es gibt Zeiten, in denen einer von uns zu müde zum Sex ist, aber mit solchen Situationen gehen wir sehr behutsam um. Ich sage dann zum Beispiel: ›Ich liebe dich und ich finde dich begehrenswert, aber ich schlafe lieber morgen mit dir.‹ Und er reagiert bei mir genauso. Wir achten beide darauf, daß der andere nicht glaubt, er sei nicht mehr begehrenswert.«

Für alle Paare ist es wichtig, sich einen Privatbereich aufzubauen, die sexuelle Beziehung zu pflegen und gegen alle äußeren Einflüsse zu schützen. Intensität und Häufigkeit von Sex hängt mehr, als sie erwarteten, davon ab, sich Freiräume im Alltag dafür zu schaffen. Ein reizvolles und dauerhaftes Sexleben ist nicht nur ein Nebenprodukt, sondern eine der wesentlichen Seiten einer Ehe. In einer guten Ehe sind Sex und Liebe untrennbar miteinander verbunden. Sex erhält die Beziehung aufrecht und füllt emotionale Reserven auf.

Arbeitsstreß

— ·•· —

Zwei Jahre später begrüßten mich Beth und Kit herzlich zu meinem zweiten Gespräch mit ihnen. Im Haus lagen immer noch Spielzeug, Bücher, Kinderkleidung und unvollendete Kunstwerke herum, obwohl die Kinder bereits im Bett waren.

Beth sagte: »Tja, sehen Sie, wir sind immer noch verheiratet! An den Grundlagen hat sich nichts geändert.«

Kit pflichtete ihr mit einem Lächeln bei.

»Wir sind glücklicher denn je«, sagte sie nüchtern, »besonders, wenn wir die Probleme sehen, die viele Leute in unserem Bekanntenkreis haben.«

»Was meinen Sie damit?« fragte ich.

»Nun, die Rezession hat viele von unseren Freunden betroffen«, sagte Kit. »Wir haben mehr Sicherheit als andere Leute, aber wir sind auch nicht ungeschoren davongekommen.«

»Wieso?«

»Ich würde mir eigentlich gern eine neue Arbeitsstelle suchen, aber das Risiko kann ich nicht eingehen. Ich bin so lange in der Firma, daß ich wahrscheinlich nicht auf der Straße lande, aber das Budget ist drastisch gekürzt worden, und es wird mehr und mehr Druck auf uns ausgeübt. Ich erledige zum Beispiel zusätzlich alle Arbeiten, die früher die Sekretärin gemacht hat. Allein das Tippen der Empfehlungsschreiben für die Studenten ist ein Alptraum. Ich bringe immer mehr Arbeit nach Hause, eine andere

Wahl habe ich nicht. Ich sitze in der Falle, denn wir brauchen das Geld. Andere Jobs gibt's im Moment nicht. Die meisten Gemeinde-Colleges haben Dutzende von Stellen gestrichen. Wahrscheinlich muß ich froh sein, daß ich einen Job habe.«

Beth mischte sich ein: »Aber er hat Ihnen noch nicht alles erzählt. Er arbeitet an einem Roman.«

Kit sah seine Frau lächelnd an. »Ja, das macht mir wirklich Spaß. Aber ich muß noch viel daran feilen.«

Ich fragte Beth nach ihrer Arbeit.

»Manchmal komme ich mir vor wie in einem Schraubstock«, sagte sie. »Meine Praxis geht ganz gut, aber das liegt unter anderem daran, daß ich flexible Gebühren habe – es sind einfach zu viele meiner Patienten in Geldnöten. Das bedeutet, daß ich mich um mehr Patienten kümmern muß, um meine Ausgaben zu decken. Auch im Hospital gibt's ziemlich viel Druck, und auch dort habe ich mehr Patienten übernehmen müssen. Ich muß jetzt an drei Abenden die Woche bis acht Uhr arbeiten. Das heißt, daß ich nie genug Zeit mit den Kindern verbringen kann; das macht mich noch ganz verrückt! Auch Kit und ich sehen uns kaum noch. Die meiste Zeit schaffen wir nicht mal ein gemeinsames Abendessen. Manchmal wissen wir nicht mehr so richtig, wie der andere aussieht.

Wir sind mitten in einer Krise«, sagte sie mit einem Blick auf Kit. »Nach langen Diskussionen haben wir beschlossen, Martha auf eine Privatschule zu schicken, obwohl wir wissen, daß wir uns dann sehr beschränken müssen. Das tut uns richtig weh. Ich habe immer an die öffentlichen Schulen geglaubt, aber hier in unserer Gegend werden sie zu gefährlich. Wir machen uns die Entscheidung nicht leicht. Das ist eins der schwierigsten Probleme, mit denen wir uns je rumschlagen mußten. Wenn Martha auf die Privatschule geht, muß Kit sich noch einen zweiten Job suchen.«

Die Soziologen haben Arbeit und Familie bisher immer als zwei voneinander getrennte Bereiche mit einer gemeinsamen Grenze gesehen. Wahrscheinlich stimmte diese Auffassung, solange die meisten Frauen zu Hause blieben und die Männer die Brötchen verdienten. Doch in der heutigen Zeit stimmt dieses Bild nicht mehr, Arbeit und Familie haben wechselseitige Auswirkungen. Wie Kits und Beths Geschichte zeigt, überlappen die beiden Bereiche nicht nur, sie kollidieren auch.

Für viele Familien ist der Zeitfaktor heutzutage ein großes Problem. Es ist ein offenes Geheimnis, daß die Arbeit Auswirkungen auf das Familienleben hat. Längere Arbeitszeiten bedeuten weniger Zeit für die Kinder.

Die Arbeit hat außerdem Einfluß auf das Verhältnis der Partner. Wenn zwei Menschen nicht genug Zeit für die Kinder haben, haben sie gewöhnlich noch weniger Zeit für die Beziehung. Sie verschieben Intimitäten, die Augenblicke, in denen sie zusammensein können, genau die Dinge also, die so wichtig sind für eine Ehe. Sex, der nur die natürlichen Triebe befriedigt, erfüllt nicht den Zweck, die Vertrautheit zu verstärken. Außerdem sagen gerade viele Frauen, daß Sex ohne Zeit für Vertrautes sie langweilt, frustriert oder wütend macht.

Wie die Paare in den kameradschaftlichen Ehen zeigten, ist es oft unmöglich, den Anforderungen von zwei Jobs, Kindern und Eheleben gerecht zu werden. Manchmal bleiben die Kinder auf der Strecke, manchmal das Paar, manchmal die Arbeit. Der Kuchen ist einfach zu klein, als daß alle ein gleich großes Stück bekommen könnten.

Kit und Beth sind ein gutes Beispiel dafür, wie die Familie betroffen wird, wenn die Eltern mehr und länger arbeiten müssen. Kit begann, an der Abendschule zu unterrichten, um ein bißchen Geld anzusparen, was bedeutete, daß er viermal die Woche nach Hause kam, als Sam schon im Bett war. Wenig später riefen mich die beiden an und baten mich um Rat, weil Sam völlig niedergeschlagen war. Daheim wollte er nicht reden, und in der Schule begann er mit dem Daumenlutschen. Er zog sich von den Aktivitäten mit den anderen Kindern zurück. Und seit kurzem weigerte er sich, überhaupt in die Schule zu gehen. Kit und Beth fragten mich, was sie tun sollten.

Ich schlug ihnen vor, daß Kit sich mit Sam zusammensetzen und ihm seinen Semesterkalender zeigen solle. Er solle Sam erklären, daß sein Vater in den markierten Wochen sehr hart arbeiten müsse, weil die Familie Geld brauche, um Martha in die Schule schicken und Sam zu seinem nächsten Geburtstag wie versprochen das neue Fahrrad schenken zu können. Doch danach würde ihr altes Leben wieder beginnen. Kit wäre wieder daheim und würde ihm Geschichten vorlesen und mit ihm singen, wie er es immer getan hatte.

Kit befolgte diesen Rat, und als er mit Sam sprach, sagte er ihm, er sei genauso traurig wie sein Sohn. Er fragte Sam, ob er diese Zeit abwarten könne. Sam fühlte sich ungemein geschmeichelt darüber, daß sein Vater ihn ins Vertrauen zog, und erleichtert, weil er nun wußte, daß sein Vater dann Zeit für ihn haben würde. Schon nach wenigen Tagen verhielt er sich wieder normal. Sam erklärte seinen Klassenkameraden gegenüber, daß er und sein Daddy bald wieder Freunde sein würden. Er deutete Kits Arbeit nun nicht mehr als Zurückweisung seiner Person.

Welche langfristigen Auswirkungen haben kameradschaftliche Ehen auf Kinder? Wenn die Eltern durch die Arbeit stark belastet werden, sind sie in der Befriedigung der kindlichen Bedürfnisse weniger flexibel. Ein Ganztagsjob läßt sich nicht mit den sich wandelnden Entwicklungen des Kindes vereinbaren. Daß der Vater sich mehr mit den Kindern beschäftigt, ist natürlich ein großer Vorteil, das bedeutet aber meist, daß die Mutter weniger Zeit hat, und das ist wieder ein Nachteil. Wenn beide Eltern ständig hektisch sind, macht das Familienleben keinen Spaß mehr. Viele Eltern beklagen sich darüber, daß sie den ganzen Tag herumrennen wie die Hamster im Rad. Sie machen sich Sorgen darüber, daß die Kinder allein zu Hause sein oder sich mit ständig wechselnden Babysittern arrangieren müssen. Wegen der Belastungen in einer Doppelverdienerfamilie müssen die Kinder früher unabhängig werden. Manche schaffen das, ohne Schäden davonzutragen, andere brauchen mehr persönliche Zuwendung.

Eine der Belastungen in der kameradschaftlichen Ehe besteht in den Ansprüchen, die die Jobs der Eltern stellen. Anders als viele ihrer Bekannten hatten Kit und Beth keine ernsthaften Karrierekonflikte. Sie hatten beide halbwegs sichere Arbeitsplätze mit mittlerem Einkommen, die keine größeren Umzüge mit sich brachten.

Wenn beide Partner Karriere machen wollen, können sich ernsthafte Probleme ergeben, die zu emotionaler und sexueller Entfremdung führen. Möglicherweise muß einer der beiden zurückstecken, so daß das Ideal der Gleichberechtigung eine Weile zweitrangig wird. Aus dieser neuen Verteilung erwachsen unter Umständen neue Spannungen.

Auch wenn das Paar den Gleichheitsgedanken hochhält, kann die Karriere der Frau für den Mann eine Bedrohung darstellen, dann nämlich, wenn er ihr in puncto Status und Einkommen unterlegen ist. Der einzige ernsthafte Seitensprung der von mir interviewten Paare ereignete sich, weil ein Mann wütend und eifersüchtig auf die Karriere seiner Frau war. Ihr Mann sprach ganz offen mit mir darüber: »Ihr Interesse an ihrer Arbeit und die Tatsache, daß ich die meine langweilig fand, hat schließlich zum Konflikt geführt. Ich hatte ständig das Gefühl, daß ihr verdammter Job ihr wichtiger war als ich. Da wacht man dann am Morgen auf und denkt den ganzen Tag darüber nach. So was macht einen verrückt.«

Der Mann ließ sich auf mehrere flüchtige Affären ein. »Oft ging's mir dabei nur um das Aufreißen«, sagte er, »nicht darum, daß ich dann tatsächlich mit der Frau geschlafen habe. Wenn ich geschäftlich in eine andere Stadt mußte, hab' ich mich mit Freunden getroffen, Frauen kennengelernt, bin mit ihnen ins Bett. Manchmal hab' ich mich angezogen und bin wieder ins Hotel zurück, ohne überhaupt mit ihnen zu schlafen. Es war mir peinlich. Ich hatte das Gefühl, daß ich sie nur an der Nase rumführe, egoistisch bin, aber eigentlich haben sie mich auch nicht interessiert. Letztlich ging's ja auch darum, daß meine Frau mir mehr Aufmerksamkeit schenken sollte.

Nachdem ich mich mehrere Monate lang durch alle Betten geschlafen hatte, hat sie's gemerkt. Es hat einen furchtbaren Krach gegeben. Und dann ist mir eines Tages ein Licht aufgegangen. Jetzt kann ich Ihnen das ganz ruhig erzählen, aber damals war das so etwas wie eine Offenbarung. Ich bin ihr nachgerannt, das werde ich nie vergessen. Plötzlich hab' ich gemerkt, wie sehr ich sie brauche. Ich hab' ihr das mitten auf der Straße gesagt, und sie hat mich für verrückt gehalten. Ich weiß noch, daß ich ganz glücklich war und sie in den Arm genommen habe, und dann bin ich wieder in die Arbeit.

Wahrscheinlich ist mir damals klargeworden, daß sie ein Teil von mir ist und daß die Gefahr bestand, sie zu verlieren. Ich war überwältigt davon, wie sehr ich sie brauchte. Ich mag ihren Job immer noch nicht besonders, aber ich hasse ihn auch nicht – manchmal profitiere ich sogar von ihm. Ihre Arbeit ist interessant, aber mir wäre es lieber, wenn sie sie nicht hätte. Wenn sie auf Geschäftsreise geht, sitze ich zu Hause und jammere. Ich weiß, daß ich egoistisch bin, aber diese Geschäftsreisen sind einfach grausam.«

Ich fragte seine Frau, wie sie sich mit ihrem Mann geeinigt hatte. »Ich wollte meine Arbeit auf keinen Fall aufgeben«, sagte sie. »Das würde das Problem nicht lösen, denn der Job ist auch weiter gut für mich. Er hat etwas gegen meinen Job, aber ich glaube auch, er möchte, daß ich arbeite. Wir sind uns jetzt klarer über die Bedürfnisse des anderen und können auch besser damit umgehen. Er ist impulsiver als ich; ich nehme alles viel gelassener. Wenn wir beide so temperamentvoll wären, hätte die Sache nicht geklappt. Wir hätten uns getrennt. Ich habe ziemlich viel Zeit darauf verwendet, die Dinge so zu arrangieren, daß sie funktionieren, aber meinen Job wollte ich nicht aufgeben. Nach dem Zwischenfall war ich mir über seine Bedürfnisse bewußter und habe sensibler reagiert. Ich habe versucht, stärker an seinem Leben teilzuhaben.

Aber ich war mir damals auch im klaren darüber, daß etwas fehlte. Der Krach hat uns enger aneinander gebunden. Er war ziemlich überrascht, als er gemerkt hat, wie sehr er mich braucht. Für ihn hat das eine große Veränderung bedeutet. Ich glaube, so etwas verkraftet man nur einmal.«

Dies war nur ein Beispiel für die Konflikte, die in einer kameradschaftlichen Ehe auftauchen können. Diese Probleme verschwinden nicht von selbst, aber die Betroffenen können damit umgehen, indem sie sich mit dem Partner identifizieren und andere, ausgleichende Vergnügungen in die Ehe einbauen. Sie können ganz offen darüber sprechen, wie eifersüchtig sie auf den beruflichen Erfolg des Partners sind oder wie einsam sie sich fühlen, wenn er ständig auf Geschäftsreise ist. Doch das wichtigste ist, daß sie die Bedürfnisse und Frustrationen des anderen wahrnehmen. Von allen Ehetypen erfordert die kameradschaftliche das höchste Maß an Wachsamkeit.

Eine Frau erzählte mir, daß ihr Mann, ein Wissenschaftler, ein paar Europareisen machen mußte, die sehr wichtig für ihn, aber belastend für sie waren. »Wir haben uns lange darüber unterhalten«, sagte sie. »Ich habe ihn gebeten, weniger zu reisen. Ich weiß, daß diese Reisen wichtig sind für seinen Job und daß sie eine Auszeichnung darstellen. Aber nach China und Japan muß er nicht unbedingt, und ich kann ihn auch nicht begleiten, weil ich mich keine zwei Wochen von meiner eigenen Arbeit loseisen kann. Außerdem muß sich jemand um die Kinder kümmern. Die Reise kostet viel Geld, und die Firma zahlt nur für ihn.

Bevor er abreist, ist das Leben immer ziemlich hektisch, weil er seine Vorträge vorbereiten muß, und wenn er zurückkommt, ist der Schreibtisch voll, und er muß Überstunden machen, damit er wieder auf dem laufenden ist. Es geht also nicht nur um die Reise allein, sondern auch um das Davor und das Danach. Ich habe ihm gesagt, daß ich neidisch bin. Ich würde gern auch international arbeiten und bin enttäuscht, daß ich das nicht kann. Nach unserer Diskussion sagte mein Mann, er kann auf die Reisen verzichten. Er sagte, er versteht, wie ich mich fühle. Er war froh, daß ich es ihm gesagt hatte.«

Obwohl die Frauen in den letzten Jahrzehnten viele Fortschritte erzielt haben, wird die Arbeitswelt noch immer von der Ansicht beherrscht, daß der Arbeitnehmer sich vorrangig auf seinen Job konzentrieren muß. Wenn die Umstände es erfordern, daß er Überstunden macht oder auch am Wochenende arbeitet, hat die Familie eben Pech gehabt; darüber kann die Firma sich keine Gedanken machen. Ein solches Arrangement funktioniert noch am ehesten in traditionellen Ehen, wo ein Partner einen Ganztagsjob hat und der andere zu Hause bleibt, um die Kinder großzuziehen. Doch das ist heute nicht mehr der Regelfall.

Politiker schlagen viele Lösungen für dieses Problem vor, zum Beispiel verlängerten Erziehungsurlaub, bessere Kindergärten und gleitende Arbeitszeiten. Doch die meisten dieser Vorschläge zielen auf die Kinder ab und nicht auf die Eltern. Die Arbeitgeber sind der Meinung, daß es nicht ihre Aufgabe ist, Ehen zu erhalten, doch ihre Erwartung, daß der Arbeitnehmer sechzig oder mehr Stunden pro Woche verfügbar ist, wird zum gesellschaftlichen Problem.

Meine Studie hat mir gezeigt, daß kameradschaftliche Ehen eine stärkere Basis als alle anderen haben müssen, um den äußeren Einflüssen zu widerstehen, die eine Ehe zerstören können. Die kameradschaftliche Ehe erfordert heroische Anstrengungen und außergewöhnliche Energie sowie die Fähigkeit, großen Druck auszuhalten, ohne diesen Druck auf den Partner abzuwälzen. Die Beteiligten müssen versuchen, ihr inneres Gleichgewicht beizubehalten und den Sinn der Ehe nicht aus den Augen zu verlieren. Am allerwichtigsten ist dabei die eindeutige Entscheidung für die Ehe. Die schwierigste Aufgabe der kameradschaftlichen Ehe besteht darin, ein Zusammengehörigkeitsgefühl aufzubauen, das auf echter Vertrautheit basiert.

Die siebte Aufgabe:
Humor und gemeinsame Interessen

—·•·—

Kurz nachdem ich mit dieser Studie begann, trafen mein Mann und ich uns mit Joan Erikson, der Frau des Psychoanalytikers Erik Erikson, die sich auch mit eigenen Forschungen hervorgetan hat. Die Eriksons waren zu dem Zeitpunkt seit sechzig Jahren verheiratet, und ich wollte Joan um Rat fragen.

Nachdem ich ihr mein Projekt beschrieben hatte, fragte ich Joan, was ihrer Meinung nach der wichtigste Bestandteil einer glücklichen Ehe sei. Die neunzigjährige Frau saß ganz aufrecht da in ihrem modischen purpurfarbenen Kleid. »Die Frage ist leicht zu beantworten«, sagte sie, ohne zu zögern. »Der Humor. Was bleibt ohne Humor? Der Humor hält doch alles zusammen.«

Die Aufgabe, mit Humor und Lachen die Beziehung zu festigen, endet nie und beschränkt sich nicht auf Urlaube und Jahrestage; sie ist Teil des Alltagslebens. Foppen und Necken erhält die Ehe lebhaft und frisch.

Bei vielen Paaren, mit denen ich mich im Verlauf meiner Studie unterhielt, gehörten Spaß und Neckereien fest zum Repertoire der Beziehung. Sie weisen auf eine ganz eigene Sprache der Partner hin, die nur sie verstehen. Manchmal haben Wortspiele erotische Untertöne, meist jedoch machen sie sich lustig über die kleinen Ärgernisse des täglichen Lebens. Es lohnt sich, das Lachen zu kultivieren.

Taktvoller, sanfter Humor kann dazu beitragen, eine Ehe interessant zu machen.

Aber der Humor ist nur ein Aspekt. Wichtig ist es auch, das gegenseitige Interesse wachzuhalten. Viele Verheiratete sagen, die Langeweile sei ihr schlimmster Feind. Wie gelang es den Paaren in dieser Studie also, die Langeweile in Schach zu halten?

Sie hatten echtes Interesse aneinander. Ein Radiologe sagte über seine Frau, die in der Städteplanung tätig war: »Ich höre viel lieber zu, wie sie über ihre Welt redet, als von der meinen zu erzählen. Ich sehe mir den ganzen Tag nur Röntgenaufnahmen an, aber sie hat mit Menschen und ganzen Vierteln zu tun. Ich finde das faszinierend und verfolge ihre beruflichen Aktivitäten tagtäglich mit. Ich kenne alle Leute, mit denen sie zu tun hat, als hätte ich sie schon mal persönlich getroffen.«

»Wir haben beide einen sehr starken Willen«, sagte mir ein Mann. »Wenn wir nur einen Wagen hätten, würden wir wahrscheinlich bis aufs Messer darum streiten. Aber wir haben uns noch nie gegenseitig gelangweilt. In unserer Ehe ist es noch keinen Augenblick monoton gewesen. Ich hab' ihr damals ein interessantes Leben versprochen, und das Versprechen habe ich gehalten.«

Die beschriebenen Paare genossen ihr gemeinsames Leben; sie saßen nicht nur einfach schweigend nebeneinander. In meinen Interviews war ich immer wieder beeindruckt davon, wie gut sie einander zuhörten. Sie schienen ständig Neues und Interessantes von ihrem Partner zu erwarten.

»Unser Alltagsleben als Paar ist einfach gut«, sagte eine Frau, die eine Druckerei leitete. »Ich freue mich aufs gemeinsame Frühstücken mit ihm. Wir haben uns immer etwas zu sagen. Manchmal muß ich mir eine Liste machen, damit ich nichts von dem vergesse, was ich ihm sagen möchte. Ich bin gern mit ihm zusammen. Wir lachen viel und lassen auch die Kinder an diesem Lachen teilhaben.«

Die Männer und Frauen stellten sich auf Veränderungen ein – im eigenen Bereich, in dem der Kinder, der Ehe und der sie umgebenden Welt. Sie waren flexibel und offen für neue Ideen. Da sie wußten, daß sie nicht ewig jung und gesund bleiben würden, hatten sie immer ein Auge auf die Zukunft und bereiteten sich darauf vor.

Ein Grund für diese Offenheit bestand wahrscheinlich darin, daß diese Paare eine andere Ehe führen wollten als noch die Generation ihrer Eltern. Sie wandten sich mutig neuen Modellen zu, wie wir an Kits und Beths kameradschaftlicher und Keiths und Helens Ehe als Zuflucht gesehen haben. Ihre Abenteuerlust machte die Ehe lebendig. Alle Paare in meiner Studie schienen sich gut auf das sich ständig verändernde gesellschaftliche Umfeld in unserer Zeit einzustellen.

An dieser Untersuchung teilzunehmen bedeutete, viele Stunden wertvoller Zeit zu opfern, doch den beteiligten Paaren gefiel der Gedanke so gut, daß sie trotzdem mitmachten. In den Nachfolgeinterviews stellte ich fest, daß viele Paare sich weiter über meine Fragen unterhalten und neue Ideen für die Verbesserung ihrer Beziehung entwickelt hatten. Manche davon führten sogar zu schwerwiegenden Veränderungen in ihrem Leben.

Außerdem nahmen die Paare in meiner Studie auch am Leben außerhalb der Familie teil. Keines von ihnen führte ein völlig isoliertes Leben. Paare, die sich scheiden lassen, führen ein weit isolierteres Leben, haben weniger Freunde und Kontakte nach draußen. Manchmal wendet sich nur einer der Partner der Außenwelt zu, während der andere sich zurückzieht, und darunter leidet dann die Ehe. Zu einem intelligenten Gespräch sind zwei Menschen nötig, und beide müssen neuen Ideen gegenüber offen sein.

Den Paaren in kameradschaftlichen Ehen, in denen die

Partner auf mehreren Hochzeiten tanzen müssen, fällt es im allgemeinen am leichtesten, der Langeweile zu entkommen. Beths und Kits Leben beispielsweise wird durch das gegenseitige Interesse am Beruf des anderen und die gemeinsamen politischen Ansichten bereichert.

In den meisten Fällen unternahmen die Partner manche Dinge gemeinsam und andere getrennt. Auch wenn die Beteiligten es gern gesehen hätten, wenn sie alle Interessen mit dem Partner teilen könnten, wußten sie doch, daß sie ihm ihren Willen nicht aufzwingen konnten. Ein Mann sagte: »Wir haben dem anderen immer den Freiraum zugestanden, das zu machen, was er gern macht. Schließlich ist die Ehe keine Zwangsjacke.«

Normalerweise ist die Ehe gewissen Zyklen unterworfen, in denen sie manchmal mehr und manchmal weniger interessant ist. Doch die Abfolge dieser Zyklen hängt auch von den Partnern ab. Sie kennen einander gut und wissen besser als jeder andere, was das Interesse des Gefährten weckt und was nicht. Diesen Aspekt einer Beziehung zu beachten ist eine sehr wichtige und nur selten wahrgenommene Aufgabe der Ehe.

Die traditionelle Ehe

Nicholas Easterbrook

— .•. —

Als ich jung war, wußten meine Freundinnen und ich, egal, wie begabt wir waren und wo unsere besonderen Interessen lagen, daß das eigentliche College-Ziel darin bestand, den richtigen Mann zum Heiraten zu finden. Dieses Wissen beeinflußte nicht nur die jungen Frauen, sondern auch die jungen Männer. Manche mochten gegen den Strom schwimmen, aber sie taten nicht so, als gebe es dieses unausgesprochene Ziel nicht. Wir wußten, daß wir mit der Wahl des Mannes auch die Wahl unseres Lebens trafen. Es würde nicht so ohne weiteres eine zweite Chance geben, wenn wir einen Mißgriff taten, also setzten wir alles daran, richtig zu entscheiden. Natürlich erwarteten wir, uns zu verlieben, aber es konnte ja nicht schaden, wenn diese Liebe auch einen pragmatischen Aspekt erfüllte.

Wir alle rechneten mit einer traditionellen Ehe, in der Mann und Frau unterschiedliche Rollen und Verantwortungsbereiche haben. Diese Bereiche mögen sich überschneiden, aber sie stellen deutlich abgegrenzte psychologische und gesellschaftliche Gebiete dar. In der idealisierten früheren Form der traditionellen Ehe besteht die Hauptaufgabe des Mannes darin, für den Lebensunterhalt, den Schutz und die Stabilität der Familie zu sorgen. Die Aufgabe der Frau ist es, sich um Mann und Kinder zu kümmern und ein behagliches Heim zu schaffen, in das der Mann jeden Abend erschöpft von der Arbeit zurückkehrt. Das Zuhause, das die Frau schafft und der Mann finanziert, ist der sichere Hafen, in dem die Kinder großgezogen werden. Die Mutterrolle wird, solange die Kinder noch klein sind, als Ganztagsjob aufgefaßt. Die Familie ist außerdem der Ort, an dem gewisse Regeln gelten: Von allen wird gesittetes, moralisches Verhalten erwartet – ganz im Gegensatz zu der unberechenbaren Welt da draußen. Ein Zuhause zu schaffen und zu schützen ist die gemeinsame Hauptaufgabe der Partner in jeder traditionellen Ehe.

Heutzutage haben Mann und Frau in ihren Beziehungen viel mehr Wahlmöglichkeiten als früher, das beweist das Kapitel über die kameradschaftliche Ehe. Allerdings mußte ich feststellen, daß es auch bei jungen Leuten die traditionelle Ehe durchaus noch gibt. Obwohl ihre Rolle in der Gesellschaft durch soziale und wirtschaftliche Veränderungen sowie den Wandel im Selbstverständnis der Geschlechter heutzutage anders aussieht als früher, bietet die traditionelle Ehe viele Vorteile. – Die allerdings werden oft nicht gesehen. Viele Leute sagen, Frauen, die zu Hause bleiben, um die Kinder großzuziehen, wollen die Uhr zurückdrehen. Wenn die Frau auf die wirtschaftliche Sicherheit eines eigenen Berufes verzichtet, so heißt es, bringt sie nicht nur sich selbst, sondern auch die Kinder in Gefahr; wenn die Ehe scheitern sollte, wird sie wahrscheinlich nicht in der Lage sein, genug zu verdienen, um sich und die Kinder zu ernähren. Außerdem gefährdet sie die Erfolge, die sich so viele ihrer Schwestern und Mütter erkämpft haben.

Doch für viele Männer und Frauen meiner Generation wie auch für jüngere Paare hat sich die traditionelle Ehe als durchaus befriedigend erwiesen. Eine nicht zu unterschätzende Anzahl von Paaren in meiner Studie entschied sich für diese Form der Ehe. Zu dieser Gruppe gehörten all diejenigen, die in den fünfziger und frühen sechziger Jahren geheiratet hatten und fünfundzwanzig Prozent derjenigen, die den

Bund fürs Leben in den Siebzigern und frühen Achtzigern schlossen.

Die traditionelle Ehe hat sich in den letzten Jahrzehnten verändert; die wichtigste Neuerung ist die Aufteilung des Erwachsenenlebens, besonders der Frauen, in verschiedene Kapitel. Paare, die sich für diese Form der Ehe entscheiden, erachten die Kindererziehung noch immer als vorrangige Aufgabe. Sie sind der Überzeugung, daß eine immer oder fast immer verfügbare Mutter wesentlich für die gesunde Entwicklung des Kindes ist und der Verlust eines zweiten Einkommens dafür kein zu hoher Preis sein kann. Die Frauen in dieser Studie, die sich in den Siebzigern und Achtzigern für die traditionelle Ehe entschieden, verschoben ihre Karriere auf später, um daheim sein zu können, wenn die Kinder klein waren, doch viele ließen den Kontakt zum Berufsleben nie ganz abreißen und übernahmen Teilzeitbeschäftigungen. Sie hatten fast alle vor, wieder in den Beruf zu gehen, sobald die Kinder größer wären. In der neuen traditionellen Ehe ist die Mutterrolle ein Kapitel im Leben; die Ehe ist kein statisches Gebilde mehr, in dem jeder von der Heirat bis zum fünfzigsten Hochzeitstag die gleiche Rolle spielt.

Die älteren Paare in der Studie, die zwischen den fünfziger und frühen sechziger Jahren heirateten, wurden ebenfalls von den gesellschaftlichen Veränderungen betroffen. Obwohl die Frauen ihr Eheleben in der Erwartung begannen, die ganze Zeit zu Hause zu bleiben, wurden die meisten später von der Frauenbewegung beeinflußt. Viele von ihnen begannen im mittleren Alter zu arbeiten, nachdem ihre Kinder erwachsen waren.

Besonders die Männer neigen zur traditionellen Form der Ehe. Oft haben sie eine andere Möglichkeit überhaupt nicht in Betracht gezogen – für sie sieht die Ehe einfach so aus.

Andere, die Karriere machen, brauchen die volle Unterstützung einer Frau, die die Kinder großzieht und ein behagliches Zuhause schafft. Wieder andere mögen einfach das angenehme Leben in einer traditionellen Ehe. Sie sind davon überzeugt, daß es große Vorteile für die Partner und die Kinder hat.

Was erwarten sich diese Männer, und was sind sie bereit zu geben? Der Mann in der traditionellen Ehe heiratet aus Liebe und um eine Familie zu gründen. Er möchte, daß seine Frau zufrieden ist. Er geht davon aus, daß es ihr Spaß macht, Kinder aufzuziehen und daß sie diese Aufgabe sensibel bewältigt. Leidenschaft ist schön, aber nicht der Hauptbeweggrund. Seine Frau muß weder als Hausfrau noch als Mutter noch als Geliebte perfekt sein, aber er erwartet von ihr, daß sie in all diesen Bereichen ihr Bestes gibt. Er will nicht, daß sie ihn bedient und bewundert; vielmehr wünscht er sich Fürsorglichkeit und Zärtlichkeit sowie Achtung vor seinen Bemühungen als Ehemann, Vater und Brötchenverdiener.

Dafür sorgt der Mann in einer traditionellen Ehe ganz oder zum größten Teil für den Lebensunterhalt der Familie, besonders wenn die Kinder klein sind. Er betrachtet dies als seine Hauptaufgabe, egal, wie anstrengend und wechselhaft die Anforderungen des Arbeitsmarktes sind. Er erwartet, daß seine Arbeit Vorrang hat und die Familie sich nach ihren Erfordernissen richtet. Er kümmert sich in Not- und Krankheitsfällen um Frau und Kinder. Möglicherweise hat er nicht viel Zeit, bei der Erziehung der Kinder mitzuhelfen, aber er bemüht sich, eine wichtige Größe in ihrem Leben zu sein. Die Vaterrolle stellt einen bedeutenden Teil seines Daseins als Mann dar.

Maureen Easterbrook gehörte zu den ersten, die sich freiwillig für diese Studie meldeten. Sie lebt in einer traditionellen Ehe. Außerdem züchtet sie seltene Orchideen und andere exotische Pflanzen.

Ich unterhielt mich zuerst mit ihrem fünfundfünfzigjährigen Mann Nicholas, dem Gründer und Leiter eines großen biotechnischen Unternehmens in der Bay Area. Er war ein bekannter Geschäftsmann, dessen Firma wichtige wissenschaftliche Forschungsprojekte durchführte. Bevor ich meine erste Frage stellen konnte, begann er, mich ins Kreuzverhör zu nehmen. Wo war ich zur Schule gegangen? Bei wem hatte ich meine Ausbildung gemacht? Wo hatte ich gelernt, mit Kindern zu arbeiten? Was war der Zweck dieser Studie? Warum interessierte ich mich für seine Ehe? Seine Fragen waren intelligent; ich befand mich auf dem Prüfstand.

Erst nachdem ich diesen Test bestanden hatte, erklärte er sich bereit, bei meiner Studie mitzumachen, und ich durfte die Führung übernehmen. Es war ihm gelungen, uns beide in unsere traditionellen Rollen zu verweisen – er, der Mann, hatte das Heft in die Hand genommen, und ich, die Frau, fügte mich ihm. Für uns beide war das eine vertraute Situation; sie amüsierte mich. Ich verstand sein Verhalten nicht als Arroganz, sondern als seine Wahrnehmung unserer jeweiligen Rollen. Obwohl Nicholas es gewöhnt war, die Führungsrolle zu übernehmen, fanden wir schließlich eine gemeinsame Ebene. Anfangs war er nur intellektuell interessiert, doch später ließ er sich auch emotional auf das Gespräch ein und vertraute mir.

Auf meine Eingangsfrage »Was ist gut an Ihrer Ehe?« antwortete Nicholas: »Wir trösten einander, und wir haben uns immer für sehr viele ähnliche Dinge interessiert. Ich habe großen Respekt vor Maureen als Ehefrau und Mutter. Sie ist eine höchst charmante Frau.« Er warf einen Blick auf das

Foto seiner Frau und seiner vier Töchter, das auf seinem ordentlich aufgeräumten Schreibtisch stand. »Ich weiß es sehr zu schätzen, daß sie unabhängig ist und daß ihr Leben nicht völlig von dem meinen abhängt. Sie ist ein freundlicher, fürsorglicher und großzügiger Mensch, großzügiger als ich. Sie sorgt sich sehr um das Wohl anderer und betätigt sich auch im sozialen Bereich, was ich nicht tue. Dieser Teil von ihr bildet einen Gegenpol zu meinem Pragmatismus und Realismus.« Er lächelte. »Ich bin gern mit ihr zusammen. Mit ihr und meiner Familie.«

Sara und Matt hatten von Anfang an über Sex gesprochen; Helen und Keith hatten betont, daß sie einander vor dem Abgrund und der Einsamkeit bewahrten; Beth und Kit hatten besonderes Augenmerk auf ihre Partnerschaft gelegt. Nicholas hingegen sprach von Trost. Ich fragte ihn, ob der Trost die Basis seiner Ehe bilde.

»Ja. Wir sorgen füreinander. Ich brauche all das, was sie tut. Unser Zuhause ist von ihr geschaffen worden. Sie hat einen sicheren Ort geschaffen, an den die Außenwelt nicht herankommt. Sie bietet Sicherheit, und unser Zuhause ist ein großer Trost.«

Dann erzählte mir Nicholas von seinem vollen Terminplan, von den langen Geschäftsreisen und den Überstunden im Büro. »Aber wenn ich nach Hause komme«, sagte er, »bringe ich nie Arbeit mit. Sie müssen wissen, daß ich meine Ehe immer von meiner Arbeit getrennt habe. Immer.«

»Wie schaffen Sie es, die ganze Arbeit im Büro zu erledigen? Das ist doch alles andere als leicht.«

»Ich habe mich dazu erzogen, meine Arbeit vor der Haustür zu lassen.« Er begann, über die Vergangenheit nachzudenken. »Als die Kinder klein waren, hatte ich nur wenig Zeit für sie. Das ist schade, weil ich immer eine Familie wollte. Es war traurig, daß ich gerade, als sie noch klein waren, so oft unterwegs war, weil meine Karriere das erforderte. Meine Frau war der Puffer; sie hat die Verantwortung für ihre Erziehung übernommen. Ich bin nicht der Typ Mann, der viel daheim hilft. Meiner Ansicht nach besteht meine Aufgabe darin, das Geld heimzubringen, und das tue ich auch, und zwar gar nicht schlecht. Geld war für uns nie ein Thema. Doch ich versuche auch, mein Familienleben zu schützen. Ich mache Überstunden, aber mein Zuhause ist mein Zuhause. Und ich bemühe mich, so oft wie möglich am Wochenende daheim zu sein.«

»Wie spät kommen Sie normalerweise nach Hause?« fragte ich.

»Um halb neun oder neun. Oft wartet sie auf mich, dann essen wir noch zusammen zu Abend. Seit ich dieses Unternehmen aufgebaut habe, bin ich immer häufiger unterwegs, und dann komme ich erst nach Mitternacht wieder nach Hause.«

»Haben Sie in Ihrer ganzen Ehe so viel gearbeitet?«

»Leider ja«, antwortete er. »Ich wünschte, ich hätte gleich am Anfang gewußt, was ich jetzt weiß. Meine Eltern haben mir ein merkwürdiges Vorbild mitgegeben. Sie haben beide gearbeitet. Mein Vater war Kernphysiker in Los Alamos und völlig unfähig, Arbeit und Familie voneinander zu trennen. Für ihn gab es nur die Arbeit. Er hat die meiste Zeit im Labor verbracht und versucht, geniale Gleichungen zu finden, die ihn so berühmt wie Niels Bohr oder Richard Feynman machen würden.« Nicholas seufzte. »Man könnte sagen, daß ich einen großen Teil meiner Erziehung verworfen habe. Ich wollte heraus aus dieser Art von Leben und bemühte mich, nicht sieben Tage die Woche zu arbeiten. Ich wollte anders als mein Vater werden.

Natürlich hat alles ganz anders angefangen. Als Caltech-Student und später dann als Assistenz-Professor in Stanford hatten wir sehr wenig Geld. Im ersten Jahr unserer Ehe haben wir von dreizehnhundert Dollar gelebt. Aber dann bin ich allmählich die Karriereleiter raufgeklettert. Und irgendwann habe ich mich von der Universität abgeseilt und mich selbständig gemacht. Wir sind nie verschwenderisch mit Geld umgegangen. Im Vergleich zu vielen anderen leben wir sogar sehr sparsam, aber mittlerweile reisen wir erster Klasse und trinken gute Weine, und wir lieben unser Zuhause. Aber wir haben sehr klein angefangen. Wir haben alles, was wir haben, zusammen aufgebaut. Niemand hat uns was geschenkt.«

»War Ihr Vater ein stolzer Mann?«

»Mein Vater ist seit fünf Jahren tot. Er hat dafür gesorgt, daß ich eine Karriere als Wissenschaftler machen würde. Er war ein unerbittlicher Tyrann. Er selbst hat nie sonderlich viel Erfolg gehabt, obwohl er sich für brillant gehalten hat. Ich werde Ihnen jetzt erzählen, was für ein Mann mein Vater war. Mit siebzehn bin ich in die Endrunde des Westinghouse-Wissenschaftswettbewerbs gekommen. Ich kann mich noch erinnern, wie ich telefonisch mitgeteilt bekam, daß ich zu den Siegern gehörte. Ich bin mit einem Teil meiner Versuchsanordnung unterm Arm zu meinem Vater ins Labor gerannt, um ihm zu sagen und zu zeigen, was ich gemacht hatte. Ich habe die Reagenzien auf dem Tisch ausgelegt und angefangen, die einzelnen Schritte meines Experiments zu demonstrieren, da hat er gesagt: ›Na schön, du Klugscheißer.‹ Dann hat er mit dem Arm drei von den Reagenzgläsern weggefegt und gesagt: ›Und jetzt, du Klugscheißer, kannst du das Zeug mal wieder zusammenbauen.‹«

»War das typisch für ihn?«

»Ja. Mein Vater konnte es nicht ertragen, wenn jemand anders etwas schaffte. Das wollte alles er machen. Aber er hat dafür gesorgt, daß ich mein Leben lang an die Spitze wollte. Meine Mutter hat sich hin und wieder gegen ihn aufgelehnt, aber sie hat immer den kürzeren gezogen. Meine Mutter war eine freundliche, sanfte Frau, die den ganzen Tag im Labor arbeitete, erschöpft zu Hause ankam und sich dort um alles kümmerte. Wir haben nie etwas zusammen, als Familie, unternommen. Die ganze Ehe meiner Eltern hat sich an ihrem Arbeitsplatz abgespielt. Mein Vater war ein attraktiver und intelligenter Mann, aber er hat uns unerbittlich angetrieben.

Sie müssen wissen, daß mein Vater sozusagen mein Hauptfeind im Leben ist. All die Dinge, über die ich je geweint habe, haben mit meinem Vater zu tun. Ich habe über die Krankheit meines Vaters geweint und über seinen Tod. Mein ganzes Leben hat sich nur um die Auseinandersetzung mit ihm gedreht. Aber es war meine Mutter, die mir den Unterschied zwischen Richtig und Falsch beigebracht hat.

Ich weiß nicht, ob Sie sich in der Wissenschaft auskennen, aber jedenfalls ist sie nicht der Elfenbeinturm, für den alle sie halten. Da geht's mörderisch zu. Die Leute klauen Ideen und lassen sich für Sachen loben, die sie gar nicht herausgefunden haben. Ich mußte genausogut wie die Männer sein, mit denen ich zusammenarbeitete, genausogut wie die Professoren von Caltech, und die gehören zu den intelligentesten der Welt. Ich hätte leicht versagen können, aber ich war besessen vom Erfolg. Ich hab' schon früh festgestellt, daß ich eine Begabung für die Molekularbiologie habe und mich durchsetzen kann. Also habe ich mich aufs Experimentieren spezialisiert und einige frühe Klontechniken entwickelt, die noch immer in Labors auf der ganzen Welt eingesetzt werden.

Aber weil ich so viel Zeit und Energie in das Labor gesteckt habe, mußte meine Frau einige schwierige und einsame Jahre überstehen. Ich muß zugeben, daß ich nicht immer für sie dasein konnte, und weil ich so oft unterwegs war, wurde unser Leben, auch unser Sexleben, beeinträchtigt. Ich mußte meine Arbeit an die erste Stelle setzen, Ehe und Familie kamen danach. Ich hatte keine andere Wahl. In der Ausbildung haben alle meine Kollegen sieben Tage die Woche im Labor gearbeitet, oft bis nach Mitternacht. Man erwartete von uns, daß wir unser ganzes Leben der Wissenschaft widmeten. Die führenden Leute im Labor hatten Familien, aber das merkte man nicht. Sie waren immer da.

Und es wurde auch nicht anders, als ich ins Geschäftsleben einstieg. Um so etwas wie das hier aufzubauen, muß man kämpfen und immer wieder kämpfen. Man kann ein biotechnisches Unternehmen nicht erfolgreich leiten, wenn man von neun bis fünf oder von acht bis acht arbeitet.

Ich erzähle Ihnen jetzt eine Episode aus meinem Leben, die Ihnen dabei helfen wird, meine Ehe zu verstehen«, sagte Nicholas. »Als ich Ende Dreißig war, wachte ich eines Morgens früh auf. Mein Puls raste. Mir stand der kalte Schweiß auf der Stirn, und ich bekam fast keine Luft mehr. Ich habe Maureen aufgeweckt, und sie hat sofort den Arzt geholt. Sie haben mich ins Krankenhaus gesteckt, weil sie einen Herzinfarkt vermuteten, aber die Untersuchungen haben ergeben, daß mein Herz gesund war. Es handelte sich um eine akute Panikattacke. Mir erschien das wie ein Fingerzeig Gottes. Die Sache hat sich zu einem kritischen Zeitpunkt in meinem Leben ereignet. Mein Vater hatte gewollt, daß ich meine akademische Laufbahn fortführte, doch ich hatte mich gegen seine Einwände entschieden, es allein zu versuchen und dieses Unternehmen hier zu gründen. Die Panik ist nie mehr wiedergekommen, aber ich habe die Sache als Botschaft verstanden. Ich habe eine Therapie gemacht und ziemlich schnell herausgefunden, daß die Loslösung von meinem Vater die Ursache für meine Panik war. Obwohl ich fast vierzig war, hatte er immer noch Kontrolle über mich.

Maureen hatte in der Zeit große Angst um mich, und sie hat sich bestimmt einsam gefühlt. Ich habe mir große Mühe gegeben, ihr zu erklären, daß dieser Anfall nichts mit unserer Beziehung zu tun hatte.«

»Und sie hat Ihnen geglaubt?«

»Sie hat mir immer geglaubt in dieser ganzen schrecklichen Zeit. Sie war ruhig, einfühlsam, hat mich beruhigt, ohne jemals in mich zu dringen oder hysterisch zu werden. Egal, was sie durchmachen mußte – und sie mußte eine ganze Menge durchmachen, das mußten wir beide –, sie hat mich beschützt. Sie hat mir die Unterstützung und den Freiraum gegeben, die ich brauchte. Sie hat nie daran gezweifelt, daß ich es schaffen würde, genau wie in anderen Krisensituationen. Und ich hab's geschafft: ich habe meinen ursprünglichen Plan in die Tat umgesetzt.«

Gemessen an den psychologischen Gepflogenheiten von heute, gingen Nicholas und Maureen sehr zurückhaltend mit dieser Krise um und achteten darauf, daß die Grenzen zwischen ihnen nicht verschwammen. Sie behandelten einander als zivilisierte Erwachsene, die sich mit Notfällen auseinandersetzten, Probleme lösten und sich an Fachleute wandten, wenn es nötig wurde. Maureens Fähigkeit, sich aus seinen inneren Kämpfen herauszuhalten, war erstaunlich. Sie bewahrte Stabilität, Kontinuität und Ordnung im Leben der Familie.

Ein wichtiger Aspekt in ihrer Ehe war Nicholas' Sorge um Maureen. Er erwartete, daß sie ihn emotional unterstützte, doch in dieser Krisensituation wollte er sie schützen und ihren Kummer auf ein Minimum reduzieren. Wie Maureen mir später sagte, war er innerhalb der Ehe ein sanfterer und moralischerer Mensch als in der Arbeit. Auch in schwierigen Zeiten nahm er Rücksicht auf seine Frau.

Ich fragte Nicholas: »Wie haben Sie Maureen gewählt?« Normalerweise fragte ich meine Gesprächspartner, wie sie ihren Mann oder ihre Frau kennengelernt hatten, doch bei Nicholas drängte sich mir das Wort »wählen« auf.

Er lachte. »Ich hatte Glück. Ich war Caltech-Student, und sie studierte an der USC. Wir haben uns auf einer Party in Pasadena kennengelernt.«

»Und was hat Ihnen an ihr gefallen?«

»Sie war hübsch und intelligent, und sie ist sanft und großzügig gegenüber ihren Freunden und ihrer Familie. Sie war nicht leicht zu kriegen – sie hatte eine ganze Menge Bewunderer. Und der Aspekt war gar nicht so unwichtig für mich, wie Sie sich inzwischen vielleicht denken können. Sie interessierte sich für alles Schöne, und davon hatte ich keine Ahnung – Kunst, Blumen, Natur. Meine Welt war so dunkel … Ich liebte ihre Hände und die Art und Weise, wie sie Dinge berührte. Sie kann mit den Händen Trost spenden.«

Ich bat ihn, mir von den ersten Jahren der Ehe zu erzählen.

»Wir haben jung geheiratet, weil man das damals so gemacht hat. Sie war zwanzig und ich dreiundzwanzig. Wir haben uns eine Wohnung in Sierra Madre gesucht, und ich habe studiert. Wir waren damals alle jung und hatten kein Geld und verbrachten unsere Zeit in einer großen Gruppe mit ähnlichen Interessen. Es war intellektuell anregend. Ich erinnere mich mit nostalgischen Gefühlen an diese Zeit zurück. Und kurz danach kamen dann die Kinder. Sie haben Maureens ganze Zeit und Energie beansprucht, und unsere Wege trennten sich immer mehr.

Außerdem fing ich kurz nach der Geburt der Kinder mit

den Geschäftsreisen an. Das war ziemlich schwierig für uns. Aber wenn etwas wirklich nicht funktionierte, hat sie's mir gesagt. Sie brauchte nicht zu brüllen. Das war nicht ihr Stil. Sie hat es mir nur gesagt, und da habe ich gemerkt, daß die Sache mein Problem ist. Es war immer mein Problem, niemals ihres. Und ich habe mein Bestes gegeben. Ich habe gemerkt, daß es sie beruhigt, wenn ich sie von den Geschäftsreisen anrufe. Also habe ich jeden Abend angerufen.«

Ein wenig später fragte ich Nicholas, welche Rolle der Sex in seiner Ehe spiele.

»Anfangs war der Sex enttäuschend«, sagte er. »Mir wäre eine freiere, weniger gehemmte, bessere körperliche Beziehung lieber gewesen. Ich hätte mir etwas mehr Experimente gewünscht. Wahrscheinlich war meine Frau stark von ihrer Mutter beeinflußt worden, die sehr religiös war. Maureen ist immer schon ziemlich gehemmt gewesen, und anfangs hat sie den Sex nicht recht genießen können. Aber in der Zwischenzeit ist das besser geworden, jetzt hat sie auch mehr davon. Wir haben öfter miteinander geschlafen, als die Kinder noch klein waren. Als sie zu Teenagern heranwuchsen, wurde es weniger. Jetzt ist der Sex besser, wenn wir auf Reisen sind und mehr Zeit haben. Wir schlafen ungefähr zweimal die Woche miteinander, nur in einem Jahr, in dem wir Schwierigkeiten hatten, war es anders. Es handelte sich dabei um ein ernstes Problem. Es trat auf, als unsere Tochter zum Teenager wurde. Zum Glück ist diese Episode jetzt vorbei. Ich glaube, davon sollte sie Ihnen erzählen.«

Nicholas erzählte nun ausführlich von seinen Töchtern, die er besser kennenlernte, als sie älter wurden. Seine Beziehung zu ihnen schätzte er als befriedigend ein. Er sprach vom Interesse seiner ältesten Tochter an den Naturwissenschaften und von seiner Hoffnung, daß sie es ihm einmal gleichtun würde. Sie hatte ein paar interessante biochemische Arbeiten abgeliefert, und er hoffte, daß sie etwas wirklich Neues entdecken würde. Eine andere Tochter hatte Geschäftssinn. Er schüttelte den Kopf und sagte, sie werde ihm wohl bald zeigen, wo's langginge. Er beschrieb die Sorgen, die Maureen und er sich um eine weitere Tochter gemacht hatten. Sie hatte sich während eines Erdbebens in Mexiko aufgehalten und ein schweres Trauma erlitten, nachdem sie mehrere tote Kinder in einem eingestürzten Gebäude gesehen hatte. Zwar machte sie eine Therapie, brauchte aber etliche Jahre, bis sie über den Schock hinweg war. »Sie ist unser Sensibelchen«, sagte er. »Und das ist manchmal gar nicht so leicht für sie.«

Er erzählte auch davon, daß Maureen ihre Mutterrolle liebte und daß sie und die Mädchen einander sehr nahe waren. Er gab ein bißchen traurig zu, daß er ihnen in der Zeit ihres Heranwachsens ebenfalls gern näher gewesen wäre. »Das ist eins der Probleme, die mein Beruf mit sich bringt, aber jetzt als Erwachsene sehe ich sie öfter.« Er erinnerte sich, daß er spät abends von der Arbeit nach Hause kam und noch in ihr Schlafzimmer ging, um ihnen einen Gutenachtkuß zu geben, oft, als sie schon schliefen. »Aber es hat mich mit Freude erfüllt, sie so friedlich schlafen zu sehen. Zumindest konnte ich ihnen all das geben, was ich als Kind nicht hatte.

Eigentlich hätte ich gern einen Sohn gehabt, aber vielleicht ist es besser, daß das nicht geklappt hat. Ich bin mir nicht so sicher, ob ich einem Sohn ein guter Vater hätte sein können. Es fällt mir leichter, meine Töchter zu lieben, sie zu ermutigen, statt sie anzutreiben.«

Maureen Easterbrook

———•·•———

Nachdem ich Nicholas kennengelernt hatte, war ich neugierig, wie die Ehe aus Maureens Perspektive aussehen würde. Welche positiven Dinge würde sie erwähnen, und wie würde sie das, was ihr Mann mir gesagt hatte, ergänzen?

Maureen empfing mich an der Tür ihres geräumigen Hauses, das ein Stück von der Straße entfernt war. Genau wie das Büro von Nicholas war auch das Haus mit schönen asiatischen Antiquitäten geschmückt.

Als Maureen mir eine Tasse Kaffee in einem ruhigen Innenhof voller Pflanzen servierte, hatte ich das Gefühl, in einen sicheren Hafen eingelaufen zu sein. Maureen trug eine Jeans, eine Leinenbluse und einen Gärtnerhut. Sie hatte im Garten gearbeitet und sich einen leichten Sonnenbrand auf der Nase geholt. Ich sah sie mir genauer an. Sie war keine schöne Frau im engeren Sinn, aber ihre klaren blauen Augen, ihre kurzen, braunen Haare und ihre schlanke, große Gestalt wirkten angenehm. Sie sprach leise.

Als ich sie fragte, was sie an ihrer Ehe gut finde, sagte sie: »Wir sind gern zusammen. Er ist großzügig, freundlich und fürsorglich, als Mann und als Vater. Wir haben vier wunderbare Töchter, die uns viel Freude machen.«

Sie lachte, als erinnere sie sich an etwas. »Er hat außerdem einen großartigen Sinn für Humor. Er sieht immer die komische Seite der Dinge. Wir lachen miteinander, das ist wichtig, nicht nur in der Ehe, sondern auch im Leben.« Sie schwieg einen Augenblick und fügte dann hinzu: »Er geht leicht in die

Luft, und wir streiten uns manchmal. Wir haben unterschiedliche Vorgeschichten. Er ist direkt und nimmt kein Blatt vor den Mund. Er ist sehr kritisch und meint, daß er politisch immer recht hat. Er ist in bezug auf viele Dinge rechthaberisch. Das gilt auch für Leute, die er mag oder nicht mag. Dazu gehört meine Familie. Wir können uns über meine Freigebigkeit nicht einigen und über meine philanthropischen Neigungen. Daß ich Geld für den Regenwald spende, hält er für überflüssig, aber er würde mich nie daran hindern.

Ich war das mittlere Kind, und ich hasse Auseinandersetzungen. Ich bin es gewöhnt, ein Puffer zu sein. Ich habe schon früh gelernt, das zu sagen, was ich sagen möchte, und dann den Mund zu halten. Ich mag keine Streitereien, also vermeide ich sie.«

»Hilft das der Ehe?« fragte ich.

»Aber sicher, weil er so lernen mußte, mir zuzuhören. Wenn wir uns nicht einig sind, sage ich ihm, was ich möchte. Meistens kann ich ihn überzeugen, allerdings nicht immer. Wir nörgeln dann aber nicht die ganze Zeit aneinander herum. Schließlich sind wir ein zivilisierter Haushalt.«

Ungläubig fragte ich: »Immer?«

»Nun, am Morgen bin ich kaum ansprechbar. Da rede ich selber zu viel und nörgle. Da bin ich wie meine Mutter. Früher habe ich ihm morgens immer gesagt, er soll dieses und jenes machen; irgendwann haben wir dann beschlossen, nicht mehr miteinander zu frühstücken. Er macht sich selbst sein Frühstück, und ich halte mich in einem anderen Teil des Hauses auf. Ich stehe früh auf und gehe spazieren. Ich liebe diese frühen Spaziergänge und den Nebel und den Tau, bevor er verdunstet. Er spielt Tennis oder arbeitet in einem anderen Teil des Hauses. Ich halte mich von ihm fern, wenn ich herrschsüchtig und schwierig bin; das ist eine wunderbare Lösung.«

Die Lösung bestand darin, Grenzen zu ziehen, und diese Grenzen bildeten, so vermutete ich, die Basis dieser Ehe. Die Ruhe innerhalb der Familie zu bewahren schien für Nicholas und Maureen die Hauptaufgabe zu sein. Diese Strategie spiegelte sich in ihrem Bemühen wider, hin und wieder Distanz zu halten. An Tagen, an denen sie beide zu Hause waren, begann ihre Beziehung erst im Laufe des Vormittags.

Sie fügte hinzu: »Mein Mann ist nicht sonderlich geduldig, und er steht beruflich oft unter starkem Druck. Mir ist das klar, wenn wir uns nicht einig sind, und ich entscheide bewußt, ob die betreffende Frage einen Streit wert ist.«

»Und dabei berücksichtigen Sie auch seine Bedürfnisse?«

»Aber natürlich«, sagte sie. »Das ist doch der Sinn der Ehe. Wir nehmen Rücksicht aufeinander, und wir haben versucht, das auch unseren Kindern beizubringen.« Sie lächelte verschmitzt. »Außerdem kann er besser streiten als ich. Aber meist arbeitet die Zeit für mich. Ich bekomme fast immer, was ich möchte. Ich habe gelernt, wie ich mit ihm umgehen muß.«

»Und wie sieht Ihr Geheimnis aus?«

»Es liegt im Ansatz. Ich brülle ihn nicht an oder erteile Befehle. Ich bin sanft, aber ich gebe nie auf und warte ab. Er hat viele gute Eigenschaften, und er reitet nicht auf Problemen herum. Er kann ziemlich stur sein, aber tief in seinem Innersten ist er verletzlich, und er braucht mich.«

Ich fragte sie, wie sie Nicholas kennengelernt habe.

»Nun, da hatte ich großes Glück. Ich habe an der USC studiert, und er war in Caltech. Ich hatte eine Menge Freunde, aber er war besonders attraktiv und nie um eine Lösung verlegen. Er war ausgesprochen gutaussehend und intelligent. Er hat die ganze Zeit geredet.«

»Über was?«

»Er hat über seine Zukunftspläne gesprochen. In den ersten sechs Monaten unserer Freundschaft dachte ich, er ist Waise, weil er nie über seine Familie geredet hat, sondern immer nur über seine Arbeit, was er gerade machte und später tun wollte.«

Es war interessant, daß sie seine Kompetenz, sein gutes Aussehen und seine Energie betonte. Sie sagte nichts von Liebe oder Vorbestimmung wie Sara. Sie erklärte mir: »Wir glauben an dieselben Dinge. Er war ziemlich ehrgeizig. Er wollte Karriere und Familie, und das wollte ich auch. Und außerdem wollte ich einen interessanten Mann mit Potential.« Sie fügte hinzu: »Von allen Männern, die ich jemals kennengelernt habe, war er der einzige, der mich angezogen hat, und daran hat sich nichts geändert. Außerdem war er das genaue Gegenteil dessen, was meine Mutter sich für mich vorgestellt hatte. Sie mochte anständige Männer, die ihr nicht widersprachen. Aber da war sie bei ihm an der falschen Adresse.

Ich habe ihn im letzten Studienjahr geheiratet und das College deswegen abgebrochen. Das war 1959 gar nicht so unüblich. Nicholas hatte ein Stipendium, und wir haben mit sehr wenig Geld auskommen müssen. Heute können wir uns das kaum noch vorstellen, aber damals hatte ich nicht das Gefühl, daß mir etwas fehlt. Wir haben eine Menge Spaß miteinander gehabt.«

»Wie war's, als Sie von zu Hause ausgezogen sind?« fragte ich.

»Die Trennung von meinen Eltern war traumatisch, weil ich sehr an meiner Mutter hing. In den frühen Jahren unserer Ehe ist Nicholas sehr oft zusammen mit einem Forschungsteam in die Dritte-Welt-Länder gereist, um Viren zu untersuchen. Ich hatte bis dahin nie allein gelebt. Das hat mir sehr zu schaffen gemacht. Kurz nach unserer Heirat ist plötzlich mein Vater gestorben, und so wurde ich noch abhängiger von

Nicholas. Als er dann das Studium abgeschlossen hatte, sind wir an einen anderen Ort gezogen, wo ich niemanden kannte. Wieder war ich auf meinen Mann zurückgeworfen. Ich habe meine Eltern vermißt. Da wir so wenige Leute kannten, war Nicholas mein einziger Freund und meine Stütze.

Ich habe eine Weile gebraucht, bis ich selber etwas unternahm. In den frühen Jahren meiner Ehe lautete die wichtigste Frage für mich: Wie überstehe ich die Zeiten, in denen er unterwegs ist? Manchmal war er einen ganzen Monat am Stück weg. Irgendwann habe ich ihn gebeten, öfter zu Hause anzurufen, und das hat er dann auch gemacht. Daran haben wir beide in unserer Ehe gearbeitet.

Unser erstes Kind kam weniger als zwei Jahre nach unserer Heirat zur Welt, und das zweite ließ nicht lange auf sich warten. Und dann kamen noch zwei. Mit den Kindern konnte ich mich dann überhaupt nicht mehr mit Leuten treffen, aber plötzlich habe ich das auch nicht mehr gebraucht. Ich war sehr gern Mutter und habe mich gern um meine Kinder gekümmert. Meine Einsamkeit verschwand nach der Geburt meines ersten Kindes.« Sie lachte. »Ich weiß, daß ich diese Gefühle eigentlich nicht hätte haben sollen. Ich hätte mich selbst bemitleiden sollen, weil ich ans Haus gefesselt war. Aber um die Wahrheit zu sagen: Ich habe mich pudelwohl gefühlt. Für mich waren das erfüllte Jahre.«

Was gewinnt eine Frau, wenn sie sich für die traditionelle Ehe entscheidet? Was verliert sie? Ich kenne die Antworten aus meinem eigenen Leben. Obwohl ich nicht direkt vom Elternhaus in die Ehe wechselte und etliche Jahre berufstätig war, bevor ich heiratete, hatte auch ich ähnlich wie Maureen das Gefühl, daß die Zeit als junge Mutter die glücklichste in meinem Leben war. Anders als die meisten Frauen heutzutage hatte ich eine Haushaltshilfe, was einen großen Unterschied machte. Außerdem wohnten wir in einem sicheren Viertel, und die Schule war zu Fuß zu erreichen.

In jenen Jahren arbeitete mein Mann den ganzen Tag und machte drei- oder viermal die Woche abends Seminare. Keinem von uns kam in den Sinn, daß er mir im Haushalt oder bei der Kindererziehung helfen müßte. Er sah sie zum Abendessen und spielte am Wochenende mit ihnen. Als unsere Kinder auf die Welt kamen, wurde aus unserer engen, leidenschaftlichen Beziehung eine Ehe, in der ich mich um die Kinder kümmerte und er hart arbeitete, um uns zu versorgen. Mein Mann und ich versuchten, unsere Termine so aufeinander abzustimmen, daß wir auch Zeit für uns haben konnten, aber das war gar nicht so einfach. Jene Phase unseres Lebens unterschied sich sehr von unseren ersten fünf gemeinsamen Jahren ohne die Kinder. Doch diese Zeit war auf andere Art befriedigend.

Für mich war meine Rolle als Mutter ausgesprochen wichtig, vielleicht weil ich selbst nicht in einer stabilen Familie aufgewachsen war. Ich liebte die Verantwortung, und ich zog meine Kinder gern nach den Maßstäben auf, die ich selbst setzte. Mein Mann war gerne Vater, aber er war beschäftigt mit seinem Beruf. Obwohl wir längst nicht mehr so viel Zeit für uns hatten, hatte ich nicht das Gefühl, einsam oder isoliert zu sein. Die Kinder waren immer für mich da. Ich wurde Teil einer Gruppe von jungen Müttern und Kindern, und das gefiel mir. Die engen Freundschaften, die damals entstanden, haben die Jahre überdauert, obwohl wir jetzt in alle vier Winde zerstreut sind.

Natürlich war diese Verteilung der Rollen damals nichts Ungewöhnliches, aber wie sieht es mit den jungen Frauen heute aus, von denen man erwartet, daß sie sich in den Beruf stürzen? Meine jüngere Tochter hat sich bewußt für eine traditionelle Ehe entschieden. Sie wollte schon als kleines Mädchen Mutter werden. Mit drei Jahren verkündete sie der Familie ernst: »Mommy kümmert sich um mich, und ich kümmere mich um meine Tiere.« Dabei deutete sie auf die Plüschtiere, die jahrelang ihren Platz auf ihrem Bett hatten. »Die brauchen mich in der Dunkelheit.« Obwohl sie eine Begabung für Mathematik hatte und mein Mann und ich uns ausmalten, daß sie sich in einem Männerberuf durchsetzen könnte, hatte sie andere Vorstellungen. Sie machte viele Fortgeschrittenenkurse in Mathematik, weil sie damit keine Probleme hatte, aber sie ließ sich weder von den Ideen der Frauenbewegung noch von unseren ehrgeizigen Vorstellungen beeindrucken. Sie wußte genau, was sie wollte – eine Mutter mit zwei oder drei Kindern werden. Sie entschied sich für die Sozialarbeit und blieb zu Hause, solange ihre beiden Kinder klein waren. Danach wollte sie wieder in ihren Beruf zurück.

Meine Tochter hatte das Glück, einen Mann zu finden, der die gleichen Ansichten hatte wie sie und für den die Familie Priorität hat. Er wollte eine attraktive, interessante Frau, die ein gemütliches Zuhause für ihn und die Kinder schaffen konnte. Sie ist sehr glücklich, auch wenn sie manchmal ein bißchen traurig ist, wenn sie sieht, wie ihre früheren Freundinnen Karriere machen. »Aber«, sagt sie, »die beneiden mich auch.«

Der Vorteil einer traditionellen Ehe besteht für die Frauen darin, daß sie ihre Kinder selbst aufziehen können. Die häufigste Klage junger Mütter lautet nicht: »Wann wird das Kind endlich erwachsen?«, sondern »Das Kind wird so schnell groß, ich wünschte, ich könnte das ein bißchen verlangsamen.«

Maureen sprach von der emotionalen Unterstützung der

Kinder, die ihr über ihre Einsamkeit hinweggeholfen hatte. Wir meinen immer, nur die Erwachsenen unterstützen die Kinder, doch die Sache funktioniert auch umgekehrt. Natürlich sind Kinder anstrengend, und die Verantwortung kann einem manchmal zuviel werden, doch ein Kind völlig problemlos aufzuziehen geht nicht. Und der Lohn, Liebe und Bewunderung, ist unermeßlich.

Ich fragte Maureen: »Warum haben Sie so jung geheiratet?«

»Nun, das ist ganz einfach«, sagte sie. »Damals hat man nicht herumexperimentiert, wenn man nicht gerade ein kleiner Revoluzzer war, und der war ich bei Gott nicht. Meine Mutter hat ihre Einwilligung zu unserer Hochzeit nur ungern gegeben. Letztlich haben wir ihr gar keine andere Wahl gelassen. Sie hat darauf bestanden, daß ich eines Tages wieder aufs College zurückgehen und meinen Abschluß machen würde, und das habe ich später auch getan. Mit meiner Mutter legt man sich nicht an.

Sie müssen meine Mutter verstehen, um mich zu verstehen. Sie ist eine starke Frau, und das ist einerseits gut und andererseits schlecht. Sie hat meinen Vater angehimmelt und sich wunderbar um ihn gekümmert. Und genau das brauchte er, denn obwohl er sehr kompetent war, hat er ziemlich viel getrunken, und sie hat das kaschiert. Außerdem ist sie überzeugte Christin und sehr puritanisch.«

»Wie hat sich das auf Sie ausgewirkt?«

»Ich habe mich nie so ganz auf meine Sexualität einlassen können. Ich genieße den Sex und finde Nicholas aufregend, aber leidenschaftlich bin ich nie gewesen. Wahrscheinlich hatte das auch Einfluß auf unsere Ehe. Vermutlich hat ihn das enttäuscht.

Ich gehe nie von mir aus auf ihn zu, aber ich liebe ihn und

bin verfügbar, wenn er mich möchte. Ich sage nie, daß ich zu müde bin oder Kopfschmerzen habe. Er weiß, wie er mich befriedigen kann, und im Lauf der Jahre habe ich auch viele Hemmungen abgelegt. Wir haben Spaß am Sex. Ich glaube, die Liebe äußert sich auf die unterschiedlichste Weise, und der Sex ist nur eine Form der Liebe. Ich zeige meine Liebe nicht nur beim Sex. Ich würde sagen, wir schlafen ungefähr zweimal die Woche miteinander.«

In den meisten traditionellen Ehen steht der Sex nicht im Mittelpunkt, und wenn die Kinder klein sind, wird er unter Umständen ganz an den Rand gedrängt. Auch die Partner in den traditionellen Ehen schätzten den Sex, wie wir an Maureen und Nicholas gesehen haben, aber er war nicht so häufig und auch nicht so leidenschaftlich wie bei den anderen Paaren.

»Hängt Ihr Leben sehr von Nicholas' Karriere ab?«

»Doch, ziemlich, aber nicht völlig. Ich gebe seinem Beruf Priorität. Wenn er mich braucht, gehe ich immer zu Treffen mit oder unterhalte mich mit den Ehefrauen seiner Geschäftsfreunde. Aber ich tue nicht so, als wüßte ich über seine geschäftlichen Angelegenheiten Bescheid. Das möchte ich auch nicht.

Ich verbringe viel Zeit damit, Orchideen zu züchten; das ist mittlerweile mehr als nur ein Hobby für mich geworden. Wir konnten es uns leisten, ein wunderbares Gewächshaus zu bauen, in dem ich jetzt Orchideen und andere exotische Blumen züchte, die sehr empfindlich sind. Ich reise mehrmals im Jahr ohne Nicholas zu internationalen Blumenschauen und einmal im Jahr nach Brasilien und Zentralamerika. Dort habe ich mein Interesse für den Regenwald entdeckt, weil ich die Schäden mit eigenen Augen gesehen habe. Ich will nicht mein ganzes Leben mit Essenseinladungen und Wohltätigkeitsveranstaltungen verbringen, da züchte ich lieber schöne Dinge. Das ist für mich eine Herausforderung.

Nicholas arbeitet ziemlich hart. Für ihn ist ein schönes Zuhause emotional ausgesprochen wichtig. Deshalb versuche ich immer, optimistisch zu sein. Ich begrüße ihn nie mit einem: ›Stell dir mal vor, was mir heut' passiert ist.‹ Er sorgt dafür, daß komplizierte Geschäftsabschlüsse klappen, die uns allen sehr nützen. Aber dabei geht er ein hohes Risiko ein, und er muß immer zum richtigen Zeitpunkt am richtigen Ort sein. Er muß an der Wall Street Geld für das Unternehmen auftreiben und mit internationalen Investoren in Japan und Europa zusammenarbeiten.

Wir haben mehr geschafft, als wir erwartet hatten. Aber jetzt, wo die Mädchen älter sind, habe ich auch größere Freiheiten. Ich kann ihn auf seinen Reisen begleiten oder zu Hause bleiben und in meinem Gewächshaus arbeiten.«

»Was ist Ihnen lieber?«

»Mein Mann ist eigentlich der einzige Mensch, mit dem ich gern allein bin«, sagte Maureen. »Neulich haben wir uns einen Film angesehen und uns hinterher mit Freunden getroffen. Erst als wir allein waren, konnten wir uns ausführlich über den Film unterhalten, das Gespräch war viel interessanter als das vorhergehende. Wir sind nicht nur schweigend nebeneinander im Auto gesessen, als wir nach Hause gefahren sind. Das machen wir nie. Wir hatten eine tolle Diskussion. Ich finde ihn immer noch sehr, sehr interessant. Das schönste an unserer Ehe ist, daß es uns gelungen ist, sie immer interessant zu halten.«

»Worin liegt das Geheimnis?«

»Das wichtigste ist, zwischen großen und kleinen Dingen zu unterscheiden, die kleinen Dinge nicht nur zu ignorieren, sondern auch zu vergessen. Man muß wissen, was wirklich wichtig ist, wofür es sich lohnt zu kämpfen. Für Nicholas ist es sehr wichtig, daß er sich nicht langweilt und daß er Gelegenheit hat, seine Energien aufzuladen.«

»Wie macht er das?«

»Er macht das daheim. Er ist ein sehr menschlicher und sanfter Mann. Er liebt seine Familie und ist seinen Töchtern gegenüber sehr einfühlsam. Ja, er hat Erfolg gehabt im Berufsleben und eine Menge Geld verdient. Er ist ziemlich oft unnachgiebig, und im allgemeinen füge ich mich seinen Wünschen. Aber das ist nur die Seite, die die Welt da draußen kennt. Er weiß jedoch auch, was echte Bindung heißt, und er liebt mich.«

»Und Sie?«

Sie lächelte. »Ich verstehe ihn, seine Launen, seine Enttäuschungen, seine Sorgen und seine erstaunlichen Erfolge. Und ich liebe ihn.«

Wie sieht die Sache bei jüngeren Paaren aus, die sich für eine traditionelle Ehe entschieden haben? Funktionieren solche Verbindungen genausogut wie die von Maureen und Nicholas?

Als ich Alice und Nelson Harris kennenlernte, hatten sie bereits fünf Jahre zusammengelebt und waren seit zehn Jahren verheiratet. Sie hatten sogar vor der Hochzeit gemeinsam ein Haus in einer ruhigen Straße mit vielen Bäumen in San Mateo gekauft, in dem sie jetzt drei Kinder mit acht, fünf und drei Jahren aufzogen. Nelsons Architekturbüro, in dem er arbeitete, lag in San Francisco. Alice war bei der Hochzeit einunddreißig gewesen und hatte sobald wie möglich ein Kind gewollt. Sie war bis zum neunten Monat ihrer Schwangerschaft als Chefsekretärin einer Computerfirma tätig. Danach hörte sie mit dem Arbeiten auf.

Der Wunsch nach einem Kind spielte eine große Rolle in der Entscheidung der Harrises zu heiraten: »Wir waren schon eine ganze Weile zusammen«, erzählte mir Nelson. »Alice wurde allmählich ein bißchen unruhig, weil sie Kinder wollte, aber sie hat mich nicht gedrängt. Bis dahin hatten wir nicht über eine Heirat gesprochen, aber eines Tages gingen wir im Park spazieren, und da habe ich einen kleinen Jungen gesehen. Plötzlich traf es mich wie ein Blitzschlag, und ich wußte, daß ich auch so einen kleinen Kerl wollte. Mir wurde mit einemmal klar, daß ich selber kein Kind mehr war, sondern ein Erwachsener, und auch Kinder wollte.

Ich habe nicht gleich mit Alice darüber gesprochen, aber als wir daheim waren, bin ich nach oben gegangen und habe ein Gedicht geschrieben mit einem Heiratsantrag. Tja, und dann haben wir geheiratet – eine richtig schöne, große, traditionelle Hochzeit mit allem Drum und Dran.

Die Geburt unseres ersten Kindes war einer der Höhepunkte in meinem Leben. Für mich war das wie ein Initiationsritus. Plötzlich fühlte ich mich meiner Frau näher als je zuvor. Ich habe keinerlei Zweifel, daß diese Entscheidung richtig war. Ich würde meine Frau nie verlassen.

Manchmal streiten Alice und ich uns natürlich, und manchmal würde ich sie am liebsten versohlen, denn sie hat ein beachtliches Temperament und nimmt kein Blatt vor den Mund. Aber ich weiß immer, daß wir uns wieder zusammenraufen werden. Die Beziehung steht nie auf dem Spiel.«

Als ich ihn nach ihren Auseinandersetzungen fragte, sagte er: »Nun, sie brüllt, ich brülle, sie weint und so weiter. Dann entschuldigen wir uns und versuchen, über alles zu reden. Und dann küssen wir uns, und alles ist wieder gut.«

Nelson dachte einen Augenblick lang nach. »Alice und ich sind gleichberechtigte Partner. Wir treffen alle wichtigen Entscheidungen gemeinsam, anders kann es auch nicht sein. Anfangs wollte ich das Heft in die Hand nehmen, aber nach der Geburt von Jack wurde mir klar, daß das so nicht funktioniert. Ich weiß jetzt, daß ich nicht alles im Griff haben kann und muß.«

Er erklärte mir, wie sie sich die Zeit einteilten: »Wir haben beschlossen, daß es Zeiten gibt, in denen wir gemeinsam etwas unternehmen und Zeiten fürs Alleinsein. Also haben wir drei Arten von Urlaub – Familienferien, Urlaub für Alice und mich und Auszeiten für jeden. Im Augenblick ist sie grade drei Tage weg, und das ist mir nur recht. Ich bin gern allein mit den Kindern und mache alles, ohne daß sie mir dreinreden könnte. Ich fahre auch ganz gern allein weg, weil ich dann Zeit für mich selbst habe, ohne für jemanden verantwortlich zu sein.«

Nelson beschrieb, wie sehr er von Alices Ermutigungen abhing: »Manchmal kriege ich diese neurotischen Anfälle, und ich gebe mir die Schuld für alles. In solchen Situationen ist sie mir eine große Hilfe. Es kann passieren, daß ich mir einbilde, ich hätte das Mittagessen für die Kinder nicht richtig eingepackt. Sie könnten ja Schwierigkeiten bekommen, wenn die falschen Sachen in ihrem Lunchpaket sind. Dann sagt Alice: ›Was soll denn das? Die können sich ihre Lunchpakete doch selber zusammenpacken.‹ Sie können sich gar nicht vorstellen, wie sehr mir das hilft. Neulich hatten wir im Büro Probleme, weil meine Sekretärin einen Fehler gemacht hatte. Ich habe mir wirklich Sorgen gemacht. Da hat Alice gesagt: ›Es kommt alles wieder in Ordnung, mach dir mal keine Sorgen.‹« Er lächelte. »Ich vertraue ihr wie ein Kind. Wenn sie sagt, alles kommt wieder in Ordnung, mache ich mir wirklich keine Sorgen mehr. Und was noch schöner ist: Sie hat immer recht.«

Als ich ihn nach dem Sex fragte, sagte er mir, Alice sei sehr leidenschaftlich, nicht gehemmt wie er. »Ich habe meine Hemmungen nie so ganz überwinden können. Sie hat mir sehr dabei geholfen, sexuell entspannter zu werden. Als wir das erste Mal miteinander geschlafen haben, hat mich ihre Leidenschaft umgehauen. Das war eine der größten Überraschungen in unserer Beziehung. Es hat mir sehr gefallen.

Ihr gegenüber habe ich viel weniger Hemmungen als bei anderen Menschen. Sie hilft mir dabei, nicht zum Workaholic zu werden, und ich bemühe mich selber, diesen Hang unter Kontrolle zu halten.«

Als ich eine Woche später Alice fragte, wieso sie ihre Ehe gut finde, erwähnte sie zuerst die Kinder und beschrieb dann ihre Freundschaft mit Nelson. »Wir verstehen uns«, sagte sie. »Das war von Anfang an so. Ich weiß eigentlich immer, was er denkt. Wir sind Seelenverwandte. Wir können über alles sprechen und sind uns über die meisten Dinge einig. Wir reagieren ganz ähnlich auf Leute; wir unternehmen gern dieselben Sachen, und er läßt es nicht zu, daß ich Trübsal blase. Wir haben laute Kräche, aber wir versöhnen uns auch wieder. Wir haben Spaß miteinander und können rumalbern, aber vor allen Dingen ist er ein wunderbarer Vater, und deswegen liebe ich ihn noch mehr. Er kümmert sich um mich und ich mich um ihn.

Ich war ein schlaksiges Mädchen und hätte nie gedacht, daß sich ein Junge für mich interessieren könnte. Aber heute habe ich manchmal das Gefühl, alles bekommen zu haben, wovon ich träumte. Ich bin gern Mutter, und auch die Schwangerschaften waren schön. Die Übelkeit am Morgen hat mir nichts ausgemacht, nicht einmal die Geburt. Ich bin fast ein bißchen traurig, daß ich wahrscheinlich keine Kinder mehr bekommen werde. Die Zeit damals war wahnsinnig aufregend.

Seit der Geburt von Jack arbeite ich nicht mehr, und ich habe kein Problem damit. Manchmal mache ich mir Gedanken darüber, daß ich nicht in der Lage sein könnte, unseren Lebensunterhalt zu verdienen, und wahrscheinlich werde ich irgendwann noch einmal auf die Schule gehen. Aber Nelson und ich wollten, daß ich mich um die Kinder kümmere. Natürlich wär's schön, wenn wir mehr Geld hätten, und mit den drei Kindern wird's manchmal knapp, aber es gab nie Diskussionen darüber, ob ich weiterarbeiten würde, als die Kinder kamen.

Nelson ist ein wunderbarer Vater«, wiederholte sie. »Er hat sogar die Babys gern gewickelt. Manchmal verliert er die Geduld, aber im allgemeinen kann er wirklich gut mit den Kindern umgehen. Ich würde mir wünschen, daß er mit Jack Basketball oder Baseball spielt, diese typischen Männersachen eben, aber Nelson interessiert sich nicht sonderlich dafür. Er hilft den Kindern bei den Hausaufgaben und beim Musizieren und ist sogar im Elternbeirat.

Unser Haushalt dreht sich um die Kinder, aber wir achten darauf, daß sie uns nicht gegeneinander ausspielen. Wir bilden eine Front, wenn die Sache aus dem Ruder zu laufen droht. Die Elternrolle hat unsere Ehe gestärkt, aber wir haben auch weniger Zeit für uns. Ich würde mir wünschen, daß wir mehr Zeit füreinander hätten. Ich kann mir gar nicht vorstellen, wie berufstätige Mütter das alles schaffen, denn ich habe immer das Gefühl, daß ich nicht genug Zeit habe.«

Als ich sie nach Enttäuschungen fragte, sagte sie: »Er hat eigentlich nur einen Fehler, mit dem ich mich hin und wieder auseinandersetzen muß. Er nimmt einfach zuviel Rücksicht auf mich. Wenn er sich über irgend etwas Sorgen macht, behält er's für sich und sagt mir manchmal wochenlang nichts. Ich sage immer wieder: ›Ich weiß, daß was nicht in Ordnung ist, also mach den Mund auf.‹ Er will mich beschützen, aber ich sage ihm, daß er mich nicht zu beschützen braucht.«

Außerdem erklärte sie mir, daß »der Sex in unserer Ehe nicht leidenschaftlich ist. Er ist schön, aber ich habe schon besseren, aufregenderen Sex erlebt. Ihm ist er nicht so wichtig wie mir.« Sie dachte einen Augenblick nach. »Am meisten hat mich überrascht, wie gut unsere Ehe bis jetzt funktioniert. Ich habe nicht allzu viele gute Ehen erlebt, und ich war mir auch nicht sicher, ob mich jemand genug lieben würde, um eine Ehe mit mir zu führen. Aber er tut es.

Ich würde nichts an meiner Ehe ändern wollen, nur für meine Töchter würde ich mir vielleicht wünschen, daß sie ihre Karriere weiter vorantreiben, bevor sie heiraten, weil ich nicht genug Sicherheiten habe, wenn wirklich etwas passieren sollte. Ich muß gestehen, daß ich nicht so recht weiß, wie die Frauenbewegung mich beeinflußt hat«, sagte sie. »Meinem Mann macht es nichts aus, mir bei den Kindern zu helfen, er spült regelmäßig ab, und er macht mich glücklich. Er achtet meine Bedürfnisse und mich als Individuum. Ich weiß nicht, ob ich Feministin oder Humanistin bin. Ich mag einfach Menschen. Auf jeden Fall wünsche ich mir für meine Kinder, daß sie einmal gute Eltern werden.«

Die traditionellen Ehen der jungen Paare, mit denen ich mich unterhielt, sahen ganz anders aus als die der älteren. Gemeinsam ist ihnen, daß die Partner von einer festen Bindung innerhalb der Beziehung ausgehen, für die man auch Opfer bringen muß. Alle Beteiligten geben zum Wohl der Familie etwas Wichtiges auf. Der Vater verbringt nicht so viel Zeit mit den Kindern, doch er kann eine starke Bindung mit ihnen aufbauen, indem er sich mit ihrer Mutter identifiziert. Die Männer in dieser Studie beschrieben die psychologische Rolle ihrer Frau unterschiedlich. Manche nannten sie »meine Stellvertreterin«, andere ihren »verlängerten Arm« oder »meine Partnerin«. Der Mann hatte so das Gefühl, ebenfalls am Alltagsleben seiner Kinder teilzunehmen. Diese Bindung an seine Kinder war wesentlich für sein Bild von sich selbst und seine Integrität.

Obwohl die Männer in den modernen traditionellen Ehen mehr Kontakt zu ihren Kindern hatten als Nicholas, erwähnten sie doch, sie seien traurig darüber, viele Dinge mit ihren Kindern nicht unternehmen zu können. Sie sprachen auch ganz ehrlich davon, daß sie neidisch auf die emotionale Nähe ihrer Frau zu ihren Kindern seien. Wenn die Männer allein für den Lebensunterhalt sorgen, bezahlen sie dafür mit einer Reduktion der Zeit, die sie mit der Familie verbringen. Junge Männer, die wie Nicholas bis spätabends arbeiten, haben keine andere Wahl. Genau wie junge Männer, die ganztags arbeiten, machen sie sich Gedanken darüber, ob sie das Richtige tun.

Wie die anderen Formen der Ehe befriedigt auch die traditionelle nur manche Bedürfnisse und Erwartungen. Dieser Typus der Ehe reagiert ebenso empfindlich auf Veränderungen des Arbeitsmarktes wie alle anderen, denn damit solche Beziehungen funktionieren, muß der Mann für finanzielle Sicherheit sorgen, und die Frau muß das Gefühl haben, daß sie die Freiheit hat, ein sicheres und behagliches Zuhause zu schaffen. Wenn die Geldfrage nicht geklärt ist, kann eine Frau kein solches Umfeld aufbauen und auch nicht zu Hause bleiben.

Die achte Aufgabe:
Trost und Ermutigung

——•◦•——

Unser Bedürfnis, getröstet und ermutigt zu werden, hört nie auf. Deshalb besteht eine der Aufgaben der Ehe von Anfang an darin, einander zu bestätigen und zu stützen. Die langen Fahrten von und zur Arbeit, die menschliche Isolation, die Anonymität des Stadtlebens und die Distanzen auch innerhalb der Familie und des Bekanntenkreises fördern unseren Wunsch nach Trost und Geborgenheit. Wir sind ausgelaugt und schutzbedürftig. Mehr denn je brauchen wir heutzutage jemanden, der versteht, was wir empfinden, und einfühlsam auf uns reagiert. Die Liebe nimmt ihren Anfang, wenn wir beginnen, auf die Reaktionen des anderen zu achten.

Deshalb besteht die achte Aufgabe der Ehe darin, innerhalb einer Beziehung Trost und Ermutigung zu geben und offen zu sein für Abhängigkeiten, Versagen, Enttäuschungen, Trauer, Krankheit und Alter.

Nicholas sagte: »Maureen hat meine Launen immer verstanden, und sie weiß, wie sie mich trösten kann.« Nelson meinte: »Ich habe ein fast kindliches Vertrauen in ihre Fähigkeit, mich aufzubauen.«

Die emotionalen Reserven des Partners aufzufüllen bedeutet nicht, ihn wie ein Kind zu behandeln. Paradoxerweise heißt das, daß man erwachsen und reif agiert, denn auch im Erwachsenenleben kommt es immer wieder zu Regressionen.

Beispielsweise ist es immer eine Regression, wenn wir weinen, wenn wir Schwächen und Versagen zugeben oder wenn wir entmutigt oder deprimiert sind. Dann wenden wir uns unserem Partner zu, damit er uns tröstet. Wenn wir uns nie gehenlassen können, werden wir spröde, empfindlich und langweilig. Als Erwachsene machen wir zwei Schritte vorwärts und einen zurück. Wenn wir es nicht tun, laufen wir Gefahr, uns vorzeitig zu verausgaben.

Einfühlungsvermögen und Unterstützung beginnen mit der genauen Einschätzung dessen, was den anderen betrübt, und darauf folgt die Bemühung, seine Leiden zu lindern. Trost in einer guten Ehe beruht auf beiderseitigem Verstehen und echter Fürsorge – nicht auf Allgemeinplätzen. Eine Ehe ohne Trost und Ermutigung ist zum Scheitern verurteilt.

Innerhalb unserer Gesellschaft ist es gar nicht so leicht, dem Bedürfnis der Partner nach Trost und Ermutigung den Platz einzuräumen, der ihm eigentlich gebührt. Frauen, die keinem Beruf nachgehen, sind es gewohnt, vom Mann abhängig zu sein und finanziell von ihm aufgefangen zu werden; ihre eigenen emotionalen Bedürfnisse müssen hintanstehen. Und in der ursprünglichen Form der traditionellen Ehe wurde von der Frau erwartet, daß sie für Kinder und Mann sorgte und ihre emotionalen Bedürfnisse selbst befriedigte. Männer sehen die Abhängigkeit von anderen traditionell als negativ und ihrer Männlichkeit abträglich. Im Alter jedoch werden sowohl Mann als auch Frau immer abhängiger.

Andere Kulturen haben diese menschlichen Bedürfnisse längst erkannt. In Japan beispielsweise, einer ausgeprägten Wettbewerbsgesellschaft, werden die gegenseitigen Abhängigkeiten von Mann und Frau stärker anerkannt als in den westlichen Kulturen. Der japanische Psychoanalytiker Takeo Doi verwendet den Terminus *amae*, um das zu umschreiben, was er »die Sehnsucht, Abhängigkeitswünsche zu befriedigen« nennt, d. h. »beachtet, getröstet und geachtet zu werden«. Dieser Wunsch, so argumentiert er, ist eine treibende Kraft in Beziehungen zwischen erwachsenen Männern und Frauen.

Oft ist die Erleichterung der Menschen deutlich zu spüren, wenn sie nach Hause kommen. Der Geschäftsmann lockert sofort seine Krawatte und öffnet den obersten Kragenknopf, dann zieht er sein Sakko aus. Die Geschäftsfrau schlüpft aus den hochhackigen Schuhen. »Gott sei Dank bin ich jetzt daheim«, lautet die Botschaft. Jetzt wollen die Betroffenen sich entspannen, ihr öffentliches Ich abstreifen, nicht mehr ständig lächeln müssen. Zu Hause können wir uns der »Uniformen« und der Masken entledigen, die das Leben da draußen von uns fordert.

Im Privatbereich will der Mensch seine Sorgen abladen, über seinen Zorn auf den Chef sprechen, von seinem beruflichen Versagen erzählen, seinen Kummer darüber ausdrücken, daß er jemandem kündigen mußte. Wir wünschen uns alle ein offenes Ohr, nicht nur für die negativen Dinge, sondern auch für die Schilderung unserer Triumphe. Vor dem Partner brauchen wir uns nicht zu verstellen, wir können ganz unverhohlen spotten und schadenfroh sein.

Die Mutter, die den ganzen Tag damit beschäftigt ist, die Kinder zu versorgen, wünscht sich ebenfalls jemanden, bei dem sie sich ausweinen kann, wenn sie am Abend erschöpft ist.

Wenn keine akute Krisensituation herrscht, ist das, worüber ein Paar spricht, längst nicht so wichtig wie die Tatsache, daß es überhaupt zusammen ist und die Partner einander zuhören. Die meisten Leute erwarten gar nicht, daß ihnen ihre Sorgen einfach abgenommen werden. Sie wollen auch nicht, daß der Partner die Welt verändert, aber sie wollen, daß jemand ihnen zuhört, und erwarten, daß der Partner um ihre Ängste, Verletzungen und Frustrationen weiß.

In vielen Ehen ist die Entdeckung, daß der Partner hin und wieder Trost braucht, eine große Überraschung. Eine junge Frau sagte: »Erst nach langem Probieren habe ich herausgefunden, welche Art von Unterstützung Tom sich von mir erwartet. Ich lernte ihn damals an unserem gemeinsamen Arbeitsplatz als gutaussehenden und ausgesprochen selbstsicheren Manager kennen. Ich habe Jahre gebraucht, um zu merken, daß er überhaupt Unterstützung braucht. Mir wäre das nicht in den Sinn gekommen. Wenn er zu Hause niedergeschlagen oder launisch war, habe ich das persönlich genommen und gedacht, ich hätte ihn verärgert. Ich wäre nie draufgekommen, daß er *mutlos* war.«

Der erste Schritt der hier beschriebenen Aufgabe besteht in der Beobachtung des Partners. Man muß zwischen den Zeilen lesen, die Körpersprache deuten können.

Die Fähigkeit, die Körpersprache zu entschlüsseln, macht sich in einer Ehe bezahlt, weil sie es uns ermöglicht, den Partner zu unterstützen und aufzubauen, auch wenn er nichts sagt. Die weitverbreitete Kommunikationsmethode in der Paartherapie – man brauche dem Partner ja nur zu sagen, wie man sich fühlte – erfaßt kaum diese Feinheiten. In einer Beziehung muß man genau beobachten, um zwischen Abreaktion und wirklichem Zorn, zwischen Müdigkeit und Erschöpfung, Traurigkeit und Verzweiflung, Jammern und tatsächlicher Hilflosigkeit, Niedergeschlagenheit und chronischer Depression unterscheiden zu können. Manchmal spricht Schweigen Bände.

Signale, die nicht wahrgenommen oder beachtet werden, können zu Problemen führen. Die meisten Menschen kommen mit gelegentlichen Fehldeutungen ganz gut zurecht und erwarten keine übersinnlichen Fähigkeiten von ihrem Partner, aber eine permanente »Blindheit« und »Taubheit« des Gefährten ist schwer zu akzeptieren. Er muß nicht alle Wunden heilen, aber er sollte in der Lage sein, einen Hilferuf nicht nur zu hören, sondern auch ernst zu nehmen, egal, wie ungeschickt er ausgedrückt ist.

Die Worte, mit denen sich die Partner am Ende eines langen Tages begrüßen, stellen die Weichen für den Rest des Abends. Es ist wichtig, daß sie offene Fragen bis zum Schlafengehen lösen, auch wenn sie beide erschöpft sind, damit die emotionale Bindung nicht gefährdet wird. Das heißt nicht, daß eine Ehe gleich auseinanderbricht, wenn ein Signal nicht wahrgenommen wird. Vielmehr geht es hier um das Gefühl, emotional allein dazustehen, wenn der Partner gewisse Bedürfnisse nicht erkennt. Ein solches Gefühl des emotionalen Verlassenseins führt irgendwann zu Depressionen und schließlich zu Wut.

Schwierig ist die Situation natürlich, wenn beide Partner am Ende eines anstrengenden Tages Trost brauchen. Beide sind möglicherweise so erschöpft, daß sie nichts mehr geben können. Dann kann der Kampf um das geringe noch vorhandene emotionale Reservoir zu großen Spannungen führen.

Es gibt kein Patentrezept zur Verhinderung solcher Spannungen. Der einzige Weg besteht darin, sich auf den gesunden Menschenverstand zu besinnen und nach gerechten Möglichkeiten zu suchen, die vergleichbare Situationen verhindern können. In einer Ehe in dieser Studie hatte eine Mutter sich jahrelang um ein behindertes Kind gekümmert, und ihr Mann fühlte sich zurückgewiesen, weil sie nicht mehr genügend emotionale Kraft für ihn hatte. Nachdem sie sich über das Problem unterhalten hatten, beschlossen sie, das Kind für ein

Jahr in ein Heim zu geben. So gelang es ihnen, ihre Ehe zu retten.

Andere Lösungen waren weniger radikal. Manche Paare wie zum Beispiel Alice und Nelson machten zusammen und getrennt Kurzurlaube. Alice, die gezögert hatte, drei Tage allein zu verbringen, war überrascht darüber, wieviel Kraft ihr diese Zeit gab – plötzlich betrachtete sie sie als Geschenk. Andere Paare lösten sich bei schwierigen Aufgaben ab und stellten erstaunt fest, daß diese Aufgaben längst nicht mehr so problematisch waren, wenn sie sie sich teilten.

Ein weiterer wichtiger Aspekt der Ehe besteht darin, die Selbstachtung des Partners zu stärken und zu bewahren. Die gegenseitige Ermutigung geht Hand in Hand mit der Auffrischung der emotionalen Reserven. Die Selbstachtung entwickelt sich nicht ein für allemal und verändert sich dann nie wieder, wie manche Menschen meinen. Natürlich liegen ihre Wurzeln in der Kindheit und Jugend, aber sie ist im Erwachsenenalter den unterschiedlichsten Wandlungen unterworfen. Sie spiegelt nicht nur unsere Selbsteinschätzung, sondern auch die Einschätzung dessen wider, was die anderen von uns halten. Die Selbstachtung ist kein isoliertes Gefühl, sondern ruht auf drei Eckpfeilern: auf dem Bewußtsein, geliebt zu werden, ein guter Mensch und fähig zu sein. Wenn alle drei Aspekte stark ausgeprägt sind, ist auch die Selbstachtung hoch. Wenn nicht, ist Versagen vorprogrammiert. Jede dieser Komponenten steht tagtäglich wieder auf dem Prüfstand.

Wenn ein Mensch hohe Selbstachtung besitzt, weil er immer geliebt und geachtet wurde, braucht er unter Umständen weniger Bestätigung vom Partner. Wenn etwas schiefgeht, vertraut er auf eine neue Chance und fängt sich relativ leicht wieder. Doch auch Leute mit hoher Selbstachtung durchleben Zeiten voller Zweifel und Enttäuschungen. In solchen Situationen brauchen sie einen Partner, Kinder oder gute Freunde, an die sie sich wenden können.

In den guten Ehen meiner Studie hatten die Partner Achtung voreinander. Sie betrachteten sich gegenseitig als fähige Menschen, als gute Väter und Mütter. Sie wünschten einander Erfolg und hatten die Fähigkeit, einander zu ermutigen, ohne Perfektion oder heroische Leistungen zu erwarten. Mit gelegentlichem Versagen konnten sie gut umgehen.

Außerdem waren sie nicht aufeinander neidisch. Sie trösteten ihren Partner nicht, um etwas wiederzubekommen. Sie führten nicht Buch über ihre Anstrengungen. Den anderen zu unterstützen und zu ermutigen war selbstverständlich.

Die Pubertät
Der Wolf in Jeans

Nur wenigen ist klar, daß ein pubertierendes Kind im Haushalt so etwas wie ein Wolf in Jeans ist. Teenager lösen oft erhebliche Verwirrungen innerhalb einer Ehe aus. Alle Familien dieser Studie berichteten über große Veränderungen, wenn ein Kind in die Pubertät kam. Ein Mann sagte, er sei schockiert gewesen, als seine elfjährige Tochter mit pinkfarbenem Lippenstift und blauem Lidschatten experimentierte. »Plötzlich wurde mir klar, was uns da bevorstand.«

»Wir haben's geschafft, wir sind immer noch verheiratet«, freute sich eine Frau in meinem Nachfolgeinterview. »Wir haben jetzt eine Tochter im Teenageralter. Das ist ein Schock. Wir haben gewußt, daß sich manches ändern würde. Jetzt geht's bei uns hoch her.«

»Wie alt ist Ihre Tochter?«

»Vierzehn, aber sie führt sich auf, als wäre sie einundzwanzig.«

»Ist sie in irgendwelche Probleme reingeraten?«

»Um Himmels willen, nein«, antwortete die Mutter. »Es reicht schon, daß sie vierzehn ist.«

Solche Reaktionen haben nicht immer mit dem Verhalten des Teenagers zu tun, sondern auch mit der Angst der Eltern, was er anstellen oder was passieren könnte, zum Beispiel Unfälle, Schwangerschaften und Vergewaltigung. Außerdem ist die wachsende Aggression der Teenager, deren Energie und immer stärker zu Tage tretende Sexualität die Eltern bedroht, ein Problem.

Die Erwachsenen in der vorliegenden Studie reagierten nur selten verhalten auf diese Herausforderung. Ein Mann, der nie die Hand gegen seine Kinder erhoben hatte, sagte: »Mein Sohn stellt mich ständig in Frage und widerspricht mir immer. Am liebsten würde ich ihm den Hals umdrehen und die Zähne einschlagen.«

Viele Eltern machen sich größere Sorgen, wenn ihre Tochter in die Pubertät kommt. Vielleicht hat das damit zu tun, daß sich der Körper der Mädchen offensichtlicher verändert und daß sie sich innerhalb der Familie aufreizender verhalten als Jungen.

Für die Erwachsenen bedeutet das nicht nur, daß ihr kleines Mädchen oder ihr kleiner Junge nun endgültig erwachsen und sexuell attraktiv wird, sondern auch, daß eigene Erinnerungen wieder an die Oberfläche kommen und damit unbewußte Übertragungen der Vergangenheit. Viele Leute können sich nicht an die frühe Kindheit erinnern, die meisten wissen jedoch noch ziemlich genau, wie gefährlich und aufregend die Pubertät war. Diese Mischung aus Erinnerung und Phantasie kann die Eltern so sehr verwirren, daß sie ihrem Urteilsvermögen nicht mehr vertrauen.

Die Eltern wissen außerdem, was die jungen Leute noch nicht wissen: daß gewisse Verhaltensweisen dauerhafte Folgen haben können. Schnelle Autos können töten und Verletzungen zufügen. Eine gute Ausbildung ist wichtig. Geschlechtskrankheiten können Sterilität verursachen und führen manchmal sogar zum Tod. Die Eltern werden durch die Gefahren, die den Teenagern drohen, in ihren Grundfesten erschüttert, während diese sich im Gefühl ihrer Allmacht und Jugend sonnen. Die Eltern können sagen, was sie wollen, am Verhalten der Jugendlichen ändert sich nichts; das war früher nicht anders.

Solche Ängste wirken sich auch auf das Eheleben aus, denn die Eltern begreifen das heranwachsende Kind als Herausforderung. Der Teenager als Vertreter der nächsten Generation macht den Erwachsenen den Platz streitig, und zwar in jeder Hinsicht, auch sexuell, während die körperliche Attraktivität der Eltern von Jahr zu Jahr abnimmt.

Ein Vater ahnt, daß seine Tochter, die er charmant, attraktiv und unwiderstehlich finden soll, von ihm erwartet, auch beschützt zu werden. Obwohl er sich sexuell von ihr angezogen fühlt, ist sie tabu. Mit der Hilfe ihrer Eltern muß sie lernen, außerhalb der Familie Liebe und Vertrautheit zu finden, eine Frau zu werden.

In Familien, in denen sich die Eltern in einer zweiten Ehe zusammengefunden haben, wird die Frage der Sexualität noch komplizierter. Eine junge Stiefmutter beispielsweise kann das Wettbewerbsklima verschärfen, und einem Stiefvater, der die Tochter nicht hat heranwachsen sehen, fällt es schwerer als dem leiblichen Vater, mit der sexuellen Anziehung fertigzuwerden. Der Teenager selbst bewältigt diese Probleme durch einen Selbstschutzmechanismus: Die meisten Kinder halten ihre Eltern für asexuell. In Zweitehen jedoch ist eine solche Vorstellung weit schwerer aufrechtzuerhalten.

Ungefähr eine Stunde nach Beginn unseres Interviews richtete sich Maureen auf, strich ihre Ärmel glatt und sah mich an. »Und jetzt werde ich Ihnen von der schlimmsten Episode meines Lebens erzählen«, sagte sie. »Das war wirklich eine absurde Geschichte. Die Sache ist mir schrecklich peinlich.« Sie strich eine Haarsträhne zurück. »Unsere Ehe wurde davon betroffen, deshalb sollten Sie davon erfahren.

Als meine Tochter vierzehn wurde, fing sie etwas mit einem sechzehnjährigen Jungen an. Er war groß und kräftig, machte Bodybuilding und hatte einen wundervollen Körper, wie Adonis. Fast ein Jahr lang war ich nicht ich selbst. Ich wurde wieder ein Teenager. Ich habe mir vorgestellt, ich könnte den Jungen retten. Seine Mutter war Alkoholikerin und behandelte ihn schlecht, und er behandelte seinerseits meine Tochter schlecht. Trotzdem war ich wie eine Mutter zu ihm. Ich war hingerissen von ihm wie von einem eigenen Sohn, und meine anderen Töchter und mein Mann sahen das nicht gern.

Der Junge wurde zum Mittelpunkt meines Lebens. Wenn er meiner Tochter wehtat, tat er mir weh. Wenn er sie schlecht behandelte, fühlte ich mich schlecht. Statt ihr zu sagen, sie solle ihn einfach zurückweisen, sah ich hilflos zu. Ich fühlte mich ausgenutzt. Ich war völlig verrückt und habe die ganze Zeit an ihn gedacht und von ihm geträumt. Ich konnte kaum noch essen. Ich war besessen von ihm.«

»Wie weit ging die Sache?«

»Es war sehr, sehr erotisch. Er war ein richtiger Sexprotz. Ich hatte eine Affäre mit ihm, allerdings nur im Kopf. Ich wußte, daß meine Tochter mit ihm schlief, und ich konnte nichts für sie tun. Mir als Mutter waren die Hände gebunden. Obwohl der Junge zuviel trank, habe ich ihn überallhin mitgenommen. Ich habe ihn ans Steuer meines Wagens gelassen, und ich habe ihm mein Auto sogar geliehen. Ich war völlig außer Rand und Band. Ich hätte alles für den Jungen getan. Ich habe da sozusagen über meine Tochter etwas ausgelebt; ich konnte einfach nicht anders.«

»Wie erklären Sie sich das?«

»Haben Sie eine Tochter im Teenageralter?« fragte sie mich. »Ich glaube, so etwas beeinflußt einen. Ich war einfach empfänglich für solche Gedanken. Vielleicht wäre ich immun dagegen gewesen, wenn ich mehr sexuelle Erfahrungen gesammelt hätte.«

»Wie meinen Sie das?«

»Ich war ein Spätzünder. Wahrscheinlich hatte etwas in meiner Pubertät gefehlt. Wissen Sie, es war sein wunderschöner Körper, er war einfach zu erotisch. Ich habe mich nach der Pubertät zurückgesehnt und mich benommen wie der geile Teenager, der ich damals nicht sein konnte. Meine Mutter hatte mich sehr kurzgehalten. Vielleicht passieren solche Sachen einfach, wenn man selbst mittleren Alters ist und pubertierende Kinder hat. Da sind viele Dinge zusammengekommen. Jedenfalls war das eine Obsession, eine vielschichtige Obsession. Aber zum Glück ist das jetzt vorbei.«

Wie wir in Maureens Geschichte sahen, verstärkt der Teenager die sexuellen Begierden der Eltern, besonders wenn diese auch früher nicht befriedigt wurden.

Die Mutter eines Jungen im Teenageralter erzählte mir, daß sie zusammen mit ihrem Mann an einen Ort in den Sierras gefahren sei, an dem sie früher immer gezeltet hatten. Dort überkam sie plötzlich ein starkes Gefühl der Nostalgie. Es war Herbst, und die Blätter taumelten auf den Boden. Obwohl sie mit ihrem Mann darüber sprach, wie sich die Dinge verändert hatten, seit ihr Junge die High-School besuchte, verspürte er nicht das gleiche Gefühl der Nostalgie. Er hatte seinem Sohn früher nicht so nahegestanden und konnte sich jetzt, da er erwachsen wurde, eher mit ihm identifizieren. Außerdem besuchte der Junge seine ehemalige Schule.

Das Wochenende war eigentlich als romantisches Zwischenspiel gedacht. »Ich bin ein bißchen allein spazierengegangen, und dabei merkte ich, wie sehr ich diese Ruhe liebe«, sagte sie. »Und dann haben wir uns zusammen auf den Weg gemacht. Irgendwann sind wir an einen wunderschönen Ort in den Bergen gekommen. Ich habe mich an den Fluß gesetzt und angefangen zu weinen. Ich habe geweint, weil mich Arbeit und Familie erschöpft hatten. Und ich weinte, weil mein Sohn älter wurde und weil das Leben immer weiterging und weil die Blätter von den Bäumen fielen. Mein Mann hat mich beruhigt und getröstet; das rechne ich ihm hoch an.«

Ob solche Tränen mit Wehmut darüber, daß das Leben nun mal nicht zu ändern ist, einhergehen oder mit Zorn darüber, daß das Leben einfach nicht gerecht ist, hängt sehr davon ab, wie die Ehe aussieht. Wenn sie für beide Partner einigermaßen zufriedenstellend gelaufen ist, ist sie flexibel genug, um sich den Veränderungen anzupassen. Möglicherweise jedoch fühlt sich einer der Partner betrogen und hegt folgende Gedanken: »Ich habe nicht gekriegt, was mir zusteht. Ich habe nicht bekommen, was ich gebraucht hätte. Und jetzt läuft mir die Zeit davon.« Der Zorn macht einen wesentlichen Teil dieser Trauer aus, und dieser Zorn kann sich nicht nur gegen den Partner, sondern auch gegen die eigene Person richten.

Der Teenager ist ebenfalls ein potentielles Ziel der Verärgerung. Als Nicholas' Vater sagte »Na schön, du Klugscheißer« und seine Versuchsanordnung zerstörte, wollte er die Zeit anhalten, die Uhr zurückdrehen, seine eigene Jugend wiedergewinnen. Teenager nehmen solche Dinge völlig zu Recht als Rivalität wahr.

Die Identifikation mit dem Teenager einerseits und die Vorbereitung auf seinen Auszug von zu Hause andererseits zwingen das Paar, sich wieder einmal mit der eigenen Ehe zu beschäftigen.

Eine Frau sagte: »Das Gleichgewicht unserer Ehe verändert sich. Wir sind jetzt ein wenig unsicher im Umgang miteinander, und wir sind beide nicht allzu glücklich darüber, daß wir ein paar Pfunde zuviel haben. Ted liebt mich, wie ich bin, aber in unserer Beziehung hat sich etwas verändert. Es ist, als würden wir einen völlig neuen Aspekt des Partners kennenlernen. Bald sind die Kinder aus dem Haus, und dann müssen wir Bilanz ziehen und uns darüber klarwerden, wer wir sind. Kinder und Familie haben immer eine große Rolle in unserem Leben gespielt. Wir haben nicht so viel Geschick, unser Dasein neu zu gestalten; das wird harte Arbeit. Die nächsten Jahre werden eine Herausforderung werden. Wir müssen als Paar wieder zueinanderfinden. Es fällt mir schwer, nach vorne zu blicken.«

Ich war neugierig, was in der Zeit, in der Maureen vom Freund ihrer Tochter besessen war, zwischen Maureen und Nicholas vorgegangen war. Ich fragte: »Hatten Sie und Nicholas in dem Jahr damals Probleme?«

»Nun«, antwortete Maureen nachdenklich, »er war damals viel unterwegs, im In- und Ausland. Aber gereist ist er ja schon immer viel. Nein, es war nicht die Ehe; es ging um mich und meine verlorene Teenagerzeit. Und es hatte auch mit mir und meiner Tochter zu tun. Wissen Sie, sie wurde erwachsen und bereitete sich darauf vor, mich zu verlassen – wenn nicht mit diesem Jungen, dann mit einem anderen. Zum Glück eskalierte die Sache bei einem Familienurlaub, den die Mädchen, der Junge und ich miteinander machten. Mein Mann kam nach einer Woche nach. Urlaub ist wichtig für Nicholas, dazu gehört auch, daß er Zeit und Muße für den Sex hat. Also habe ich sozusagen auf ihn gewartet, meine erotischen Phantasien waren ja durch den Jungen entfacht. Doch Nicholas hat mir die kalte Schulter gezeigt. Er hatte keinerlei sexuelles Interesse an mir, und ich war entsetzt. Tja, und dann ist er in die Luft gegangen.«

»Und?«

»Nun, und ich habe Angst bekommen«, sagte sie. »Es war das erste Mal im Leben, daß ich solche Angst bekam, denn plötzlich wurde mir klar, daß es einen Punkt geben könnte, von dem es kein Zurück gab, daß er mich verlassen könnte. Ich merkte, daß ich meine Ehe retten mußte, die aus dem Gleichgewicht geraten war durch diese verrückte Obsession. Damals bin ich aufgewacht. Ich hatte ihn nicht betrogen, jedenfalls nicht körperlich.«

»Das heißt, daß zwischen Ihnen und dem Jungen körperlich nichts passiert ist?«

»Genau. Nichts. Es war alles in meinem Kopf, wie in der Pubertät, die ich nie richtig hatte ausleben können und die ich jetzt durch meine Tochter kennenlernte.«

»Was ist passiert, nachdem Nicholas in die Luft gegangen ist?«

»Ich habe der Sache ein Ende gemacht und den Jungen rausgeworfen. Ich habe ihn angebrüllt, wie ich noch nie im Leben jemanden angebrüllt habe. Ich habe zu ihm gesagt: ›Verschwinde und wage es ja nicht, dich noch einmal hier blicken zu lassen.‹« Maureen lächelte. »Und dann habe ich meine Tochter gebremst, die ihm nach wollte. Mein Mann und ich haben uns zusammengesetzt und sie zur Vernunft gebracht. Sie hat hysterisch geweint, ich habe geweint, aber Nicholas und ich haben zusammengehalten. Wir haben meine Tochter auf Reisen geschickt und sie gewaltsam aus dieser verrückten Beziehung herausgerissen.

Auf dem College hat sie dann ein Thesenpapier über eine Abhängigkeitsbeziehung geschrieben, in dem sie sich auf Jane Eyre bezog. Jetzt ist sie zweiundzwanzig. Nach diesem einen

Jahr bin ich frei. Ich habe mich befreit, als ich ihn hinausgeworfen habe. Inzwischen habe ich mich wieder gefangen.«

Die Pubertät des Kindes ist auch eine Zeit der Trauer, weil es schon bald von zu Hause ausziehen wird. Die emotionale Distanzierung des Sohnes oder der Tochter ist der erste Schritt in diese Richtung. Wir verlieren unsere ganz besondere Stellung im Leben des Kindes und das Gefühl, wesentlich zu sein. Wir sind nicht mehr die Eltern, die alles wissen und können.

Mit all diesen Gefühlen hatte auch Maureen zu kämpfen, die ein sehr enges Verhältnis zu ihrer Tochter gehabt hatte. Ich fragte sie: »Hat Ihre Tochter Ihnen verziehen?«

»Das hoffe ich. Ich glaube, wir sind jetzt wieder gute Freunde. Aber das war ziemlich anstrengend. Ich bin mir sicher, daß so etwas nicht wieder passieren wird.«

»Bei Ihnen oder bei ihr?«

»Bei ihr«, antwortete Maureen. »Der junge Mann, mit dem sie jetzt zusammen ist, ist ganz anders. Ich glaube, sie wird jemanden finden, der sich um sie kümmert. Ich möchte, daß sie bekommt, was sie braucht.

Ich möchte mein Verhalten nicht entschuldigen, aber ich glaube, daß es für eine Frau in meinem Alter gar nicht so ungewöhnlich ist, sich nach einem jüngeren Geliebten zu sehnen. Für Männer war das doch immer schon so.«

»Wie hat diese Episode Ihre Ehe verändert?«

»Ich weiß es nicht so recht«, sagte sie. »Vor einiger Zeit hätte ich noch gesagt, sie hat viel an meiner Ehe verändert. Bis zu der Geschichte hatte ich das Gefühl gehabt, daß ich der wichtigste Mensch in Nicholas' Leben bin, aber in jenem Jahr war ich mir nicht mehr so sicher. Vielleicht mache ich mir da etwas vor, aber ich meine, daß wir wieder zusammengefunden haben. Er hat niemanden außer mir. Ich gebe ihm die emotionale Sicherheit, die er braucht, und wir lieben einander sehr. Er würde mich nie verlassen. Diese Ehe wird bis zu unserem Tod halten. Das ist mir jetzt klarer. Vielleicht war das so etwas wie eine frühe Midlife-crisis. Ich möchte einfach nicht älter werden. Aber wer möchte das schon? Ich glaube, die Geschichte mit dem Jungen hat mir ein Stück Jugend zurückgegeben.

Meine Tochter ist meinem jungen Ich sehr ähnlich. Sie ist eine junge Frau mit leidenschaftlicher Seele. Aber sie und ich, das ist jetzt kein ›Wir‹ mehr. Sie und ich haben uns voneinander gelöst. Wir waren uns sehr nahe, so wie es jetzt ist, ist es wahrscheinlich besser für uns beide. Ich hoffe, ich kann mich an diesen Gedanken gewöhnen. Das wichtigste an dieser Geschichte ist, daß ich nicht so tue, als hätte mein Mann auch schuld daran gehabt. Nein, das war ganz allein ich. Ich hätte fast einen großen Fehler gemacht.

Ich bin jetzt auch toleranter als früher. Eine Freundin von mir verhielt sich ihren Kindern gegenüber ganz anders, als ich es erwartet hatte, und ich bin ihr gegenüber sehr intolerant gewesen. Doch später ging ich zu ihr und sagte: ›Ich schulde dir eine Entschuldigung, weil ich ein Urteil über dich gefällt habe, und das hätte ich nicht tun sollen. Man sollte kein vorschnelles Urteil über andere Leute fällen.‹«

Untreue in Phantasie und Realität

———•———

Sexuelle Phantasien ziehen sich durch unser ganzes Leben hindurch. Sie sind im Konferenzzimmer genauso am Werk wie im Supermarkt, in U-Bahnen und Bussen. Besonders stark werden sie in Krisenzeiten. Doch meist werden sie im Zaum gehalten oder sogar positiv in das Sexleben des Paares integriert.

Manche Leute glauben, daß solche Phantasien ein Hinweis auf eine unglückliche Ehe sind. Das kann, muß aber nicht stimmen. Sexuelle Phantasien gehören zum Erwachsensein, besonders in einer Zeit wie der unseren, in der es von erotischen Reizen nur so wimmelt. Irgendwann stellt sich jeder einmal vor, mit einem Fremden zu schlafen. Neu daran ist lediglich, daß die Frauen heutzutage auch offen darüber sprechen. Es stimmt einfach nicht, daß Männer Sex wollen und Frauen Liebe – beide Geschlechter wollen Sex und scheuen sich nicht, das zuzugeben.

Phantasien über Menschen aus unserer Vergangenheit sind bei Männern und Frauen weit verbreitet. Wir erinnern uns alle an unsere Schulzeit, in der unsere sexuellen Begierden am stärksten ausgeprägt waren. Manche Leute haben Phantasien über die große Teenagerliebe, die dann einen anderen heiratete. Erinnerung und Phantasie verschmelzen. Männer und Frauen gehen oft in dem Glauben zu Klassentreffen, daß sich Phantasien in die Realität verwandeln und die Ärgernisse des Alters sich dadurch verbannen lassen.

Auch eine tolle Ehe läßt Wünsche offen. In den besten Ehen haben beide Partner das Gefühl, daß ihre wichtigsten

Bedürfnisse befriedigt werden. Die unbefriedigten werden Teil der jeweiligen Phantasien.

In kameradschaftlichen Ehen ist die Beziehung partnerschaftlich, und die Frauen sind im allgemeinen weniger fürsorglich. Mehrere der Männer aus solchen Ehen, mit denen ich mich unterhielt, wünschten sich eine zarte, aufmerksame Geliebte, sozusagen eine erotische Mutter und gleichzeitig Konkubine, die sich um alle Bedürfnisse kümmert, die den Mann nährt, ihn streichelt, seine Haare zerzaust und eine phantastische Geliebte ist. Diese Vorstellung verweist auf die Sehnsucht nach Allmacht. Ein Mann Mitte Fünfzig sagte: »Es ist wirklich merkwürdig. Ich bin ein Befürworter der Frauenbewegung und sehe es gern, daß meine Frau beruflich an die Spitze will. Aber es wäre wirklich schön, wenn sie das schaffen würde und gleichzeitig feminin bleiben könnte.« Diese Phantasie deutet darauf hin, daß Sex mit einer attraktiven Verführerin aufregender sein kann als Sex mit einer Partnerin, die sich als gleichberechtigt erachtet.

In einer guten Ehe akzeptieren die Partner, daß sie nicht alles haben können, daß manche Wünsche unerfüllt bleiben müssen. Doch der Grat zwischen Phantasie und realem Verhalten kann schmal sein. Außerdem können manche Phantasien genauso bedrohlich sein wie tatsächliche Untreue. Maureen zum Beispiel hätte gar kein schlechteres Gewissen haben können, wenn sie tatsächlich fremdgegangen wäre.

Um eine Diskussion über die Untreue zu initiieren, stellte ich den glücklich verheirateten Paaren in meiner Studie zwei Fragen, die eine indirekt: »Was würde Ihre Ehe zerbrechen?« und eine direkt: »Wie treu sind Sie Ihrem Partner gewesen?«

Fast alle Teilnehmer an dieser Studie hatten sexuelle Phantasien und Gedanken über die Untreue. Sie hatten sich auch mit ihren Partnern darüber unterhalten.

Der Sex ist beispielsweise am Arbeitsplatz allgegenwärtig. Alle beruflich erfolgreichen Männer, mit denen ich mich unterhielt, gestanden, daß sie sich für die Frauen interessierten, mit denen sie zusammenarbeiteten. Manchmal beruhte das auf Gegenseitigkeit. Nicholas sagte: »Manche Frauen rufen mich an. Das ist heute ganz anders als früher. Der Reiz ist groß, aber im allgemeinen halte ich mich da raus.« Mehrere Männer gestanden mir, daß sich Kolleginnen in sie verliebt hätten. Berufstätige Frauen sagten mir, sie müßten eindeutige Signale aussenden, daß sie nicht verfügbar seien. Freundschaftliche Zusammenarbeit kann fast unmerklich in sexuelles Interesse und Affären übergehen, wenn einer der Beteiligten sich nicht deutlich abgrenzt.

Eine Frau erzählte mir, sie wolle zusammen mit einem verheirateten Kollegen, mit dem sie seit Jahren befreundet sei, an einer Konferenz außerhalb der Stadt teilnehmen. Er sprach sie direkt darauf an: »Ich finde dich unglaublich attraktiv. Ich weiß nicht, ob ich der Versuchung widerstehen könnte. Vielleicht sollte ich dich warnen.« Sie antwortete ihm: »Und ich sollte dich vielleicht warnen, daß ich einen großen Nachteil habe: Ich liebe meinen Mann.« Sie sorgte dafür, daß sie in einem anderen, weniger luxuriösen Hotel untergebracht wurde. Die Frauen in dieser Studie klagten weniger über sexuelle Belästigung als darüber, daß sie innerhalb ihrer Beziehungen mit männlichen Kollegen und Freunden ständig ihre Grenzen abstecken mußten.

Viele der von mir befragten Männer und Frauen sagten, sie könnten einen einmaligen Seitensprung ihres Partners auf einer Geschäftsreise tolerieren. Als ich einen Mann fragte, was seine Ehe zerstören könne, antwortete er mir: »Nun, Untreue wäre natürlich nicht schön, aber ich glaube nicht, daß sie die Ehe kaputtmachen würde. Wir sind jetzt so lange zusammen. Außerdem hat das sicher mit der Art und Weise zu tun, wie so ein Seitensprung passiert. Ein Quickie auf einer Geschäftsreise, das ist die eine Sache, aber wenn die Partnerin mit dem besten Freund schläft, das ist etwas anderes. Man darf nicht vergessen, daß man heutzutage an jeder Straßenecke Sex bekommen kann.«

Eine kurze Affäre würde diese Ehe nicht zerstören, erklärten mir diese Paare. »Es würde ganz schöne Probleme geben, aber die Ehe ginge nicht kaputt«, sagte mir eine Frau. »Ich würde meine Ehe nicht wegen so eines Zwischenfalls wegwerfen. Anders sähe es aus, wenn er sich nichts mehr aus mir macht.« Eine ernsthafte zweite Beziehung wäre etwas anderes, darüber waren sich alle einig. Wenn die Basis der Ehe, die Gefühlswelt, gefährdet würde, wäre die Ehe vorbei. »Wenn mein Mann heimkäme und mir sagen würde, daß er eine Kollegin liebt, könnte ich das nicht ertragen.« »Wenn meine Frau einen Liebhaber hätte und mir sagen würde, daß sie ihn mehr liebt als mich ...« So sieht die neue Grenze innerhalb der Ehe aus. Ein einzelner Seitensprung hingegen wäre verzeihbar.

Behaupteten sie jedenfalls. Doch die wenigen Male, wo der Partner beim Fremdgehen ertappt wurde, litten alle Beteiligten. Es kam ausnahmslos zu einer ernsten Krise. Eine Frau weinte zwei Jahre lang, nachdem sie entdeckt hatte, daß ihr Mann eine Nacht mit einer anderen verbracht hatte. Irgendwann war sie in der Lage, ihm zu verzeihen, und die Ehe erholte sich wieder. Obwohl die Befragten gesagt hatten, sie könnten einen Seitensprung verkraften, waren sie doch schockiert und deprimiert, wenn sie damit konfrontiert wurden. Sie waren selbst überrascht über ihre Traurigkeit.

Die meisten Seitensprünge, von denen mir die Beteiligten

erzählten, waren nie entdeckt worden und hatten deshalb auch kaum oder gar keine Auswirkungen auf die Ehe. Die Partner waren felsenfest davon überzeugt, daß ihr Mann oder ihre Frau sie nie betrogen hätten. Doch sechzehn Prozent der Frauen und zwanzig Prozent der Männer in diesen langjährigen glücklichen Ehen hatten kurze Affären gehabt.

Die Frau, die sich in einem fernen Land mit alten Ruinen beschäftigte, nahm die Einladung eines Fremden, die Nacht mit ihm zu verbringen, an.

»Und – wie war's?« fragte ich.

»Wunderbar«, antwortete sie.

»Hatten Sie hinterher Schuldgefühle?«

»Nein, überhaupt nicht.« Sie lachte.

»Wie war Ihre Ehe zu der Zeit?«

»Gut. Aber es war Vollmond, und mein Mann war mehr als siebentausend Kilometer weit weg.«

Eine Frau, die sich durch den Zusammenbruch und die Depression ihres Mannes ausgelaugt fühlte, erzählte eine andere Geschichte: »Ich habe mir eine Affäre mit einem jüngeren Mann gegönnt«, sagte sie. »Es war toll, aber natürlich nur vorübergehend.«

Kurze Affären kamen in allen Ehetypen vor, die einzige Ausnahme bildeten die Paare, die in den frühen Achtzigern geheiratet hatten. Manche der Frauen in solchen Ehen waren bereits im Alter von fünfzehn Jahren sexuell aktiv geworden und hatten nach der Heirat keine Affären mehr gehabt. Andere, die zum Zeitpunkt der Hochzeit noch Jungfrau waren, waren neugierig auf Sex mit anderen Männern, stürzten sich jedoch auch in der Mitte des Lebens nicht auf neue Beziehungen. Eine Frau mit drei kleinen Kindern sagte mir mit wehmütiger Stimme: »Ich würde mir eine leidenschaftliche Beziehung wünschen, die genau eine Woche dauert.«

Die Versuchung, einen Seitensprung zu begehen, kann in jedem Alter kommen. Laura war mit ihren siebzig Jahren eine der ältesten Teilnehmerinnen an dieser Studie. Sie war schlank, lebhaft und attraktiv, hatte grüne Augen und die Haare zu einem Knoten zusammengebunden. Sie war seit mehr als vierzig Jahren verheiratet. An dem Tag, als ich sie kennenlernte, trug sie Jeans, einen Baumwollpullover und dezentes Make-up. Als ich sie fragte, was ihre glückliche Ehe zerstören könnte, erzählte sie mir folgende Geschichte:

»Vor meiner Heirat hatte ich eine Affäre mit einem Mann, die beinahe zwei Jahre lang dauerte. Sie war sehr leidenschaftlich. Ich war mir nie so ganz sicher, warum ich ihn nicht geheiratet habe. Jedenfalls habe ich ihn verlassen. Ich hatte ihn seit über vierzig Jahren nicht mehr gesehen. Ich wußte die ganze Zeit, wo er war, und er hat mir ein- oder zweimal geschrieben. Ich habe ihm geantwortet, nur, um mal hallo zu sagen. Einmal hat er angedeutet, daß er mich gern wiedersehen würde, aber ich habe nicht reagiert. Mein Mann hatte seinen Namen auf dem Brief gesehen, und er war sehr wütend und eifersüchtig geworden. Also habe ich lieber nicht auf den Brief geantwortet.

Dann war ich eines schönen Tages in der Stadt, in der mein früherer Liebhaber wohnte, und ich beschloß, mich bei ihm zu melden. Ich wollte die Stadt am Abend wieder verlassen, also habe ich ihn am Morgen angerufen und ihn gefragt, ob er am Nachmittag Zeit hätte. Er zögerte und sagte, es könnte sein, daß er zu tun hätte, aber dann hat er plötzlich gesagt, er könnte mich treffen. Also haben wir uns getroffen.

Ich war mir nicht so sicher, wie ich ihn begrüßen sollte. Irgendwie war es schon albern, jemandem nur die Hand zu geben, wenn man mal mit ihm im Bett gewesen ist. Ich hab' ihn sofort wiedererkannt. Er hat sehr gut ausgesehen – groß und attraktiv, auch mit fünfundsiebzig noch. Er hat immer noch eine gute Figur; das ist mir bei Männern immer wichtig gewesen. Da ist es mir nicht schwergefallen, zu ihm hinzugehen und ihn zu umarmen. Er war freudig überrascht, und als wir miteinander Tee tranken, war's, als wäre überhaupt keine Zeit vergangen.

Er hat mir erzählt, daß er geheiratet und mehrere Kinder hatte, die mittlerweile alle erwachsen waren. Er hatte zwei oder drei Jahre gebraucht, bis er über die Sache mit mir damals hinweg war, aber schließlich war es ihm gelungen, die Erinnerung an mich und unsere Beziehung fast völlig zu verdrängen. Das war seine Lösung des Problems gewesen. Seine Frau wußte von mir – sie war übrigens eine schöne Frau. Er zeigte mir Bilder von ihr und seinen erwachsenen Kindern. Er hatte in seinem Beruf Erfolg gehabt und führte, zumindest äußerlich, ein gutes Leben. Er wollte alles über mein Leben und meine Ehe erfahren, tja, nun, da habe ich ihm alles erzählt. Er war sehr enttäuscht darüber, daß ich keine Fotos von meinen Kindern dabei hatte.

Während wir uns so unterhielten, fielen wir wieder in die alten Muster zurück. Es war, als wäre die Zeit stehengeblieben. Wir schwelgten in Erinnerungen. Er sagte, er habe sich vor ein paar Tagen an das Lied zu erinnern versucht, das ich immer gesungen hatte. Ich hatte daran überhaupt nicht mehr gedacht, aber zu meiner Überraschung stellte ich fest, daß ich es immer noch vollständig konnte.

Wir unterhielten uns so wie damals. Er beobachtete jede meiner Bewegungen. Und ich war mir seiner physischen Präsenz sehr bewußt. Wir fühlten uns immer noch voneinander angezogen, daran gab's nichts zu rütteln.

Dann habe ich mir ein Taxi zum Flughafen kommen lassen. Er hat mir nicht angeboten, mich hinzubringen. Beim Abschied hat er mich in den Arm genommen. Ich habe ihm die Wange zum Kuß hingehalten, und dann hätten wir uns fast richtig geküßt. Ich bin im Taxi weggefahren, und er stand wie festgenagelt auf dem Gehsteig und winkte mir nach. Ich hab' zurückgewinkt.

Interessant wurde es hinterher. Ich war ganz unruhig, ich bin mit der Sehnsucht nach ihm einfach nicht fertiggeworden. Meine Arme, mein ganzer Körper haben sich nach ihm gesehnt. Ich habe ihn begehrt, aber ich konnte dieses Begehren nicht stillen. Als ich wieder zu Hause war, habe ich meinen Mann verführt, aber das hat nicht geholfen. Das Lied, das ich gesungen hatte, ging mir Tag und Nacht nicht aus dem Kopf. Ich habe mir die ganze Zeit vorgestellt, daß er mich anruft und daß wir uns wiedersehen. Ich habe mir ausgemalt, was er sagen würde und was ich. Und ich war mir ganz sicher, daß er die gleichen Gedanken hatte.

Merkwürdigerweise hat mich ein Bild meines ältesten Enkels daran gehindert, ihn anzurufen. Vielleicht halten unsere Eltern uns zurück, wenn wir jung sind, und wenn wir alt sind, übernehmen unsere Enkel diese Aufgabe. Diese intensive Leidenschaft, die Aufregung, das Gefühl, von allen Liebesliedern überwältigt zu werden und von allen Liebesgedichten, war erstaunlich. Ich dachte die ganze Zeit an nichts anderes. Ich ließ mich davon nicht in meinem Alltagsleben stören, aber ich empfand die Leidenschaft immer mit.

Ich weiß nicht, was ich gemacht hätte, wenn er angerufen hätte. In den ersten beiden Wochen nach der Begegnung hätte ich bei seinem Anruf gesagt: ›Warum hast du so lang gewartet?‹ Später hat sich meine Antwort verändert zu: ›Ich bin froh, daß du nicht angerufen hast, weil ich mich an jedem Ort der Welt mit dir getroffen hätte.‹

Ich erzähle Ihnen das alles nur, weil ich glaube, daß das

Alter im allgemeinen falsch gesehen wird. Ich kann mir nicht vorstellen, daß ich atypisch bin, aber die meisten Leute können sich so etwas bei Menschen jenseits der Siebzig wahrscheinlich nicht ausmalen. Vielleicht ist das aber auch etwas, was erst entdeckt werden muß, das Bewußtsein darüber, daß auch alte Menschen noch Leidenschaft und sexuelle Erregung empfinden können.

Übrigens hatte das alles nichts damit zu tun, daß ich meinen Mann nicht geliebt hätte. Ich war nicht verliebt in diesen Mann, obwohl ich ihn leidenschaftlich begehrte. Bei dem Gespräch wurde mir auch wieder klar, warum ich ihn damals verlassen hatte. Doch das machte meine Begierden nur noch stärker.«

Die Geschichte von Laura zeigt, wie die Siebziger aussehen. Leidenschaft und Sexualität gehen mit dem Alter nicht verloren, auch wenn die jüngeren Generationen das glauben.

Wie Maureen und Laura lebten auch die meisten anderen Männer und Frauen in den von mir untersuchten glücklichen Ehen ihre sexuellen Phantasien nicht unbedingt aus. Die Grundlage einer guten Ehe besteht darin, bestimmte Dinge aufzugeben, und dessen waren sich die von mir befragten Paare bewußt. Um die Ehe zu schützen, hält man die Phantasien im Zaum und achtet die Bindung. Möglicherweise bedeutet das, daß man sich mit einem weniger leidenschaftlichen Sexleben zufriedengeben muß.

In den glücklichen Ehen dieser Studie basierte die Treue nicht auf einer Liste von Dingen, die zu tun oder zu unterlassen sind, sondern auf der Erkenntnis, daß Verhalten Konsequenzen hat. Normalerweise werden Menschen nicht durch einen Mangel an Phantasie oder Lust von der Untreue abgehalten, sondern von ihrer starken moralischen Bindung an die Ehe.

Außerdem hatten die Beteiligten das Gefühl, daß ihre eigene Untreue so etwas wie ein Freibrief für den Partner wäre, und das erachteten sie als inakzeptabel. Es gab niemanden, der behauptet hätte, niemals in Versuchung geraten zu sein, aber viele gaben dieser Versuchung nicht nach, weil sie den Partner nicht verletzen wollten. Ein Mann Mitte Fünfzig sagte: »Man hört nie auf, den Frauen nachzuschauen. Das passiert nur, wenn man blind oder tot ist. Aber man setzt seine Phantasien nicht in die Tat um. Das hat moralische Gründe, und außerdem liebe ich meine Frau.« Eine Frau Ende Dreißig sagte über einen Flirt, den sie beendet hatte: »Wir haben aufgehört damit, weil ich so schlecht lügen kann.«

Ein zweiter Blick auf die Ehe

Veränderungen

—·—

Da Menschen und Umstände sich im Lauf der Zeit verändern, ist die Ehe immer im Fluß. Sie kann nur dynamisch funktionieren; Stillstand bedeutet Tod. Doch das führt zu einer schwierigen Frage: Verändern sich zwei Menschen, die viele Jahre zusammenleben, auf eine Art und Weise, die die Beziehung fördert? Die Antwort auf diese Frage ist natürlich so vielfältig wie der Mensch selbst. Manche Ehen verändern sich im Lauf der Zeit so wenig, daß das Paar auch später noch wirkt wie ganz am Anfang. Andere Menschen und Beziehungen wandeln sich radikal.

Zu den ganz alltäglichen Veränderungen kommen vorhersehbare Zeiten des Wandels, in denen das Paar gezwungen ist, seine Beziehung so umzugestalten, daß sie wieder ins Gleichgewicht gerät.

Eine dieser vorhersehbaren Veränderungen, die Übernahme der Elternrolle, habe ich bereits ausführlich beschrieben. In den mittleren Jahren, wenn sie ihre pubertierenden, sexuell attraktiven Kinder sehen, haben viele Leute, wie im vorhergehenden Kapitel ausgeführt, das starke Bedürfnis, wieder jung zu sein. Ziehen diese Kinder dann von zu Hause aus, sind die Eltern wieder aufeinander zurückgeworfen. Auch in dieser Zeit muß sich die Ehe neu definieren.

Eine weitere kritische Phase ist die des Ruhestands, denn hier müssen sich die Betroffenen mit dem Alter, mit Krankheiten und schließlich dem Tod auseinandersetzen. Im Ruhestand verbringen Mann und Frau mehr Zeit miteinander als je zuvor. Die Arbeit ist nun nicht mehr die Basis der Selbstdefinition und auch nicht mehr die Hauptverbindung zur Außenwelt, was bedeutet, daß sich neue Möglichkeiten und Gefahren für die Ehe ergeben. Nur wenige der von mir befragten Paare befanden sich bereits in diesem Stadium, und die Ähnlichkeiten waren frappierend, insbesondere in bezug auf die Art und Weise, wie die Paare mit den Aufgaben innerhalb der Ehe umgingen.

Eine Zweitehe stellt eine andere Art der Veränderung mit eigenen Merkmalen und Herausforderungen dar. Eine zweite Ehe mit Kindern aus einer oder beiden Vorgängerehen erfordert besonderes Verständnis und sorgfältige Planung. Manche der Probleme, die auftauchen, haben keine Entsprechung in Erstehen, und die Betroffenen sind oft nur unzureichend auf das vorbereitet, was sie in der neuen Verbindung erwartet. Die Grundaufgaben sind gleich, aber der Kontext, in dem sie bewältigt werden müssen, unterscheidet sich.

Früher war das Erwachsenenalter im allgemeinen Bewußtsein ein statischer Zustand. Man erreichte ihn, erledigte, was zu erledigen war, und wurde irgendwann alt. Doch in den vergangenen Jahren haben sich Forscher mit den psychologischen und gesellschaftlichen Veränderungen beschäftigt, die sich im Erwachsenenalter, insbesondere in den mittleren Jahren, der Zeit also zwischen fünfunddreißig und fünfundfünfzig, ergeben.

Die mittleren Jahre werden manchmal als Blüte des Lebens gesehen, als Zeit der größten Leistungen, bevor das Alter ein Nachlassen der geistigen und körperlichen Kräfte mit sich bringt. Menschen in diesem Alter erkennen, daß sie nicht mehr unendlich viele Jahre vor sich haben. Düstere Gedanken werden oft durch Krankheit und Tod der Eltern, durch das aggressive Verhalten der pubertierenden Kinder und Veränderungen des eigenen Körpers ausgelöst. Die mittleren Jahre sind außerdem die Zeit, in der man sich über Leistungen und Versagen klarwird.

Viele der von mir befragten Paare erkannten instinktiv, daß sie ihre Ehe in den mittleren Jahren bewußt verändern mußten, um sich an die neuen Bedürfnisse und Umstände anzupassen. Nachdem die Kinder das Haus verlassen hatten, machten sie sich daran, eine neue Basis für die Zweisamkeit zu finden. Als Individuen fanden sie neue Wege, um ihren Wunsch nach Unabhängigkeit zu befriedigen; sie ermutigten einander, sich nach neuen Betätigungsgebieten umzusehen. Zusammen machten sie sich an die Bewältigung von Unstimmigkeiten im sexuellen Bereich.

In den mittleren Jahren stellt sich die ursprüngliche Aufgabe der Ehe, die Loslösung von der Familie und der Aufbau neuer Beziehungen, noch einmal. Nun jedoch geht es darum, sich von den eigenen Kindern zu trennen und eine neue Verbindung mit ihnen aufzubauen. Die von den Kindern bestimmte Beziehung wird abgestreift wie eine alte Haut; das Paar muß lernen, sich wieder aufeinander zu konzentrieren.

Obwohl die Partner wahrscheinlich Hunderte von Malen über die Rückverwandlung der Familie zum Paar gesprochen haben, kommt die Veränderung überraschend. Manchmal sind die Partner sich dessen überhaupt nicht bewußt, wie sehr ihre Identität und ihre Wahrnehmung des anderen durch die Jahre mit den Kindern geprägt wurden.

Die Trennung von den eigenen Kindern ist genauso schmerzlich wie die Loslösung von der Ursprungsfamilie. Wir trauern um den Verlust der Kinder im Alltag, und wir trauern um die Familie als Einheit, die sich zum Schutz der Kinder gebildet hatte. Die Eltern brauchen oft mehrere Jahre, um diesen Ablösungsprozeß zu verarbeiten, doch gleichzeitig freuen sie sich über die neugewonnene Freiheit, die dieser Prozeß mit sich bringt.

In einer der von mir interviewten Familien war der Sohn gerade dabei, sich loszulösen und ins College zu wechseln. Beide Eltern machten sich Gedanken über die Veränderungen, die das mit sich bringen würde. Während ich mit dem Vater sprach, kam der junge Mann von der Einschreibung nach Hause. Sein Vater fragte ihn, ob er sich eingeschrieben und für bestimmte Kurse entschieden habe. Der Sohn, gut einen Kopf größer als sein Vater, sagte immer wieder: »Ja, Dad. Ja, Dad. Ja, Dad.« Er gab sich größte Mühe, nicht allzu verärgert über die Einmischung seines Vaters zu wirken.

Als wir wieder allein waren, sagte der Vater zu mir: »Ich möchte eigentlich nicht, daß er erwachsen wird. Ich will nicht, daß er uns verläßt. Berkeley ist weit genug weg. Ich möchte nicht, daß er noch weiter weg geht. Aber er ist jetzt ein Mann; er ist erwachsen.«

Als ich ihn fragte, was er gut finde an seiner Ehe, antwortete dieser Mann: »Das beste an unserer Ehe sind unsere Kinder. Sie sind unser Mittelpunkt, innerlich und äußerlich. Die meisten anderen Verwandten wohnen ziemlich weit weg, das heißt, daß wir ziemlich isoliert sind. Deshalb klammern wir uns aneinander. Wir lieben unsere Kinder sehr; wir unternehmen gern etwas mit ihnen. Doch jetzt werden sie uns bald verlassen. Die Welt wird größer für sie. Wir sind immer noch auf sie fixiert, aber jetzt läuft das anders als früher. Sie werden erwachsen. Ich glaube, meine Frau und ich konzentrieren uns jetzt, wo die Kinder weggehen, stärker aufeinander. Ich finde das gut. Es ist eine Veränderung im Gange.«

Ich fragte ihn, wie sein zukünftiges Leben seiner Meinung nach aussehen würde. »Nun«, antwortete er, »vor den Kindern war es toll. Damals haben wir uns um fünf getroffen und sind zum Essen ausgegangen. Es wird wieder so toll werden. Aber ich werde merken, daß es zu still ist im Haus. Meine Frau wird die Kinder vermissen, und wahrscheinlich werden wir ziemlich oft über sie reden. Wir sind nicht so dumm, daß wir uns gegen diese unvermeidliche Entwicklung auflehnen. Im Gegenteil: Wir werden wieder ausgehen und zu zweit Spaß miteinander haben.«

Seine Frau bestätigte das, was er sagte: »Das ist für uns alle eine emotionale Krise. Die Sache ist nicht so leicht. In seinem Wunsch, sich von uns zu lösen, hat unser Sohn alles schwieriger gemacht. Als wir ihn zum Beispiel zur Einschreibung hinbringen wollten, hat er eine Stunde länger gebraucht, bis er fertig war. Er hat uns ziemlich oft vom College aus angerufen, immer aus einem bestimmten Grund, aber es hatte immer mit Dingen zu tun, die er auch allein hätte entscheiden können. Trotzdem ist er ein sehr starker, ein sehr unabhängiger Junge. Wir stehen uns nur einfach sehr nahe. Wir haben fast immer miteinander zu Abend gegessen. Das war unsere Zeit als Familie, dabei erzählte jeder, wie der Tag bei ihm so verlaufen ist. Diese gemeinsame Zeit wird uns abgehen.«

Die Loslösung dauert oft ziemlich lange, besonders in traditionellen Familien. Zwei Jahre später kämpfte diese Familie noch immer mit der Veränderung. »Er kommt einmal im Monat zu uns«, erzählte mir die Mutter, »und wir gehen zusammen ins Theater. Doch ich glaube, er braucht sein Leben, das er unabhängig von uns führt, damit er seine eigene Kraft spürt. Aber es ist für uns beide ein großer Verlust. Wir müssen uns jetzt stärker auf uns als Paar konzentrieren. Die Familie verschwindet, wenn die Kinder ausziehen.«

In traditionellen Familien ist die Ablösung der Kinder noch schwieriger, weil diese Familien kindzentriert sind und die Mutter mehr Zeit zu Hause verbracht hat. Solche Paare empfinden den Verlust stärker, und sie müssen die Familie von Grund auf neu organisieren. Wie anhand der vielen Scheidungen, die gerade zu dieser Zeit passieren, klarwird, stellen die Paare plötzlich fest, daß sie sich auseinandergelebt haben, so sehr, daß die Kinder letztlich das einzige sind, was sie noch gemein haben. Manchmal läßt sich die Kluft nicht mehr schließen.

In dieser Zeit der Veränderung muß das Paar neu über die Frage von Zweisamkeit und Unabhängigkeit nachdenken. Leute, die sich hauptsächlich über die Elternrolle definiert haben, müssen sich klar darüber werden, wer sie selbst sind und wie ihre Zweisamkeit aussieht. Die Unabhängigkeit hat eine neue Bedeutung, besonders für Frauen. Diejenigen, die die Kindererziehung als ihre Hauptaufgabe betrachtet haben, müssen sich vielen Fragen stellen: Wer werde ich in Zukunft sein, und was werde ich mit meinem restlichen Leben anstellen? Auch für Frauen, die einen Teilzeitjob hatten, ergeben sich große Veränderungen. Sie müssen entscheiden, ob sie sich nun stärker auf ihren Beruf konzentrieren oder ihre Zeit in andere Aktivitäten investieren wollen.

Alle Paare müssen von neuem überdenken, was sie sich schon als Frischverheiratete gefragt haben: Wie sehr lassen wir uns emotional aufeinander ein? Wieviel Zeit werden wir allein oder mit anderen Leuten verbringen? Diese Entscheidungen prägen das Bild der Beziehung in den nächsten Jahrzehnten. Sie sind wegen der immer längeren Lebenserwartung von großer Bedeutung. Die durchschnittliche Frau wird heutzutage neunundsiebzig Jahre alt, der durchschnittliche Mann zweiundsiebzig.

Die Aufgaben der mittleren Jahre zu bewältigen ist alles andere als leicht, denn trotz des engen Bandes, das das Paar zusammenhält, erhöht sich auch die Neigung, mit dem Partner unzufrieden zu werden, ihn als Sündenbock für die eigene Langeweile oder Enttäuschung zu sehen.

Niemand ist immun gegen das Bedürfnis, die Uhr zurückzudrehen. An der früheren Idealisierung des Partners festzuhalten wird in den mittleren Jahren schwieriger, weil die Beteiligten wissen, daß das Alter nicht spurlos an ihnen vorübergegangen ist und noch weitere Veränderungen mit sich bringen wird. Auch das Sexleben kann langweilig werden, weil die Partner sich so vertraut sind.

Andererseits sprachen alle von mir befragten Männer und Frauen in diesem Alter über eine neue Rastlosigkeit und ein neues Bedürfnis nach Abenteuern. Ihre wiederentdeckten körperlichen und emotionalen Energien halfen ihnen dabei, sich auf neue Wagnisse einzulassen. Mehrere Männer und Frauen in dieser Studie wandten sich spirituellen und religiösen Fragen zu und gingen wieder in Kirchen oder Synagogen, die sie seit vielen Jahren nicht mehr besucht hatten.

Besonders den Frauen gelang es, ein neues Kapitel aufzuschlagen. In den Ehen dieser Altersgruppe, die ich für meine Studie untersuchte, arbeiteten alle Frauen, auch diejenigen, die ihren Job für die Kinder aufgegeben hatten. Sie unternahmen nun auch mehr allein.

Das Leben der Männer verändert sich in den mittleren Jahren weniger als das der Frauen, weil sie nach wie vor jeden Morgen zur Arbeit gehen; sie müssen sich nicht über ihre Identität klarwerden, wenn die Kinder ausziehen.

In den meisten glücklichen Ehen führten die individuellen Veränderungen zu einem Tempowechsel innerhalb der Beziehung. Die Partner erlebten sozusagen einen zweiten Frühling, der ihnen dabei half, die Angst vor der Zukunft zu bewältigen. Sie bestätigten einander in ihren neuen Rollen und

Unternehmungen. Ein Mann sagte: »Wenn ich drei Wünsche freihätte, würde ich mir wünschen, daß sie mit ihrer Kunst Erfolg hat. Sie hat wirklich Talent, aber sie hat auch Angst, ihre Arbeiten zu zeigen.«

Manche Männer reagierten jedoch auch mit einer Mischung aus Freude und Ärger auf die neuen Interessen ihrer Frauen. Manche von ihnen fühlten sich vernachlässigt. Ein Mann brummte: »Sie will jetzt ihren Doktor nachmachen. Immer wenn sie in der Uni ist, ist das Leben für mich schrecklich.« Manche Männer beneideten ihre Frauen um ihre Freiheit, sich mit Kunst, Musik oder Töpfern beschäftigen zu können. Früher hatten sie das Gefühl gehabt, daß sich die Ehe auf eine gerechte Verteilung der Aufgaben gründete: Sie zog die Kinder groß, während er im Büro arbeitete. Der Gedanke, daß sie nun einfach so zum Spaß Kurse besuchen konnte, machte sie fuchsteufelswild, auch wenn sie gleichzeitig stolz auf ihre Frau waren.

Angesichts der wachsenden Unabhängigkeit der Partner wird die Freundschaft in den mittleren Jahren immer wichtiger. Nachdem die Paare in dieser Studie die Probleme bewältigt hatten, die die Veränderungen mit sich brachten, machten sie eine Bestandsaufnahme dessen, was sie gemein hatten. Sie sprachen über gemeinsame Interessen und die Zeiten, die sie zusammen verbrachten. Als ich eine Frau mittleren Alters fragte, was sie an ihrer Ehe glücklich finde, sagte sie: »Die Sache läuft, wir streiten uns nicht die ganze Zeit. Wir sind gute Freunde.« Ein Mann sagte: »Es ist schön; wir sind gute Freunde. Unsere Rollen sind flexibel.« Andere sagten: »Natürlich lieben wir uns, aber das ist nicht das wichtigste, sondern die Freundschaft« und »Wir sind gleichzeitig bester Freund, Geliebter und Stütze des anderen.«

Diese Freundschaft schließt die Lücke, die die Kinder hinterlassen, und wird in vielen Fällen zur Basis einer neuen, anderen Art der Vertrautheit. Sie konzentriert sich nicht auf die Vergangenheit oder die Kinder, sondern auf gemeinsame Interessen in der Gegenwart sowie zukünftige Pläne.

Die Männer und Frauen in der vorliegenden Studie sagten, sie entdeckten einander wieder neu. »Wir lieben uns jetzt anders«, sagte eine Frau. »Die Kanten sind abgeschliffen, wir sind beide eher bereit, zu geben und zu nehmen.« Eine andere Frau meinte: »Ich sehe anders aus und fühle mich auch anders. Ich bin fünfzig, ruhiger geworden, erwachsen. Ich habe mich verändert. Ich suche nicht mehr nach Ablenkungen.« Ein Mann sagte: »Unsere Gefühle füreinander haben sich verstärkt. Bis jetzt war die Kindererziehung die allumfassende Aufgabe. Jetzt sind wir uns näher als je zuvor.«

Eine Frau sagte: »Wir werden älter; wir sehen beide, welche Spuren die Zeit hinterlassen hat. Ich weiß, daß er mich so liebt, wie ich bin. Wir gehen zärtlicher miteinander um, sogar ein bißchen scheu. Es ist wie eine völlig neue Beziehung, sexuell wie emotional.«

Viele Paare berichteten von Veränderungen auf sexuellem Gebiet. Eine Frau sagte: »Wenn man von halb acht morgens bis acht abends arbeitet, hat man keine Energie mehr. Er würde gern öfter mit mir schlafen. Das ist mir wichtig, ja, aber meine Bedürfnisse haben sich verändert.« Andere erzählten von größerer Lust. Im allgemeinen ergaben sich für die Männer in den mittleren Jahren weniger Veränderungen in ihrer Sexualität. Einige allerdings sagten, sie seien hin und wieder impotent, und das mache ihnen angst. Ein Mann sagte: »Ich hab' gedacht, ich sterbe.«

Um die Lücken zu füllen, die die Kinder hinterließen, besannen sich die Paare auf Freunde und Familie. Sie bemühten sich, die Kontakte zu Geschwistern wiederaufzunehmen.

Manche organisierten Familientreffen. Viele kümmerten sich um Familienangehörige, nicht nur um alte und sterbende Eltern, sondern auch um Geschwister, die Probleme hatten. Männer und Frauen sagten gleichermaßen, sie gäben sich größte Mühe, Freundschaften aufrechtzuerhalten und neue Bekanntschaften zu schließen. Leute, die noch nie zu Klassentreffen erschienen waren, gingen plötzlich hin. Manchmal kamen die Freunde der Kinder regelmäßig zu Besuch und wurden als Vertreter der jüngeren Generation mit offenen Armen empfangen.

Frauen kleiden sich plötzlich wie ihre Töchter im Teenageralter. Unzufriedene Männer und Frauen lassen das Auge schweifen, suchen nach einem jüngeren Partner. Manche bekommen Torschlußpanik und glauben, daß ihr Leben vergeudet ist, wenn sie nicht gleich Liebe oder sexuelle Befriedigung finden. Partner, die sich zu diesem Zeitpunkt ihres Lebens scheiden lassen, erklären die Untreue des Gefährten oft mit der sogenannten Midlife-crisis. Oder sie beziehen sich auf sich selbst, wenn sie von ihrer Niedergeschlagenheit, ihrer inneren Unruhe oder ihrer Enttäuschung über ihr Leben berichten. Sie wollen ihre Ziele und Prioritäten neu definieren, und oft wollen sie auch einen neuen Partner finden.

Bei den Paaren, die ich interviewte, konnte ich keine ernsthaften Krisen in den mittleren Jahren feststellen. Keiner der Partner drohte in dieser kritischen Zeit mit Trennung oder Scheidung. Maureens erotische Phantasien über den Freund ihrer Tochter hätten sich zwar zu einer ordentlichen Midlifecrisis auswachsen können, aber ihre Bindung an ihre Familie sowie die drohende Zurückweisung durch ihren Mann waren stärker.

Die Paare in glücklichen Ehen machten die Veränderung

zum Teil ihrer Ehe und erstickten so drohende Krisen im Keim. Das stärkte die Ehe und machte sie wieder lebendiger. Die Partner sahen sich nicht außerhalb der Beziehung nach Anregungen um, sondern veränderten ihre Ehe so, daß sie den neuen Anforderungen gewachsen war.

Ellis und Janet Boulden
Eine Zweitehe

In den letzten fünfundzwanzig Jahren arbeiteten meine Kollegen und ich mit vielen Leuten, die ein zweites Mal geheiratet haben, viele davon mit Kindern aus den vorhergehenden Ehen. Als wir sie kennenlernten, hatten die meisten dieser Paare ernsthafte Probleme und beschlossen, sich ein zweites Mal scheiden zu lassen. Für viele von ihnen war die Stiefelternrolle schwieriger, als sie gedacht hatten. Das Glück, das sie sich in der zweiten Ehe erhofft hatten, war ausgeblieben.

Deshalb interessierte es mich, wie glücklich verheiratete Paare mit solchen Problemen fertig wurden. Ein Drittel der von mir befragten Paare hatte ein zweites Mal geheiratet, und die meisten von ihnen hatten Kinder aus der Erstehe. Der größte Teil der Zweitehen war in den siebziger und achtziger Jahren geschlossen worden, als die Scheidungsraten drastisch anstiegen.

Für diese Leute war die Scheidung ein Segen. Doch sie war auch eine zermürbende Erfahrung, die sie als Tiefpunkt ihres Lebens beschrieben, noch schmerzlicher als die schlechte Ehe selbst. Sobald die Ehe vorbei war, mußten sich die Beteiligten wieder mit der Einsamkeit oder den Schuldgefühlen auseinandersetzen, die zu dieser Ehe geführt hatten. Irgendwann waren Ehe und Scheidung in ihrer Erinnerung unlöslich miteinander verbunden, und noch Jahre später wurden sie diese böse Erfahrung nicht los.

Das zweite Mal trafen diese Männer und Frauen eine bessere Wahl. Sie waren inzwischen älter und klüger geworden und kannten sich selbst und andere besser. Obwohl sie sich nach Liebe sehnten, wußten sie nun, wie eine echte Bindung auszusehen hatte. Trotzdem hatten sie mit der Angst zu kämpfen, daß sich ihre Fehlentscheidung wiederholen könnte.

Als Beispiel für eine Zweitehe habe ich eine Familie mit insgesamt vier Kindern aus beiden Ehen ausgewählt, weil die Integration von Kindern in eine neue Ehe so schwierig ist. Zweite Ehen scheitern früher und häufiger als Erstehen, und das liegt meist an den Kindern.

Zweitehen können allen vier hier entwickelten Typen angehören; ich habe mich für eine leidenschaftliche Ehe entschieden, um zu zeigen, daß auch in einer späteren Beziehung die Leidenschaft möglich ist, nach der sich die Partner in ihrer ersten Ehe gesehnt hatten.

Ich lernte Ellis und Janet Boulden über einen Kollegen an der University of California in Berkeley kennen. Die Boulders sind seit sechzehn Jahren verheiratet und haben miteinander vier Kinder großgezogen. Sie heirateten, als sie vierunddreißig war und er siebenunddreißig. Damals hatte jeder von ihnen ein Mädchen und einen Jungen unter elf Jahren. Janets Kinder lebten nun bei ihnen und sahen ihren leiblichen Vater nur selten. Ellis' Kinder wohnten ganz in der Nähe bei ihrer Mutter, die ihren Zorn auf Ellis noch immer nicht verwunden hatte, obwohl sie seinerzeit die Scheidung eingereicht hatte. Seine Kinder verbrachten jedes zweite Wochenende bei Ellis und Janet.

Ellis ist gutaussehend; er hat dichtes, mittelblondes Haar und die athletische Figur eines Langstreckenläufers. Er begrüßte mich im Flur ihres Hauses in San Francisco und führte mich ins Wohnzimmer, in dem es kühl und dunkel war. Die Wände waren mit Holz getäfelt und mit viktorianischen Ornamenten geschmückt. Ellis schreibt die medizinische Kolumne für eine Lokalzeitung.

Ich begann mein Interview mit meiner üblichen Frage: »Was finden Sie gut an Ihrer Ehe?«

»Wir sind beide verlassen worden«, sagte Ellis. »Das schöne an dieser Ehe ist, daß wir einander wollten. Wir wollten beide ganz bestimmte Dinge, Dinge, die unserer Meinung nach in unseren früheren Ehen fehlten.«

Ellis zog seine erste Ehe von Anfang an zum Vergleich heran. Auch Janet begann in unserem späteren Interview mit Bemerkungen über ihre erste Ehe und die Tatsache, daß sowohl sie als auch Ellis beim erstenmal versagt hatten.

»Ich war mit Blindheit geschlagen«, fuhr Ellis fort. »Meiner Meinung nach führte ich eine gute Ehe. Als meine Frau mich verließ, hatte ich das Gefühl, kastriert worden zu sein.«

»Dann kam die Scheidung also unerwartet für Sie?«

»Ja. Ich bedaure es immer noch, daß die Ehe gescheitert ist, auch wenn ich nichts mehr für meine erste Frau empfinde. Ich möchte die Beziehung nicht wieder anfangen, nein, das sicher nicht, aber ich bedaure den Verlust dieser Ehe. Ich habe sogar Angst zu glauben, daß meine Ehe mit Janet glücklich ist, weil ich das Gefühl auch in meiner ersten Ehe hatte.

Das hier ist Janets Haus aus ihrer ersten Ehe, aber wenn sie beschließt, mich sitzenzulassen, bleibe ich.« Er lachte. »Ich habe mich hier eingewöhnt. Diesmal werde ich nicht gehen.«

Ich fragte ihn: »Glauben Sie, daß Sie beim zweitenmal besser wußten, wonach Sie suchten?«

Er nickte. »Ich habe mir jemanden gewünscht, der sich mitteilt, und das tut Janet. Sie sagt mir, wann sie verletzt ist oder durcheinander, statt alles für sich zu behalten. Sie erwartet nicht von mir, daß ich alle ihre Gedanken errate. Janet sagt, was sie denkt. Sie sagt mir alles, auch wenn ich's nicht hören will. Manchmal tut das ganz schön weh. Hin und wieder meine ich, daß ich es nicht mehr ertragen kann, aber schließlich wollte ich genau das. Ich muß zugeben, daß ich mir manchmal eine nette, nachgiebige Frau wünsche, die keine solchen Dinge zu mir sagt. Aber im Ernst: Ich bin froh, daß sie so ist, wie sie ist.«

»Erzählen Sie mir von Janet«, sagte ich.

»Ich weiß noch, wie sie in die Gruppe gekommen ist, in der ich auch war«, sagte er. »Das war eine Gruppe für alleinerziehende Eltern. Ich erinnere mich, wie sie aussah, wie sie sprach, ich sehe ihre Figur, ihre Haare vor mir. Sie ist einfach wunderschön. Und außerdem wirkte sie irgendwie elegant. Ich wollte sie wiedersehen, nachdem die Gruppe sich aufgelöst hatte, also bin ich einfach bei ihr reingeschneit und habe ihr meine Hilfe in einer Sache angeboten, die sie dort vorgestellt hatte. Damals habe ich dieses Haus hier das erste Mal betreten. Ich bin einfach unangemeldet hergekommen.

Kurz danach haben wir uns verabredet. Wir sind an den Strand gegangen und neun Stunden dort geblieben. Wir waren beide so verletzlich und wollten so vieles. Wir konnten gar nicht genug kriegen voneinander. Wir haben den ganzen Tag geredet. Es war ein wunderbarer, romantischer Tag, und danach sind wir miteinander im Bett gelandet, und auch das Körperliche war toll. Wir waren beide völlig hingerissen und schockiert.«

»Wie bald haben Sie ans Heiraten gedacht?«

»Nun, ich habe damals immer noch versucht, die Ehe mit meiner Frau wieder in den Griff zu kriegen. Natürlich war ich höchst erfreut über die Leidenschaft mit Janet, aber ich wollte eigentlich keine feste Bindung, weil ich noch immer hoffte, meine erste Ehe retten zu können. Wir haben uns mehrfach getrennt; meist ging es dabei um die unterschiedliche Vorstellung von unserer Beziehung zueinander.«

Der Übergang von der ersten zur zweiten Ehe ist nie leicht. Keiner der von mir Befragten stürzte sich Hals über Kopf in eine zweite Verbindung. Alle hatten Angst, ihrem eigenen Urteil zu vertrauen, das sie schon einmal fehlgeleitet hatte. Mehrere machten eine Psychotherapie, um herauszufinden, warum sie die falsche Entscheidung getroffen hatten, und um zu lernen, wie sie es beim zweiten Mal besser machen konnten. Viele waren wie Ellis zwischen den beiden Beziehungen hin- und hergerissen. Ellis' leidenschaftliche Zuneigung zu Janet konkurrierte mit seiner Loyalität seiner ersten Frau und seinen Kindern gegenüber, obwohl sie ihn verlassen hatte.

Er fuhr fort: »Ich bin einfach nicht für oberflächliche Affären geschaffen. Es erschien mir nicht richtig, sie mit dem tollen Sex, den wir miteinander hatten, an der Nase herumzuführen, wenn ich das Gefühl hatte, aus der Beziehung würde langfristig nichts. Aber das war mein einziges Problem. Körperlich war es einfach phänomenal. Janet würde sich sehr wundern, wenn ich nichts von unserem tollen Sex erwähnen würde.

Für uns ist der Sex sehr, sehr wichtig, weil wir mit starken körperlichen Bedürfnissen aus unserer ersten Ehe kamen. Uns ging beiden etwas ab – Janet noch mehr als mir. Der Sex war so ziemlich das Wichtigste an unserer anfänglichen Zuneigung, und er ist auch noch heute wesentlich für unsere Beziehung. Janet hatte seit fünf oder sechs Jahren nicht mehr mit jemandem geschlafen, als wir uns kennenlernten, und war sexuell völlig ausgehungert.«

Ellis erzählte, daß er sich fast zwei Jahre lang mit Janet getroffen hatte, bis er endlich merkte, daß seine Frau kein Interesse hatte, die Ehe zu retten. »Damals habe ich ihr gesagt, wenn du die Scheidung nicht einreichst, mach' ich's. Mittlerweile waren Janet und ich bereit, uns fest zu binden. Nachdem wir uns dazu entschieden hatten, haben wir hier im Haus Hochzeit gefeiert. Wir haben selbst ein paar Worte geschrieben und unsere Traditionen zusammengeworfen. Wir hatten großen Spaß.

Wir hatten von Anfang an eine tiefe emotionale Verbindung, die uns beide mit Befriedigung erfüllt. Janet ist etwas ganz Besonderes, eine energische Frau, die sagt, was sie denkt. Ich neige dazu, Dinge zu romantisieren. Sie ist direkt, aufrichtig und geht alles mit enormem Mut an. Aber die Grundlage unserer Beziehung liegt in unserem Bekenntnis zu unserem Dasein als Paar. Wir wollen, daß unsere Ehe funktioniert. Wir sind jetzt seit sechzehn Jahren zusammen, und seit sechzehn Jahren bin ich verliebt in sie.

Wissen Sie«, überlegte Ellis laut, »ich habe nicht mit dieser Scheidung gerechnet. So etwas gab es in meiner Familie nicht. Ich komme aus einem stabilen, konventionellen Elternhaus. Mein Vater war Landarzt, und seine Vorfahren kämpften im Unabhängigkeits- und im Bürgerkrieg. Mein Vater war ein sanfter, liebevoller Mann. Er hatte eine wichtige Stellung innerhalb der Dorfgemeinschaft inne. Ich habe mich mit ihm überworfen, als ich das Medizinstudium abbrach, und noch einmal durch meine Scheidung.«

»Also war er von Ihnen enttäuscht?«

»Sehr. Ich bin mir nicht so sicher, ob er mir jemals vergeben hat. Meine Mutter war in vielerlei Hinsicht die Stärkere, besonders, was die alltägliche Ordnung anging. Ich habe mich mehr mit ihr gestritten. Als ich ein Teenager war, haben wir uns ein paarmal ganz schön in die Haare gekriegt. Sie war sehr stark, sehr traditionell.«

»Sprechen Sie jetzt von Werten?«

»Ja. Von Grundwerten unserer Familie«, sagte er. »Am wichtigsten für uns war es, ein guter Mensch zu sein. Wir wollten im Leben etwas leisten, nicht immer nur nehmen, sondern auch geben. Ich könnte Ihnen alles sagen, was mein Vater getan und gesagt hat, wie er aussah, welche Gewohnheiten er hatte. Aber das würde ihn nicht beschreiben. Er war irgendwie heilend.«

»Sie haben Ihren Vater sehr geliebt?«

»Ja, aber ich hätte gern mehr von den Dingen getan, die die anderen Kinder gemacht haben. Ich hätte mir gewünscht, daß mein Vater zugänglicher gewesen wäre.«

»Sie waren einsam?«

»Ja. Das zieht sich durch meine ganze Kindheit hindurch.«

»Was wurde aus Ihren Plänen, Arzt zu werden?«

»Ich habe mich als Teenager für die Medizin entschieden. Mein Vater legte immer viel Wert auf den Dienst an der Gemeinschaft, und mir gefiel der Gedanke, Arzt zu werden, den Leuten auf diese Weise zu helfen. Also wollte ich eine Praxis in einer kleinen Stadt aufmachen. Ich habe meine erste Frau im dritten Collegejahr kennengelernt und geheiratet. Wir kannten uns drei Monate. Eigentlich waren wir noch Teenager. Damals dachte ich, das ist die richtige Entscheidung. Aber dann habe ich versagt. Ich habe es einfach nicht geschafft mit der Medizin. Der Wettbewerb war mörderisch, und ich habe das Medizinstudium im zweiten Jahr geschmissen. Ich war ziemlich niedergeschlagen.

Ich kann mich erinnern, daß ich die Straße entlanggefahren und mir dabei vorgekommen bin wie ein Versager. Ich hatte keine Ahnung, an wen ich mich wenden sollte. Ich fing die verschiedensten Jobs an. 1970 sind wir nach Kalifornien gezogen und haben einen Kulturschock erlitten. Hier hat das

Leben mehr gekostet als im Osten, und wir waren ständig pleite. Das war ziemlich schlimm für meine Frau. Sie war an eine bestimmte Rolle gewöhnt, an eine gewisse Stellung innerhalb der Gesellschaft. Ich glaube, sie hat eigentlich ihre Vorstellung von einem Arzt geheiratet, und es ist ihr schwergefallen, die Frau eines ganz normalen Menschen zu sein.

Ich wußte nicht, was in ihrem Kopf vorging«, sagte er. »Und ich habe ihr auch nicht genug Aufmerksamkeit geschenkt. Ich hatte keine Ahnung, daß in unserer Ehe etwas nicht stimmte.«

Die meisten Leute glauben, daß beide Partner einer Ehe und die Kinder Bescheid wissen, wenn es Probleme gibt, aber das stimmt nicht unbedingt. In einer guten Ehe wissen die Partner um die Gefühle des anderen, aber in einer gestörten Beziehung ist der emotionale Kontakt abgebrochen.

Ellis seufzte. »Sie wurde immer deprimierter und begann, alle Probleme in Verbindung mit der Ehe zu sehen. Sie distanzierte sich von mir und bat schließlich um die Scheidung. Ich habe erst ganz zum Schluß gemerkt, daß etwas nicht stimmte. Sie hatte sich in den Gedanken hineingesteigert, daß ich das größte Problem in ihrem Leben wäre.«

»Wie haben Sie sich gefühlt?«

»Ich hätte das fast nicht überstanden. Ein paarmal habe ich sogar daran gedacht, von der Golden Gate Bridge zu springen. Ich hatte das Gefühl für Ordnung und Kausalität verloren, mir war der Boden unter den Füßen weggezogen worden. Sie nahm mir praktisch mein ganzes Leben weg. Ich habe lange gebraucht, um zu begreifen, daß das wirklich die Wahrheit war. Ich war am Boden zerstört. Ich konnte meinen Kindern nicht mehr in die Augen schauen. Ich bin mir vorgekommen wie ein Versager. Ich war verzweifelt, und ich hatte keine Ahnung, wie ich wieder Halt bekommen könnte. Irgendwann fing ich dann mit dem Schreiben an. Und vor allen Dingen habe ich Janet kennengelernt.«

Die erste Aufgabe der Ehe besteht darin, sich von den Eltern zu lösen und eine Erwachsenenbeziehung mit ihnen aufzubauen. Die erste Aufgabe einer Zweitehe besteht ebenfalls darin, sich loszulösen, allerdings nicht von den Eltern, sondern von der ersten Ehe. Das dauert viel länger, als den meisten Menschen klar ist, denn nicht nur die emotionale Bindung zum Expartner wird aufrechterhalten, sondern auch die zum alten Haus, den alten Freunden und allen ehemaligen Familienmitgliedern. Die Trennung ist erst dann vollzogen, wenn die Wunden verheilt sind, das Vertrauen zum Partner aufgebaut ist und die zweite Ehe an Kraft gewonnen hat. Die Vergangenheit verschwindet nie völlig, aber sie wird an den Rand gedrängt, wo sie hingehört.

Der erste Schritt zur Trennung besteht darin, den Verlust dessen zu betrauern, was die erste Ehe emotional und symbolisch bedeutete. Auch wenn das Ende schlimm war, begann sie doch mit Träumen und Hoffnungen, die man zu Grabe tragen muß, bevor sie endgültig der Vergangenheit angehören. Die Trauerarbeit ist um so schmerzlicher, wenn einer der Beteiligten die Ehe weiterführen wollte, obwohl der andere sich bereits zur Trennung entschlossen hatte.

Ich sagte zu Ellis: »Erzählen Sie mir von den ersten Jahren Ihrer Ehe mit Janet.«

»Nun, die Ehe ist nicht automatisch gutgegangen; wir haben uns sehr darum bemüht. Wir kümmern uns umeinander. Wir sind von Anfang an allein miteinander weggefahren, denn wir hatten in unserer Ehe gelernt, daß man aus der Elternrolle heraus muß, weil man sonst nicht genug Zeit für die Beziehung hat. Ich habe lange Geschäftsreisen gemacht, und sie hat mich begleitet. Meistens haben wir uns dabei über die Kinder oder über uns unterhalten, aber schon die Tatsache, daß wir allein waren, war ein kleines Abenteuer für uns – das war uns beiden wirklich wichtig.«

»Und wie sieht's jetzt aus?«

Er sagte: »Wir arbeiten weiter daran. Wir reden und gehen beide gern spazieren, also machen wir das fünfmal die Woche. Das tut uns körperlich gut, und wir haben dabei Gelegenheit, allein zu sein, uns zu unterhalten. Wir setzen uns nie mit dem Essen vor den Fernseher. Wir nehmen uns viel Zeit füreinander. Es ist uns gelungen, etwas Solides aufzubauen, und das ist ein wichtiger Bestandteil unseres Glücks.«

Eine Woche später saß ich mit Janet, die einen dunkelgrünen Jogginganzug trug, zusammen. Janet war gerade fünfzig geworden, eine zierliche Frau mit langen, schwarzen Haaren, blauen Augen und heller Haut – eine richtige irische Schönheit. Sie arbeitete als Redakteurin bei der Zeitung, für die Ellis schrieb.

Anfangs war Janet ein bißchen nervös und sagte, sie habe nur zwei Stunden Zeit für das Interview. Ich versicherte ihr, daß wir pünktlich fertig sein würden, doch dann redeten wir fast vier Stunden miteinander.

Auf meine Eingangsfrage antwortete Janet folgendermaßen: »Ellis hatte alles, wonach ich suchte, vor allen Dingen Sanftheit und Freundlichkeit. Außerdem wünschte ich mir jemanden, der klug war und bereit, hart am Gelingen seiner Ehe zu arbeiten. Für Ellis und mich hat das wunderbar funktioniert. Wir unternehmen viel miteinander, und wir haben dieselben Ansichten über das Leben und die Politik. Wir sind gute Freunde, und der Sex ist toll.

Meine vorherige Ehe war schrecklich«, sagte sie leise.

»Mein Mann war gewalttätig und hat mich geschlagen wie mein Vater. Wie Sie wissen, war Ellis vorher auch schon mal verheiratet, aber er dachte, in seiner Ehe sei alles in Ordnung. Dann hat seine Frau ihn verlassen. Wir sind beide sitzengelassen worden. Ellis gefällt es, daß ich den Mund aufmache. Ich halte mit meiner Meinung nicht hinterm Berg. Er weiß, daß ich ihn nie verlassen würde, ohne ihm vorher etwas zu sagen. Und ich habe von Anfang an gewußt, daß er ein sanfter, freundlicher Mensch ist, daß er mir nie wehtun würde. Er ist ein guter Mensch. Wir sind mit diesen Erwartungen in diese Ehe gegangen, und wir haben beide bekommen, was wir uns gewünscht haben.«

»Hatten Sie auch Schwierigkeiten?« fragte ich.

Janet antwortete schnell: »Das größte Problem hatten wir mit den Kindern. Wir wußten nicht, wie wir eine große Familie aus uns und den vier Kindern machen sollten, die damals alle unter elf waren. Zwei lebten bei uns, und die anderen beiden kamen jedes zweite Wochenende zu Besuch. Um ehrlich zu sein: Manchmal habe ich das einfach nicht ausgehalten. Am liebsten hätte ich mich aus dem Staub gemacht. Aber das ist ein anderes Kapitel. Für Ellis und mich bestand das größte Problem darin, Zeit und Raum für uns zu finden.«

»Und Sie haben dieses Problem gelöst?«

»Ja, aber das war gar nicht so leicht. Wissen Sie, uns war beiden klar, daß wir eine Einheit als Paar bilden mußten, aber ich wußte damals noch nicht, wieviel ich von Ellis erwartete. Ich hatte so lange so viel entbehren müssen, deshalb waren mir meine eigenen Bedürfnisse am wichtigsten. Ich brauchte jemanden, der mich stützte. Ich glaube nicht, daß wir das damals schon so genau wußten. Schließlich war ich keine junge Frau mehr, und ich war schon einmal verheiratet gewesen, elf Jahre lang. Aber als ich Ellis kennenlernte, brauchte ich je-

282

manden, der sich um mich kümmerte, genau wie er auch. Wir mußten uns Zeit füreinander nehmen, und das haben wir auch gemacht. Wir sind übers Wochenende allein weggefahren, um kleine Abenteuer zu erleben und unserer Beziehung neue Kraft zu geben. Das hat uns über viele Klippen hinweggeholfen.«

Janet erzählte mir von ihrer ersten Ehe: »Es war schrecklich. Mein Mann schlug mich die ganze Zeit. Ich habe ihn nie geliebt. Ich war erst zwanzig, als ich ihn kennenlernte, und die Beziehung war von Anfang an eine Katastrophe. Er hat mich mißhandelt und war ein schrecklicher Vater. Er hat sich von mir scheiden lassen, weil er ein Verhältnis mit einer anderen hatte. Als wir uns schließlich trennten, hatten wir schon seit sieben Jahren nicht mehr miteinander geschlafen. Ich hatte keinen Job, keinen Mann, keinen Beruf, zwei kleine Kinder, und meine Eltern waren tot. All das mußte ich gleichzeitig bewältigen. Ich war unglaublich niedergeschlagen und hilflos.«

»Wie haben Sie Ellis kennengelernt? Erzählen Sie mir etwas von den Anfängen.«

Sie lächelte. »Wir haben uns in einer Gruppe für alleinerziehende Eltern zum erstenmal gesehen. Er saß im Schneidersitz da und hatte eine Weste aus kariertem Stoff an. Ich habe mich sofort körperlich zu ihm hingezogen gefühlt und so etwas wie einen Hoffnungsschimmer gespürt.«

»Wollten Sie jemanden kennenlernen?«

»Du lieber Himmel, nein. Ich hatte keine Ruhe, mich umzusehen; dazu war ich einfach zu niedergeschlagen. Aber das war ein schönes Erlebnis. Mir ist aufgefallen, wie gut er aussah, aber ich habe damals nicht zu hoffen gewagt, daß die Geschichte sich weiterentwickeln würde.«

»Also dachten Sie damals, daß nichts mehr klappen würde?«

»Genau. Ich hab' mich nicht mal mehr mit Männern verabredet. Tja, aber dann bin ich mit ihm ausgegangen. Es war erstaunlich. Wir haben uns über den Existentialismus unterhalten. Wir haben uns körperlich und seelisch voneinander angezogen gefühlt. Es hat uns beiden den Boden unter den Füßen weggezogen. Unsere Seelenverwandtschaft verband sich mit der körperlichen Anziehung. Wir sind zu ihm nach Hause und schon bei der ersten Verabredung miteinander ins Bett. Wir konnten die Finger nicht voneinander lassen, aber wir hatten auch beide Angst vor der Stärke dieser Anziehung.

Ich dachte nicht daran, ihn zu heiraten, obwohl wir die ganze Zeit miteinander schliefen. Zu Hause war ich die gute Mutter, aber ich habe dabei immer an unsere Beziehung gedacht. Plötzlich hatte ich ein Privatleben, das sich um diese Beziehung drehte.«

»War das das erste Mal, daß Ihnen so etwas passierte?«

»Ja. So eine gegenseitige Anziehung hatte ich noch nie erlebt. Allzuviel kannte ich in dieser Hinsicht ohnehin nicht, denn als ich mit zwanzig heiratete, hatte ich noch nie mit einem Mann geschlafen.«

»Wie schwer ist es Ihnen gefallen, es noch ein zweites Mal zu versuchen?«

»Er war noch nicht geschieden und hat immer noch gehofft, daß er die Ehe mit seiner Frau retten könnte. Aber unsere Beziehung wurde ziemlich ernst. Ein Teil von mir sagte: ›Nein, nein, nicht so schnell.‹ Ich wollte erst mal allein sein. Aber ein anderer Teil von mir sagte: ›Halt ihn fest, halt ihn fest.‹ Wir sind zusammen an einen Ort gefahren, an dem man meditieren und lange Spaziergänge machen kann. Dort war alles ruhig, es gab Steinmauern und ein Kloster, und es war schön, dort zu sein. Alles wirkte so vergeistigt, als gäbe es auch einen spirituellen Aspekt unserer Beziehung. Es war ganz anders als alles, was ich bis dahin erlebt hatte – so ruhig und geordnet. Ich möchte nicht sentimental klingen, aber ich fühlte, daß ich einen Teil von mir gefunden hatte, von dem mir vorher nichts bewußt war.

Und bevor ich mich's versah, zog er hier ein. Als er da war, haben wir zusammen ein Sofa gekauft, und dieses Sofa wurde zu einem Symbol. Um es ins Haus zu bringen, mußten wir es in zwei Hälften zersägen. Und als es drinnen war, konnte man es nicht mehr herausholen. Ellis macht immer Scherze drüber und sagt: ›Wenn irgendwas schiefgeht in dieser Beziehung, bleibe ich hier, und das Sofa auch.‹« Sie lachte und sagte, ein wenig ernster: »Ellis hat mich gefragt, ob ich ihn heiraten möchte, und ich habe ja gesagt.«

»Hatten Sie Angst?«

»Das ist nicht der richtige Ausdruck. Ich habe die ganze Zeit gedacht, warum mache ich diese Beziehung durch die Hochzeit kaputt? Dann hat mir eine Freundin einen guten Rat gegeben. Sie sagte: ›Bedeutet das, daß der Kerl dich und deine zwei Kinder und deine zwei Hunde will? Und du machst dir Gedanken darüber, daß seine Kinder an den Wochenenden zu euch kommen! Worauf wartest du eigentlich noch?‹«

»Wissen Sie«, sagte sie, »ein Grund für meine Angst lag darin, daß ich in meinem Leben bis dahin nur wenige gute Erfahrungen gemacht hatte. Das fing schon in der Kindheit an. Ich bin in Irland zur Welt gekommen, ein bißchen außerhalb von Belfast, das heißt, daß ich von Anfang an von Gewalt und Haß umgeben war. Meine Mutter hatte fast die ganze Zeit Angst. Mein Vater war ein gewalttätiger, jähzorniger Mann. Meine Brüder und Schwestern und ich hatten die ganze Kindheit hindurch Angst. Er hat uns angebrüllt und war außer sich vor Zorn. Es war schrecklich.

Aber meine Mutter war eine wundervolle Frau. Am schönsten war es, wenn wir gemeinsam Dinge unternahmen. Wir haben zum Beispiel ein Paar Schuhe gekauft oder sind zum Picknicken aufs Land gefahren. In meiner ersten Ehe hatte ich ein ganz ähnliches Verhältnis zu meiner kleinen Tochter. Ich habe mich an sie geklammert, ähnlich, wie meine Mutter sich an mich geklammert hat.

Aber dann verlor ich beide Eltern bei einem Autounfall. Ich war gerade zwölf und völlig verwirrt darüber, wie schnell sich alles änderte. Nach der Beerdigung hat man meine Geschwister und mich auf verschiedene Verwandte verteilt. Ich bin zu meiner Tante nach Kalifornien gekommen. Ich konnte sie nicht sonderlich leiden. Sie war die ältere Schwester meines Vaters und ihm in vielerlei Hinsicht ähnlich. Ich konnte es gar nicht erwarten, von ihr wegzukommen, deshalb habe ich so jung geheiratet.

Nach dem Tod meiner Eltern habe ich mich sehr zurückgezogen. Ich konnte mir nicht vorstellen, daß mich irgend jemand je wieder so lieben würde wie meine Mutter. Deswegen war es etwas so Besonderes für mich, daß Ellis mich so sehr liebte. Er hatte etwas Heilendes an sich. Davor hatte mich noch nie jemand so bewundert. Wissen Sie, jetzt ist eigentlich die schönste Zeit unserer Ehe, und ich möchte, daß das so weitergeht. Ich mache mir Gedanken wegen unserem Alter. Wir sind beide über fünfzig. Ellis hat ein bißchen Probleme mit dem Herzen, und natürlich belastet mich das. Aber ich möchte, daß unser Glück andauert, daß wir gesund bleiben.«

Paare in zweiten Ehen brauchen Zeit, um die Beziehung aufzubauen. Dabei versuchen sie, die Fehler, die sie das erste Mal gemacht haben, zu vermeiden. Der Anfang der zweiten Ehen ist von großen Hoffnungen gekennzeichnet, die die Ängste in den Hintergrund drängen. Trotzdem gibt es viel zu tun. Der Erfolg der Ehe hängt mit aktiven Bemühungen zusammen, die die des ersten Versuchs übertreffen müssen, denn jede zweite Ehe, egal, ob sie leidenschaftlich, kameradschaftlich oder traditionell ist, ist gleichzeitig auch eine Ehe als Zuflucht. Sie rettet die Partner nicht vor Kindheitstraumata, sondern vor den schlechten Erfahrungen einer früheren Beziehung.

Eine erfolgreiche zweite Ehe beginnt mit dem Versprechen, daß sie Konflikte aushält und sich die Leiden des ersten Versuchs nicht wiederholen. Wenn die Liebenden einander ihre Lebensgeschichte erzählen, machen sich die Geister der Vergangenheit in der neuen Beziehung breit. Diese Geister haben besonders große Macht, wenn sie Ängste aus Kindheit und Jugend heraufbeschwören.

Doch wenn die Partner sich diesmal richtig entschieden haben, können sie ihre Bedürfnisse klar und deutlich aussprechen. Natürlich kann es anfangs zu Fehldeutungen kommen. Ängste aus der vorhergehenden Beziehung verwandeln sich schnell in Anschuldigungen, die zu Gegenbeschuldigungen und Mißtrauen führen. Die Aufgabe der Partner besteht in solchen Fällen darin, die Geister von der Realität zu unterscheiden, denn das Gefühl, das zweite Mal in die gleiche Falle getappt zu sein, ist unerträglich.

In unglücklichen Ehen geht oft die Selbstachtung verloren, besonders wenn die Beziehung durch Betrug endete. Die Aufgabe einer Ehe besteht nicht nur darin, Trost zu spenden, sondern auch die Selbstachtung der Partner wieder aufzubauen. Zum Glück haben Menschen, die in der ersten Ehe leiden mußten, gelernt, daß man nicht nur nehmen darf, sondern auch geben muß. Sie haben selbst lange Zeit immer nur gegeben und wissen, wie sehr die Selbstachtung darunter leidet, wenn man nichts zurückbekommt. Deshalb versuchen sie, innerhalb der zweiten Ehe ein Gleichgewicht herzustellen. Ein gegenseitiges Anerkennen der Bedürfnisse und Verletzlichkeiten kann Mann und Frau enger zusammenschweißen.

Beim zweiten Versuch bringen die Partner mehr Erfahrung und Reife mit. Weil sie jedoch älter sind und vor der zweiten Ehe allein gelebt haben, fällt es ihn unter Umständen schwerer, ihre Unabhängigkeit aufzugeben und die Nähe aufzubauen, die eine Ehe zusammenhält. Eine gemeinsame Identität – ein »Wir« anstelle eines »Ich« – zu schaffen ist um so schwieriger, je selbständiger die Partner gelebt haben. Auch die Gewohnheiten sind möglicherweise so eingefahren, daß die Partner sie nur schwer aufgeben können.

Viele Partner in Zweitehen gestehen, daß ihnen ein erfülltes Sexleben wichtig ist. Sie schlafen oft schon ziemlich früh miteinander, weil sie bereits genug sexuelle Erfahrungen hinter sich haben und keine so lange Anlaufzeit mehr brauchen. Die Leidenschaft entlädt sich besonders schnell, wenn die Beteiligten jahrelang gedemütigt wurden oder kein Ventil für ihre Lust hatten. Der Sex spielt in zweiten Ehen eine besondere Rolle, weil die Partner mit Freude feststellen, daß sie noch attraktiv und leidenschaftlich sein können.

Kinder in Zweitehen

Nach ungefähr der Hälfte des Interviews merkte ich, daß Janet mir noch nicht erzählt hatte, wie es Ellis und ihr gelungen war, ihre Kinder in der zweiten Ehe großzuziehen. Als sich Gelegenheit dazu ergab, fragte ich sie ganz direkt danach.

»Ich glaube, Sie jetzt gut genug zu kennen, um Ihnen die Wahrheit zu sagen: Ich wollte den Mann, aber nicht die Kinder.

Die Familien zu integrieren war die schwierigste Aufgabe meines Lebens«, sagte Janet. »Wir hatten keine Ahnung, wie schwer das werden würde. Im nachhinein bin ich erstaunt darüber, wie viele Ängste wir verkraftet haben, und ich bin froh, daß unsere Ehe noch existiert.

Wenn ich gewußt hätte, wie schwierig es werden würde, hätte ich mich vielleicht nicht darauf eingelassen. Wissen Sie, die Hauptbetonung in dieser Ehe liegt darauf, daß wir ein Paar sind. Unsere Kommunikation und unsere Privatsphäre haben absolute Priorität. Wir kommen zuerst, und davon profitieren auch die Kinder.«

»Wie hat das funktioniert?«

Sie seufzte. »Nicht so gut. Das haben wir aber erst nach mehreren Jahren gemerkt. Ellis ist mit unserer Ehe einen großen Kompromiß eingegangen, weil ich ihn darum gebeten habe. Um ehrlich zu sein, nicht nur gebeten, ich habe darauf bestanden. Der Kompromiß sah folgendermaßen aus: Wir würden meine Kinder behalten, und seine Kinder könnten zu Besuch kommen. Seine Kinder waren ein ganz schönes Pack, als wir uns kennenlernten; ich hätte sie einfach nicht ertragen.«

»Was haben die Kinder bei ihren Besuchen angestellt?«

»Sie waren wie kleine Teufel, hatten jede Menge überschüssige Energie und keinerlei Disziplin, wie große, schmutzige Welpen, die alles in Unordnung brachten. Manchmal hatte ich das Gefühl, daß sie das alles absichtlich machen.

Heute weiß ich, daß die Kinder von Ellis damals völlig niedergeschmettert von der Scheidung waren«, sagte Janet. »Niemand in der Familie hatte mit dieser Scheidung gerechnet, und niemand hatte geahnt, welche Auswirkungen sie auf die Kinder haben würde. Ich hatte niemanden, an den ich mich wenden konnte. Das war in den Siebzigern, und da sagten alle, nach ein paar Monten würden sich die Kinder schon fangen. Also haben Ellis und ich einen Vertrag geschlossen. Darin haben wir festgelegt, daß wir als Paar zuerst kamen; unausgesprochen blieb, daß die Kinder an zweiter Stelle standen. Natürlich hat das die Kinder noch mehr durcheinandergebracht, und in dem Haus ging es zu, das können Sie sich nicht vorstellen. Es ist ein Wunder, daß diese Ehe das überstanden hat.«

Auch Ellis war in dem Gespräch mit mir offen gewesen: »Wir haben große Probleme mit den Kindern gehabt«, sagte Ellis. »Das war ganz schön hart für uns. Es hat alle vier Kinder getroffen, weil sie sich alle mit der Scheidung auseinandersetzen mußten. Für uns ist diese Ehe toll, aber für die Kinder sieht das anders aus. Ich bin mir ziemlich sicher, daß sie sich ganz schön oft ausgeschlossen vorgekommen sind.

Sie müssen sich die Situation vorstellen, in der Janet und ich beschlossen zu heiraten. Ich bin zu ihr gezogen, aber meine Kinder sind bei ihrer Mutter geblieben. Jedes zweite Wochenende sind sie zwei Nächte bei uns geblieben. Janets zwei

Kinder haben einen Vollzeitvater bekommen, meine eigenen Kinder aber hatten nur noch einen Teilzeitvater.

Meine Kinder sind sich sehr bald wie Außenseiter und Besucher vorgekommen. Ihre Kinder haben sie als Eindringlinge gesehen, obwohl jedes Kind ein Zimmer für sich hatte. Nichts hat funktioniert. Die Wochenenden mit meinen Kindern waren die Hölle. Alle haben sich von ihrer schlechtesten Seite gezeigt. Janet, ihre Kinder, meine Kinder – und ich hab' kaum etwas anderes gemacht, als dabeizustehen und mir Gedanken zu machen. Es hat mindestens drei Jahre gedauert, bis wir in der Lage waren, die beiden Familien zusammenzubringen. In den ersten Jahren war die Elternrolle für Janet und mich sehr aufreibend – besonders für Janet.«

»Wieso das?«

»Manchmal kann eine Stärke zur Schwäche werden«, antwortete Ellis. »Ich glaube, bei meiner Frau war das so. Eigentlich kann sie sehr gut mit Kindern umgehen, aber damals war sie einfach überfordert, und ich habe mich ihren Wünschen gebeugt. Ich habe mehr weggegeben, als ich als Vater hätte tun sollen.«

»Warum passierte das Ihrer Meinung nach?«

»Meine Selbstachtung als Vater war durch die Scheidung schwer in Mitleidenschaft gezogen; ich kam mir inkompetent vor. Ich habe keine Ahnung, ob meine Kinder alle möglichen Probleme hatten oder ob sie bloß ein bißchen wild waren. Schließlich hatten sie gerade erst eine Scheidung mitgemacht. Es ist gar nicht so leicht zurückzuschauen. Das tut weh. Wir haben uns die ganzen ersten drei Jahre unserer Ehe wegen der Kinder gestritten. Und die Kinder haben sich ihrerseits gestritten. Alle haben sich gegenseitig die Schuld gegeben. Die Kinder hatten allesamt Probleme in der Schule, und sie sind in ganz schön ernste Sachen reingeschlittert. Janet hat ge-

brüllt, und ich war verzweifelt. Aber ich war optimistisch.
Ich hatte die Vorstellung, daß wir die Kinder alle irgendwie in
eine große, glückliche Familie integrieren könnten. Ich habe
an diesem Traum, dieser Vision, dieser Hoffnung, festgehal-
ten. Es hat eine ganze Zeit gedauert, bis ich begriffen habe,
daß dies vorerst eine Illusion war.«

Mächtiger als alle anderen Geister der ersten Ehe sind die
Kinder aus dieser Beziehung. Aber warum stellen die Kinder
in einer zweiten Ehe ein solches Problem dar, und warum
drohen sie, die Beziehung aus dem Gleis zu werfen?

Keine Erfahrung kann ein Paar auf die Integration der Kinder in die neue Ehe vorbereiten; dies ist nicht nur für die Erwachsenen, sondern auch für die Kinder Neuland. Abgesehen von Babys und Kleinkindern, die sich noch leichter
integrieren lassen, stellen Kinder fast immer eine Bedrohung
für die zweite Ehe dar, weil ihre Interessen sich deutlich von
denen der Eltern unterscheiden. Das, was das Paar in den frühen Jahren der Ehe will und braucht, ist nicht das, was die
Kinder wollen und brauchen. Folglich kommt es zu Streitereien darüber, wer Priorität hat – die Erwachsenen oder die
Kinder, seine Kinder oder ihre Kinder. In vielen Fällen äußert
sich das in recht handgreiflichen Problemen, beispielsweise,
wie Zeit und Geld zu verteilen sind.

Solche Fragen sind gerade dann schwer zu lösen, wenn
zwei angeschlagene Erwachsene beginnen, sich und ihre Bedürfnisse kennenzulernen. Normalerweise haben Mann und
Frau in den frühen Jahren der Beziehung Privaträume, in denen sie sich gegenseitig körperlich, seelisch und geistig erforschen können. Doch in Zweitehen mit Kindern gibt es keine
solche ungestörte Zeit. Viele Paare in zweiten Ehen beklagen
sich darüber, daß sie nie Gelegenheit hatten, zu zweit zu

sein, das zu genießen, was eigentlich nötig wäre, das Alleinsein.

Die Probleme, die bei der Integration der Kinder auftauchen, hängen von Persönlichkeit, Alter und Geschlecht der
betreffenden Kinder sowie von den Besuchsregelungen ab.
Dazu kommen noch die Art und Weise, wie die erste Ehe
beendet wurde – im Streit oder in beiderseitigem Einverneh-
men –, und das Geld, das zur Verfügung steht. Fast jeder
Aspekt der ersten Ehe, auch die Ereignisse, die zur Trennung
und Scheidung führten, wirken sich unmittelbar auf die Situation aus.

Wenn man bedenkt, wie unterschiedlich die befragten Familien waren, erstaunt es, wie sehr sich die Probleme ähnel-
ten. Die meisten Stiefeltern haben die gleiche Hoffnung wie
Ellis, nämlich eine große, glückliche Familie zu werden. Das
Paar wünscht sich Frieden und so wenig Streit wie möglich.
Es wünscht sich nichts sehnlicher, als daß die zweite Ehe
funktioniert. Wie Ellis wollen die Partner außerdem ihre eigenen Kinder trösten und die Schäden wiedergutmachen, die
die Scheidung verursacht hat.

Die Kinder fragen sich ihrerseits, wie der neue Elternteil
ist. Der neue Vater oder die Mutter ist ein Eindringling, aber
auch eine mögliche Quelle des Interesses und der Zuneigung.
Die Kinder machen sich Sorgen darüber, daß sie die Aufmerksamkeit ihres leiblichen Elternteils verlieren könnten.
Janet erzählte, daß sie sich in den Wirren ihrer ersten Ehe
trostsuchend an ihre kleine Tochter gewandt hatte; sicherlich
war das Mädchen nicht sonderlich glücklich darüber, von
Ellis abgelöst zu werden.

Viele Kinder halten an der Vorstellung fest, daß ihre Eltern
sich wieder versöhnen werden, und sie haben Ressentiments
gegen den Stiefvater oder die Stiefmutter, weil diese ihrem

Traum im Weg stehen. Außerdem sind die Kinder in ihrer Loyalität zwischen leiblichen Eltern und Stiefeltern hin- und hergerissen.

Die Stiefelternrolle steckt voller Anforderungen und Überraschungen. Besonders die Stiefmutter sieht sich in einer integrierten Familie Problemen gegenüber. Sie betrachtet die neuen Kinder fast zwangsläufig als Eindringlinge und hat möglicherweise das Gefühl, daß sie sich immer den Wünschen der ersten Ehefrau beugen muß. Sie muß in regelmäßigen Abständen das Haus auf die Besuche der Kinder vorbereiten, mehr Lebensmittel einkaufen, kochen, mehr Wäsche waschen und sich Pläne zur Beschäftigung der Kinder ausdenken. Im Haus geht's drunter und drüber, damit die Kinder, die das nicht zu würdigen wissen, sich wohlfühlen. Selbst Frauen, die an Kinder gewöhnt sind, beklagen sich über die Unordentlichkeit, Aggression und Unhöflichkeit der neuen Kinder, auch wenn diese sich nicht schlimmer aufführen als andere Kinder auch. Eine Frau sagte: »Ich schäme mich, weil ich sie nicht leiden kann.« Eine andere meinte: »Ich bin immer wieder von mir selbst enttäuscht. Ich hatte gedacht, ich würde es schaffen.«

Kinder, die gerade eine Scheidung erlebt haben, sind manchmal wirklich nicht leicht zu bändigen. Sie sind oft launisch, argwöhnisch, fordernd, aggressiv und ziemlich verschreckt. Sie brauchen besondere Fürsorge, Verständnis und Geduld, weil sie sehr verletzlich sind. Zwischen Geschwistern und Stiefgeschwistern kommt es immer wieder zu Streitereien, und Tränen fließen schnell. Kinder, die eine Scheidung hinter sich haben, leiden häufig an Schlafschwierigkeiten, bekommen Wutanfälle oder haben Probleme in der Schule.

Sie fühlen sich oft von den Frischverheirateten zurückgewiesen oder ausgeschlossen, wenn diese sich zum Beispiel ein Abendessen zu zweit gönnen und dann den Rest des Abends im Schlafzimmer verbringen. Etliche Kinder erzählten mir, daß sie ganze Abende damit zugebracht hätten, durch Schlüssellöcher zu schauen, weil sie neugierig waren und verletzt darüber, nicht einbezogen zu werden.

Bei den Konflikten geht es auch häufig um Geld. Wenn der Brötchenverdiener zwei Familien versorgen muß, reichen die Mittel oft nicht; ein schlechtes Gewissen oder Haß auf den Expartner ist die Folge.

Eine drastische Lösung für den Vater besteht darin, sich emotional von den Kindern aus der ersten Ehe zu lösen. Die Männer, die sich für diese Lösung entschieden, überwiesen zwar regelmäßig die Alimente, besuchten ihre Kinder aber nicht und luden sie auch nicht in ihre neue Familie ein. Die Betroffenen glaubten, durch ihr Verhalten die zweite Ehe zu schützen; manches wurde so in der Tat für sie leichter, aber das schlechte Gewissen blieb. In etlichen Fällen war auch die zweite Frau die treibende Kraft. Manche Männer merkten, daß sie die Verbindung mit den Kindern aus der ersten Ehe nicht aufrechterhalten konnten, ohne gleichzeitig Kontakt mit der ersten Frau zu haben, und das ertrugen sie nicht. Dafür kümmerten sie sich in der zweiten Beziehung um so vorbildlicher um den Nachwuchs.

»Mein Sohn war sieben, als ich mich scheiden ließ«, sagte ein Mann. »Er hält nicht viel von mir. Ich habe meine Siebensachen vor seinen Augen gepackt, und das hat ihn sehr verletzt. Die reine Zurückweisung, ich weiß, und es tut mir leid. Ich kann es verstehen, wenn er mich haßt. Kinder können die Eltern nicht verletzen, das funktioniert nur umgekehrt. Kinder sind unschuldig und vollkommen abhängig, also können sie die Eltern nicht verletzen, aber die Eltern können sie zurückweisen. Ich habe Alimente bezahlt, bis mein Sohn das College abgeschlossen hatte, aber ich bin nicht zu seiner Hochzeit gegangen. Das wäre eine zu große Belastung für die Familie gewesen. Ich möchte, daß er glücklich wird.«

Janet und Ellis brachten jeweils zwei Kinder in die zweite Ehe mit. Obwohl sie intelligente Leute sind, glaubten sie, die Integration der Familie würde schnell und schmerzlos vonstatten gehen. Aber diese Vorstellung erwies sich schon bald als falsch. Die Familie zerbrach fast dabei, und keines der Kinder wurde mit der Situation fertig. Die Ehe, die Ellis und Janet so viel bedeutete, war in Gefahr.

Ich fragte Janet: »Was haben Sie getan, um Ehe und Familie zu retten? Das muß alles sehr schwierig gewesen sein.«

»Ich sage Ihnen, was wir gemacht haben, weil ich immer noch glaube, daß es richtig war. Anfangs haben wir nicht genug getan. Wir haben uns gedacht, und ich glaube, daß wir uns da nicht täuschten – ich würde es wieder so machen –, daß die Kinder nicht die geringste Chance hätten, wenn wir als Paar keine solide Basis aufbauen könnten. So haben wir ihnen etwas sehr Wertvolles gegeben, ein widerstandsfähiges Paar. Allerdings sind wir mit unseren eigenen Wünschen zu weit gegangen, und darunter haben die Kinder gelitten.«

»Wieviel hatte das mit Ihrer Angst zu tun, daß Sie mit der Situation nicht zurechtkommen würden?«

»Sehr viel«, antwortete sie. »Ich habe das zwar damals schon gewußt, aber heute sehe ich es noch klarer. Es dauert, bis man sich sicher fühlt. Wir hatten alle Angst – Ellis, die Kinder und ich.«

»Angst wovor?«

»Wieder zu versagen. Meine Kinder waren gerade von ihrem Vater im Stich gelassen worden und hatten Angst, mich an diesen neuen Mann zu verlieren. Und seine Kinder, die nie mit dieser Scheidung gerechnet hatten, bekamen richtige Depressionen. Von ihrer Mutter war nichts zu erwarten. Sie hatten Angst, ihren Vater an die neue Frau, also mich, zu verlieren und an die neuen Kinder, die ihrer Ansicht nach ihren Platz eingenommen hatten.«

»Und wie hat sich das geändert?«

Sie seufzte. »Irgendwie haben sich meine Gefühle verändert, und das hat sehr viel genützt.«

»Was meinen Sie damit?«

»Ich bin weicher geworden und habe Mitleid mit den Kindern bekommen. Allmählich habe ich sie verstanden. Besonders gut konnte ich verstehen, was seine Tochter durchmachte. Diese Veränderung hatte damit zu tun, daß ich mich in meiner Ehe sicherer fühlte. Meine Bedürfnisse waren befriedigt. Ich war zufrieden. Ich wurde großzügiger, konnte mehr geben. Man könnte sagen, daß ich endlich bereit war, Stiefmutter zu sein.

Außerdem wurde mir klar, daß meine eigenen Kinder auch litten. Und es war ein Schock, als ich merkte, daß meine beiden Engel gar keine Engel waren. Sie haben sich schrecklich aufgeführt und genausoviel Unordnung gemacht wie seine Kinder. Ich war erschreckt über ihr Verhalten. Ich war gezwungen, mich und meine Kinder in einem neuen Licht zu sehen.«

»Also haben Sie das Problem gelöst?«

»Ja, das haben wir. Danach wurde alles nicht unbedingt leicht, aber immerhin leichter, weil die Ängste und die Rivalitäten nachließen. Auch mein Zorn war weniger heftig. Nun konnten Ellis und ich jedes Kind als Individuum sehen. Wir merkten auch, daß eins seiner Kinder eine Therapie brauchte, also haben wir das Geld dafür zusammengekratzt. Wir sind nie zu einer richtigen großen Familie zusammengewachsen, aber immerhin gibt es jetzt Zuneigung und gegenseitige Fürsorge, auch wenn die Verletzungen bleiben. Die Kinder sind jetzt wieder in Ordnung. Das hat nichts mit Wundern zu tun; ich habe nur angefangen, mich wirklich zu bemühen.«

»Und wo steckte Ellis die ganze Zeit?«

»Ach, der ist ein Optimist, das ist er immer schon gewesen. Und er war von Anfang an ein richtiger Vater für meine Kinder. Er hatte ihnen so viel zu geben. Er war sehr, sehr liebevoll zu allen Kindern, nachdem ich aufgehört hatte, die Beziehung zu seinen Sprößlingen zu boykottieren. Wir haben uns im Lauf der Jahre oft darüber unterhalten, und wir sind uns darüber einig, daß er sich stärker für seine Kinder hätte einsetzen sollen. Aber das konnte er damals nicht, weil er mich so sehr für sich selbst brauchte.«

Die Eltern sind ständig in der Zwickmühle. Einerseits brauchen sie Freiräume und Zeit, um körperliche und emotionale Vertrautheit aufzubauen und ein Gefühl der Zusammengehörigkeit. Andererseits brauchen auch die Kinder Zeit, Zuneigung und Aufmerksamkeit der Eltern. Sie müssen spüren, daß sie nicht die Verlierer der Familie sind. Wenn sie sich von der Beziehung des Paares ausgeschlossen fühlen, bekommen sie Angst und reagieren entweder übermäßig aggressiv oder ziehen sich zurück. Es kann durchaus passieren, daß die Erwachsenen sich gegenseitig oder den Kindern die Schuld geben oder daß die Kinder die Eltern gegeneinander ausspielen. Frustrationen innerhalb der Beziehung des Paares können sich auf das Verhältnis Stiefeltern–Stiefkinder auswirken, genauso wie die Probleme der Kinder die noch junge Ehe beeinflussen können. Der Aufbau der Beziehung und der Familie müssen Hand in Hand gehen, weil die Ehe sonst möglicherweise vor die Hunde geht.

Die beiden Aufgaben können einander auch fördern, was für Janet und Ellis die Situation rettete. In dem Maße, wie sie ihre Ehe zu einer starken, dauerhaften Verbindung aufbauten, entspannten sie sich und konnten den Kindern beistehen. Sie konnten großzügig werden und die Kinder in ihre Zweisamkeit integrieren. Janet machte anfangs den Fehler, nur eine Aufgabe anzupacken. Verständlicherweise gab sie ihren eigenen Bedürfnissen Vorrang und schloß die Kinder als Rivalen aus. Als sie sich jedoch bereit fühlte, ihre Stiefmutterrolle zu übernehmen, konnte sie ihre Probleme verstehen und einfühlsam und liebevoll reagieren.

Stiefeltern-Kind-Beziehungen unterscheiden sich von Eltern-Kind-Beziehungen insofern, als Kinder und Eltern unterschiedliche Vorgeschichten haben. Außerdem spielt der leibliche Vater oder die leibliche Mutter eine große Rolle und versucht möglicherweise, das Kind in der neuen Beziehung zu beeinflussen. Stiefeltern und Kinder müssen einen gemeinsamen Nenner finden und versuchen, miteinander auszukommen.

Die neue Ehe aufzubauen und dabei so etwas wie Harmonie im Verhältnis mit den Stiefkindern herzustellen erfordert Mut, Geduld und Verständnis. Doch der mögliche Lohn für alle Opfer ist enorm. Ich fragte Janet und Ellis: »Wie nahe waren Sie in den früheren Jahren dran, alles hinzuschmeißen?«

Janet antwortete: »Die Tatsache, daß Ellis mich so sehr liebt, ist die Grundlage meiner Welt. Er hat mir etwas gegeben, das ich nirgendwo sonst finden könnte. Ich glaube, das beantwortet Ihre Frage.«

Er sagte: »Ich würde den Mittelpunkt meiner Welt verlieren, wenn ich sie nicht mehr hätte. Das habe ich von Anfang an gewußt.«

Die Erfahrung von Janet und Ellis ist alles andere als ungewöhnlich. Eine glückliche zweite Ehe hat oft etwas Magi-
sches, wie ein Segen. Die Partner haben das Gefühl, noch eine
wundervolle zweite Gelegenheit bekommen zu haben, auf
die sie kaum zu hoffen gewagt hatten. Und sie wissen, daß sie
einander gerade noch rechtzeitig gefunden haben.

Fred und Marie Fellini
Ehe im Ruhestand

———•———

Das Verlassen der Arbeitswelt markiert ein Ende und einen neuen Anfang. In dieser Zeit verhandeln die Partner die Grundlagen ihrer Ehe für die folgenden Jahre neu. Was sich in der Zeit des Ruhestands innerhalb der Ehe tut, hängt von einer Mischung aus körperlichen, emotionalen und wirtschaftlichen Faktoren ab.

Ich beschloß, die glücklich verheirateten Ruheständler als eigene Gruppe zu behandeln, weil sie sich mit ähnlichen Problemen auseinandersetzen mußten und diese auch ähnlich angingen. Alle Beteiligten hatten in den fünfziger Jahren geheiratet und eine traditionelle Ehe begonnen. Nachdem die Kinder aus dem Haus waren, bauten sich die Frauen ein neues Berufsleben auf. Die meisten von ihnen arbeiteten halbtags weiter, obwohl ihr Mann im Ruhestand war. Alle Paare waren sich ihres Alters und des herannahenden Todes bewußt. Alle verbrachten mehr Zeit als je zuvor miteinander, was bedeutete, daß Partner und Ehe sich anpassen mußten. Für manche war es eine Erleichterung, Verantwortung und Status, die der Beruf mit sich brachte, aufzugeben, für andere bedeutete es einen schweren Verlust.

Die von mir befragten älteren Paare waren körperlich noch sehr aktiv und gesundheitlich ihrem Alter angemessen fit. Sie hatten keine Geldprobleme, kamen aber durchweg aus einfachen Verhältnissen und hatten das auch nie vergessen. Ein Großteil ihrer Befriedigung resultierte aus dem Gefühl, viel geschafft zu haben, und zwar zusammen.

Ein Kollege meines Sohnes hatte mich gedrängt, seine Eltern in die Studie aufzunehmen, weil er ihre Ehe immer bewundert hatte. Ich habe Marie und Fred Fellini als Repräsentanten der Ruhestandspaare ausgewählt, weil sie die Sorgen, die sie vor der Rente hatten, und die Freuden, die sie nun genossen, am besten ausdrückten. Sie waren in der Lage, ihrer Furcht vor dem Tod ins Auge zu sehen und darüber zu reden, was es für sie bedeuten würde, den Partner zu verlieren.

Ich fuhr zu ihrem Haus, um mich mit Marie zu unterhalten. Doch als ich um neun Uhr morgens klingelte, erwarteten mich Fred und Marie. Offenbar hatten sie mich mißverstanden. Ich beschloß, mein übliches Vorgehen umzudrehen und sie zuerst zusammen zu interviewen; später arrangierte ich noch getrennte Unterhaltungen mit ihnen.

Aus dem Fragebogen, den sie ausgefüllt hatten, entnahm ich, daß die Fellinis 1950 geheiratet hatten. Sie war damals einundzwanzig und er dreiundzwanzig gewesen. Fred war vor vier Jahren in den Ruhestand gegangen. Marie machte noch immer die Kochschule in ihrer großen, gut ausgestatteten Küche, die sie umgestaltet hatte, als die Kinder die High-School besuchten.

Von dem Augenblick an, in dem ich die helle, luftige Küche betrat, in der das Interview stattfand, hatte ich das Gefühl, daß die Fellinis – anders als die jungen Paare in dieser Studie – Zeit hatten. Marie war ein bißchen rundlich und lebhaft; ihr dunkles Haar von weißen Strähnen durchzogen. Fred war klein, stämmig und fast kahl. Beide waren bereit, über ihre Ehe zu erzählen, von ihrem ersten Treffen bis zu dem Morgen, an dem ich sie besuchte.

Ich fragte sie nach den Anfängen der Ehe.

»Er ist mir jetzt seit mehr als vierzig Jahren ein guter Ehemann«, sagte Marie und schaute Fred dabei an. »Ich erinnere mich noch gut an unsere erste Begegnung. Er war einfach großartig, so ein gutaussehender junger Mann. Ich habe mich sofort ungeheuer von ihm angezogen gefühlt. Alle haben ihn sehr geschätzt. Ich war zwanzig, als wir uns kennenlernten. Besonders gefallen hat mir sein starkes Selbstbewußtsein. Er ist sensibel, äußerst moralisch und seiner Familie und seinen Freunden gegenüber sehr liebevoll.«

Sie kicherte. »Gott sei Dank ist er nicht perfekt, aber er hat durchaus bestimmte Eigenschaften, die ihn für mich, unsere Kinder und andere Leute ganz besonders machen. Ich glaube, ich kann von Glück sagen, daß ich ihn geheiratet habe, wenn ich mich so umsehe. Ein Instinkt hat mich zu ihm getrieben.«

Freds Erinnerungen waren nicht ganz so fröhlich. »Wir kommen beide aus armen Einwandererfamilien«, erzählte er. »Ihre Familie war gegen die Ehe mit mir, weil ich zu klein und zu arm war und keinerlei Zukunftsaussichten hatte. Meine Familie hatte etwas gegen die Ehe, weil sie wollte, daß ich mich fortbilde und es schaffe, aus der Armut herauszukommen. Wir haben uns beide gegen sie zur Wehr gesetzt und uns standesamtlich trauen lassen.« Gleich danach fing Fred zu arbeiten an, und Marie wurde schon bald schwanger.

»Wie haben Sie sich kennengelernt?«

»Wir haben uns in einem Sommercamp das erste Mal gesehen«, erinnerte er sich. »Wir verstanden uns auf Anhieb. Wissen Sie, so eine Ferienliebe kann ganz schön intensiv sein, und wir haben uns jeden Tag getroffen. Ich war mir sicher, als ich sie von der anderen Seite des Raumes lachen hörte.«

»Wieso waren Sie sich beide so sicher?«

Marie sagte nachdenklich: »Ich glaube, wir haben unsere Beziehung nie intellektualisiert, wie das die jungen Leute heutzutage machen. Wir hatten damals andere Vorbilder und haben uns schneller auf Beziehungen eingelassen, weil wir wußten, daß sie zur Ehe führen würden oder nicht.« Sie lächelte Fred an. »Wenn ich mit ihm zusammen war, fühlte ich mich in meinem Körper wohl; ich bekam Selbstbewußtsein.«

»Nun«, sagte Fred, »eigentlich habe ich sie damals gar nicht so hübsch gefunden« – er schwieg einen Augenblick – »wie heute.« Marie tat, als wolle sie ein Baguette nach ihm werfen. »Ich bin der Meinung«, fuhr er mit undurchdringlichem Gesicht fort, »daß sie im Lauf der Jahre hübscher geworden ist. Wahrscheinlich hat mich damals ihr Charakter angezogen. Sie war immer schon eigen. Jedenfalls konnte ich sie gut leiden, und ich wollte mit ihr zusammensein. Richtiger Sex kam natürlich nicht in Frage, aber Streicheln und Kuscheln und lange Bootsfahrten waren erlaubt.« Marie verdrehte die Augen.

»Haben Sie sich immer so gut verstanden?«

»Aber nein«, antwortete sie. »Wir können beide ziemlich zornig werden. Jetzt, wo wir die ganze Zeit zusammen sind – viel mehr als früher –, zanken wir uns immer. Unsere Kinder meinen, wir streiten uns, aber so gehen wir nun mal miteinander um.« Fred nickte. »Wir sind uns nicht immer über alles einig gewesen«, fuhr sie fort. »Er war der Meinung, daß ich nicht streng genug mit den Kindern war. Immer wenn er weggefahren ist, hat er sich Sorgen gemacht, ob sie die Hausaufgaben machen.«

Ich wandte mich Fred zu. »Ich habe versucht, mich an den schlimmsten Streit zu erinnern, den wir je gehabt haben«, sagte er, »aber er fällt mir nicht mehr ein. Gestritten haben wir uns allerdings. Ich weiß bloß nicht mehr, worüber. Einer ist in die Luft gegangen und hat den anderen angebrüllt, und dann war's vorbei. Aber das ist jetzt nicht mehr so wichtig.«

»Macht der Ruhestand einen Unterschied?« fragte ich.

Sie antwortete zuerst: »Ich habe mir früher Sorgen gemacht, was sein würde, wenn er im Ruhestand ist. Was würde er da machen? Er hatte ja praktisch keine Hobbys und war so mit seinem Job beschäftigt, daß ihm für nichts anderes Zeit blieb. Seit er im Ruhestand ist, ist er ein völlig anderer Mensch. Er hat sich zum Suppenexperten entwickelt.« Sie lachte. »Er macht jede Woche Suppe. Und dann lädt er Leute ein zum Essen. Jetzt bin ich nicht mehr die einzige, die Gesellschaft möchte. Vielleicht hat er das vergessen, aber wir haben uns immer fürchterlich gestritten, weil ich viele Freunde einladen wollte. Und unsere Kinder. Mir hat das gefallen, wenn zehn junge Leute vorbeischauten und zum Essen blieben. Aber er hat sich beklagt, daß es zugeht wie am Hauptbahnhof.«

Sie sahen einander amüsiert an. »Wir genießen unser Leben jetzt sehr viel mehr als früher, denn endlich können wir so viele Dinge tun, die wir immer verschoben hatten. Zum Beispiel können wir reisen. Wir verbringen mehr Zeit miteinander, aber das stört mich nicht. Wenn ich meine eigenen Sachen machen will, tue ich das. Ich liebe Theater und er nicht, also gehe ich mit einer Freundin. Manchmal schaue ich mir auch allein oder mit einer Freundin einen Film an.«

»Also ist der Ruhestand für Sie schön?«

»Es macht mir nichts aus, daß er jetzt im Ruhestand ist«, sagte Marie. »Meine jüngeren Freundinnen fragen mich immer, wie ich es aushalte, daß er die ganze Zeit daheim ist. Wenn sie fragen, wer das Essen kocht, antworte ich: ›Wer Hunger hat, macht das Essen. Und wer Zeit zum Einkaufen hat, erledigt das.‹« Sie zuckte mit den Achseln. »Wir kabbeln uns nicht wegen solcher Dinge. Er macht, was er will, und ich mache, was ich will. Wir müssen uns nicht beschäftigen, wir *sind* beschäftigt. Meine Freundinnen sagen, ihre Männer hängen den ganzen Tag zu Hause rum – ich verstehe gar nicht, was sie meinen. Ich würde mir wünschen, daß es immer so weitergeht.«

Ich wandte mich Fred zu. »Sie hat recht. Wir sind jetzt viel freier. Meine Tage sind alle ausgefüllt, das ist überhaupt kein Problem. Wir stehen einander nicht im Weg, und wir haben viele Dinge, die wir getrennt machen. Ich zum Beispiel spiele gern Golf. Obwohl sie sehr sportlich ist, hat sie sich immer geweigert, es zu lernen. Ich dränge sie auch nicht. Ich gehe gern mit ihr zusammen in Kunstausstellungen, aber den ganzen Tag könnte ich nicht so verbringen. Ich lese gern; sie tut das nicht. Mit ihr zusammen gehe ich gern essen, ins Kino und auf Reisen.«

Marie streckte die Hand aus und legte sie auf Freds Unterarm. »Ich habe eine Freundin«, sagte sie, »die sich die ganze Zeit darüber beklagt, daß ihr Mann sie jedesmal, wenn sie das Haus verläßt, fragt, wohin sie geht. Es macht ihr nichts aus, es ihm zu sagen, aber es stört sie, daß er sie immer wieder fragt. Unsere Beziehung sieht ganz anders aus.«

Die zentrale psychologische Aufgabe im Ruhestand besteht wieder einmal darin, Zweisamkeit und Unabhängigkeit voneinander abzugrenzen. Diese Zweisamkeit ist im Ruhestand keine bewußte Entscheidung, sondern ergibt sich von selbst, wenn das Paar sich nicht zu getrennten Aktivitäten entschließt. Auch die Unabhängigkeit erhält einen anderen Stellenwert, wenn sie nicht mehr an die Forderungen von Arbeit oder Gemeinschaft gekoppelt ist. Sie wird zum freiwilligen Beschluß, Dinge getrennt zu unternehmen.

Die Aufgabe der gegenseitigen Fürsorge wird im Ruhestand ebenfalls neu definiert. Wenn Menschen älter werden, brauchen sie mehr Zuwendung und Ermutigung, und wenn ihre körperlichen und geistigen Kräfte nachlassen, benötigen sie mehr Hilfe und werden abhängiger von anderen. Manchmal findet eine Regression statt, und Kindheitserinnerungen werden stärker. Die Gedanken kreisen öfter um Krankheiten und Verluste. Früher trat das Bedürfnis nach Unterstützung und Ermutigung nur sporadisch auf, im Ruhestand wird es dauerhaft.

Besonders Frauen machen sich Sorgen über die immer stärker werdende emotionale Abhängigkeit des Mannes. Sie haben Angst, daß er mehr und mehr wie ein Kind werden könnte, und wollen nicht in die »Mutti«-Rolle schlüpfen. Sowohl Männer als auch Frauen fürchten, daß ihre Gewohnheiten und Freundschaften durch die Abhängigkeit des Partners beeinträchtigt werden könnten.

Diese Ängste sind nicht unbegründet. In vielen Scheidungen in diesem Alter beklagt sich die Frau hauptsächlich darüber, daß sie von ihrem Mann ausgesaugt wird, dem das Alter zu schaffen macht. Der Mann ist seinerseits der Meinung, daß er zuwenig Anerkennung, Lob und Zuwendung von seiner Frau bekommt. Sie beschuldigen sich gegenseitig, wenig zu geben und alles zu nehmen. Die Ruhestandsehe ist gekennzeichnet von dem Wunsch nach größerer Nähe und der gleichzeitigen Furcht davor.

Ein weiteres wichtiges Problem ist der Verlust der Privatsphären. Eine Frau in der vorliegenden Studie sagte: »Mein Mann ist vor drei Jahren in den Ruhestand gegangen. Zuerst ist er mir hier wie ein Eindringling vorgekommen. Er war leise, aber irgendwie hatte ich das Gefühl, daß er mich stört. Allmählich hat er sich daran gewöhnt, nichts zu sagen, wenn ich am Computer arbeite: Und ich wurde immer abhängiger von seiner Gesellschaft. Das, was mir früher lästig erschienen war, wurde nun wichtig und notwendig.«

Als Marie aufstand, um Tee für uns zu machen, fragte ich Fred, ob ihm seine Arbeit abgehe. Er wurde ein wenig ernster. »Die Arbeit war die größte Enttäuschung in meinem Leben«, sagte er traurig. »Sie war schwierig und hat mich nicht befriedigt. Ich bin mir in meinem Beruf vorgekommen wie in einer Falle, und ich wußte nicht, wie ich ihr entrinnen sollte. Ich habe immer die Leute beneidet, die ihren Job liebten. Ich habe mir nie viel daraus gemacht, wieviel ich verkaufte oder wieviel die Leute mir abnahmen. Aber schlecht verdient habe ich nicht dabei. Wir hatten zwar keine Diamanten und keine Cadillacs, aber wirkliche Geldprobleme hatten wir auch nicht. Eigentlich diente mein Job nur dazu, meine Familie zu unterhalten. Wenn ich so zurückblicke, haben mir Marie und die Kinder mehr Befriedigung verschafft als meine Arbeit. Und jetzt bin ich daheim und genieße das, was ich habe.«

Der Ruhestand kann weitreichende Folgen für den einzelnen und die Ehe haben. Für viele bedeutet der Ruhestand den Abschied von Gleichgesinnten, einer bestimmten Identität und natürlich von einem bestimmten Einkommen. Besonders die Männer in traditionellen Ehen fürchten oft, daß ihre Frauen sie nicht mehr lieben und achten, wenn sie nicht mehr den Lebensunterhalt für die Familie verdienen. Außerdem strukturieren alle Berufstätigen ihren Tag nach den Anforderungen der Arbeit; wenn sie in den Ruhestand gehen, haben sie plötzlich viel zu viel freie Zeit.

Doch Fred begrüßte den Ruhestand. Er fühlte sich von einer Last befreit, die er viele Jahre mit sich herumgeschleppt hatte. Weil die Rente für ihn ein Geschenk, keine Strafe, war, mußte er sich nicht mit der psychologischen Krise auseinandersetzen, die so viele Männer ereilt, wenn sie ihr Berufsleben beenden. Deshalb fiel es ihm auch relativ leicht, sich neue Betätigungsfelder zu suchen.

Auch Marie mußte sich verändern. Weil Fred ihr jetzt im Haushalt half, konnte sie sich stärker ihren Kochkursen zuwenden, und das führte zu einem neuen Gleichgewicht innerhalb der Ehe. Sie widmeten sich gemeinsam ihrer Rolle als Großeltern und reisten nach Europa, was sie nicht hatten machen können, als er noch berufstätig war.

So gelang es ihnen, Langeweile und Isolation zu vermeiden, die großen Gefahren des Ruhestandes. Wenn die Verbindungen zum ehemaligen Arbeitsplatz abreißen, müssen die Partner sich bemühen, ihre Interessen auszubauen und den Kontakt zur Außenwelt nicht zu verlieren.

Ich fragte die Fellinis nach ihren Kindern und Enkeln.

Marie sagte: »Die Höhepunkte meiner Ehe waren die Geburten meiner Kinder und Enkelkinder. Die Enkel machen uns großen Spaß. Heute kommen zwei von ihnen zum Abendessen und übernachten hier. Es ist wunderbar, daß sie gleich hier in der Nähe wohnen und wir an ihrem Leben teilhaben können.«

Fred sagte: »Die Kinder stärken unsere Ehe. Wir verbringen viel Zeit mit ihnen. Vater zu sein war wunderbar und gleichzeitig schwierig. Wir haben nie jede kleinste Regung des Kindes analysiert wie manche unserer Freunde. Wir haben uns um sie gekümmert und hatten Spaß mit ihnen. Jetzt verbringen wir Wochenenden mit unseren Kindern und Enkeln, und soweit ich das beurteilen kann, gehören unsere Kinder zu unseren besten Freunden.«

Marie mischte sich ein. »Ich war gern Mutter und kümmerte mich auch gern um den Haushalt.«

Fred nickte. »Ich war gern Vater, und Großvater bin ich sogar noch lieber. Ich verbringe soviel Zeit wie möglich mit meinen Enkeln. Das macht mir Spaß, und ich spiele gern den

Babysitter. Einmal die Woche gehe ich in die Vorschule meines Enkels. Ich wechsle Windeln.« Er kicherte ein bißchen. »Ich mache alles.«

»Sie haben gesagt, Sie sind lieber Großvater als Vater. Wo ist der Unterschied?«

»Als Großvater habe ich keine Verantwortung«, sagte er grinsend. »Da bin ich wie ein Onkel, der eben mal vorbeischaut. Ich muß nicht für ihre Ausbildung aufkommen oder dafür sorgen, daß sie ihre Hausaufgaben machen. Es ist alles viel einfacher. Meine Bindung ist nicht so eng. Ich mache all die Sachen mit ihnen, die Spaß machen. Ich muß nicht mit ihnen zum Arzt. Ich gehe mit ihnen zum Ballspielen.«

Für Marie war ihre Rolle als aktive Großmutter innerhalb einer wachsenden Familie nur eine Fortsetzung ihrer zentralen Rolle als Mutter in einer traditionellen Familie. Für Fred bedeutete seine jetzige Stellung eine Veränderung. Vielen Männern gefällt die neue Rolle, in der sie ihre sanfte, mütterliche Seite zeigen können, was vielleicht bei den eigenen Kindern noch nicht möglich war. Jetzt haben sie Zugang zur emotionalen Welt der Kinder, von der sie früher aufgrund ihrer Arbeit, des Zeitdrucks und der traditionellen Vorstellung, daß die Frauen ein Vorrecht auf die Kinder hätten, ausgeschlossen waren.

Als ich nach ihrem Sexleben fragte, gab Fred mir freimütig Antwort: »Wir schlafen jetzt weniger oft miteinander, aber für mich ist es befriedigend. Jetzt, wo wir beide zu Hause sind, könnten wir ja die ganze Zeit im Bett verbringen. Doch schöner ist es, wenn wir auf Reisen sind. Dann ist es wie in den Flitterwochen.«

»Gibt es Probleme beim Sex?« fragte ich.

»Nein, eigentlich nicht«, antwortete Marie. »Der Sex ist in

unserer Ehe immer wichtig gewesen, aber er war nicht das allerwichtigste. Viel wesentlicher waren unsere Beziehung zueinander, unsere Zuneigung, unsere gegenseitige Achtung und unsere Freundschaft.«

Der Sex spielte in den Ruhestandsehen noch immer eine wesentliche Rolle, auch wenn der Trieb nicht mehr so stark war wie früher. Die meisten Paare sagten, sie schliefen ungefähr einmal die Woche miteinander. Manche Männer litten unter vorübergehender oder auch länger anhaltender Impotenz, und die Frauen berichteten, sie kämen langsamer zum Orgasmus. Doch das tat der körperlichen Freude aneinander keinen Abbruch.

Ich fragte Fred und Marie: »Wie sieht die Zukunft aus?«

Nach kurzem Schweigen sagte Marie bedächtig: »Daran denke ich oft, eigentlich immer. Ich habe eine sehr gute Freundin, deren Mann gerade an Krebs gestorben ist. Sie sind jünger als wir. Ich könnte mir vorstellen, daß ich allein weiterleben könnte. Ich versuche, mir auszumalen, wie es ohne Fred sein würde, denn irgendwann werden wir uns den Realitäten stellen müssen. Einer von uns beiden wird früher gehen müssen. Ich glaube, ich könnte ohne ihn überleben, weil ich schon ohne ihn auskommen mußte, wenn er unterwegs war. Außerdem habe ich viele Verbindungen zur Familie und zu Freunden. Ich könnte mir meinen Lebensunterhalt mit meiner Kochschule verdienen. Ich fühle mich nicht allein. Ich habe mich mein ganzes Leben noch nicht gelangweilt, weil ich sehr gesellig bin. Aber ich wäre trotzdem am Boden zerstört.«

Obwohl ich nichts vom Tod gesagt hatte, faßte Marie meine Frage nach der Zukunft so auf. Nach kurzem Schweigen fuhr sie fort: »Ich glaube, es wäre ein großer Verlust für mich, denn mein Mann und mein Liebhaber ist auch mein bester Freund. Wir sind immer gern zusammen.«

Sie sah Fred an, und wir warteten auf seine Antwort. »Ich weiß nicht, was ich machen würde«, sagte er. »Ich habe darüber nachgedacht. Ich glaube nicht, daß ich noch einmal heiraten würde.« Ich spürte, daß er mit dieser Frage nicht so gut umgehen konnte wie Marie.

»Ich weiß nicht, ich glaube, ich würde das weitermachen, was ich jetzt mache. Ich hätte ja die Kinder und Freunde.« Er lachte nervös. »Wenn Marie und ich uns über den Tod unterhalten, sagt sie jedesmal, daß ich innerhalb eines Jahres wieder verheiratet wäre. Aber das glaube ich nicht. Ich habe nach ihr nie wieder eine Frau getroffen, die ich gern heiraten würde. Ich mag Frauen, aber ich könnte mir nicht vorstellen, jemals wieder eine Beziehung wie diese zu haben. Das wäre einfach nicht das gleiche. Es könnte nicht das gleiche sein.«

Frauen planen im allgemeinen eher, wie sie ihr Leben als Witwe gestalten könnten. Sie machen eine Bestandsaufnahme und stellen fest, wie sehr sie sich auf andere Frauen verlassen können.

Männer machen meist keine so detaillierten Pläne wie Frauen. Ähnlich wie Fred denken sie darüber nach, ob sie wieder heiraten würden. Es wird als selbstverständlich hingenommen, daß Frauen nicht sofort eine neue Ehe in Erwägung ziehen. Weder Männer noch Frauen sind in der Lage, genau über den Fall eines Falles nachzudenken oder den Gedanken völlig beiseite zu schieben. Im Kopf sind sie auf den Tod vorbereitet, nicht jedoch im Herzen.

Als das Interview seinem Ende zuging, fragte ich Marie und Fred, ob sie einen guten Rat für junge Menschen hätten, die heiraten wollten.

Erfreut über die Frage sprach Marie über die Wahl des richtigen Partners: »Man denkt anfangs immer, man könnte den anderen verändern. Aber letztlich muß man sich über die Qualitäten eines Menschen im klaren sein. Wenn er die meisten Forderungen erfüllt, die man an ihn stellt, kann man sich ziemlich sicher sein. Aber wenn bestimmte Dinge fehlen –, die Dinge, die man meint, ändern zu können –, sollte man die Finger davon lassen. Man sollte nach einem großzügigen, einem liebevollen Menschen suchen, der auch unter Streß nicht zusammenbricht. Wenn der Betreffende in Krisensituationen nicht belastbar ist, sollte man sich fernhalten. Ich sage meinen Kindern immer: ›Wenn ihr bei der Hochzeit selbst noch kein ganzer Mensch seid, hat es keinen Sinn. Ihr könnt nicht erwarten, daß der andere euch zu einem ganzen Menschen macht.‹«

Fred sagte: »Man muß den anderen wirklich mögen, das ist das wichtigste, sogar wichtiger, als ihn zu lieben. Ich liebe Marie, aber zusammengehalten hat uns die Tatsache, daß ich sie wirklich mag. Wir sind gern zusammen. Ich sehe sie gern. Man muß immer zu Kompromissen bereit sein und vom Partner das gleiche verlangen können. Nach einer gewissen Zeit bekommt man ein Gefühl dafür, was wichtig für einen selbst und die Beziehung ist. Das erstaunliche an einer guten Ehe ist, daß all die Dinge, über die man sich streitet, letztlich unwichtig sind. Wenn man so zurückblickt, hat das alles keine Bedeutung. Außerdem muß man auf den anderen eingehen; wenn man das nicht macht, gibt's Probleme.«

Fred lächelte. »Ich glaube, unsere Beziehung ist jetzt mindestens so gut wie früher.«

Die neunte Aufgabe:
Balance zwischen Idealisierung und Realitätssinn

———•◦•———

Marie Fellini erzählte mir von den Anfängen ihrer Beziehung mit Fred. »Meine Kinder und ich hören immer wieder gern, wenn er erzählt, wie er beschloß, mich zu heiraten. Wir haben damals beide in einem Sommercamp gearbeitet. Er ist in einen Raum gekommen, in dem ich mich gerade mit meinen Freunden unterhielt, und hat mich lachen gehört. Er sagt immer, in dem Moment habe er gewußt, daß er mich heiraten würde.« Sie lachte. »Natürlich war er damals erst zweiundzwanzig Jahre alt, aber er behauptet, er habe gewußt, daß ich die Frau war, die er sich wünschte, und von dem Augenblick an ist er seinem Instinkt gefolgt.«

Marie beschrieb mir noch weitere Erinnerungen; in einer schlenderte sie zusammen mit Fred um Mitternacht am Riverside Drive in New York dahin, in der Hand eine Stahlkassette mit hundert Dollar. »Fred war bei irgendsoeiner Organisation Schatzmeister«, sagte sie lachend. »Aber wir konnten beide nur an unser Glück denken, einander gefunden zu haben, wie sehr wir einander liebten. Wir wären ein leichtes Ziel für Diebe gewesen, so verliebt, wie wir waren. Das Bild sagt viel aus über unsere Ehe. Ich habe im Verlauf der Jahre oft daran denken müssen; es ist auch heute noch ein wichtiger Teil unserer Liebe.« Sie kicherte. »Auch wenn wir heute natürlich nicht mehr so aussehen wie damals!«

Maries Geschichte illustriert wunderbar die neunte Aufgabe der Ehe, die darin besteht, immer gleichzeitig ein Bild der Vergangenheit und der Gegenwart im Kopf zu haben. Man darf die frühen Idealisierungen der Liebe nicht vergessen, wenn man älter wird, aber man darf auch nicht verdrängen, daß man die Zeit nicht anhalten kann.

Viele Leute in der vorliegenden Studie erzählten mir von dem ersten Eindruck, den sie von ihrem Partner gehabt hätten. Sie verwendeten dabei ausdrucksstarke Bilder, die sich in manchen Fällen zu ganzen Szenen verbanden und oft als Symbol für das standen, was sich später in der Ehe ereignete.

Sara erinnerte sich beispielsweise an Matts Weihnachtsmannlachen und an seinen Geruch, als sie ihm zum erstenmal begegnete. Dreißig Jahre später konnte Matt sich noch Saras weißen Bikini vorstellen und den Tag und die Nacht voller Leidenschaft in ihrem Hotelzimmer. Janet erinnerte sich an Ellis mit der karierten Weste, wie er im Schneidersitz auf dem Boden saß. »Ich kann das nicht erklären«, sagte sie, »aber plötzlich hatte ich wieder Hoffnung.« Keith beschrieb seine Begegnung mit Helen folgendermaßen: »Als ich sie zum erstenmal sah, fand ich sie unheimlich hübsch. Da habe ich mir gesagt: ›So eine Frau kannst du nie erobern. Was würde die schon an dir finden?‹« Beth redete von Kits »freundlichen Augen«, und Nicholas beschrieb Maureens »sanfte Hände«.

Glücklich verheiratete Paare bewahren solche Bilder und Episoden. Die Geschichte, wie sie sich kennenlernten, hat innerhalb der Familie einen besonderen Stellenwert. Sie wird wieder und wieder erzählt und bekräftigt nicht nur, wie früh die beiden bereits Gefallen aneinander fanden, sondern auch, daß sie noch immer zusammen sind. Das ist der wahre Grund für Jahrestage und Blumen – wir wollen uns feiern, unsere Geschichte und damit auch unsere Zukunft. Das wiederholte Erzählen solcher Eindrücke ruft Gefühle hervor und stellt eine lebendige Verbindung zwischen den Wünschen der Vergangenheit und den Bedürfnissen der Gegenwart her.

Die letzte Aufgabe der Ehe besteht darin, an solchen idealisierten Bildern aus den Anfängen der Partnerschaft festzuhalten und gleichzeitig die Gegenwart nicht aus den Augen zu verlieren. Das Paar verwebt die frühen Idealisierungen in das alltägliche Leben und verleiht der Beziehung dadurch eine Bedeutung, die sie über den Durchschnitt hinaushebt. Als Sara sagte, Matt sei so etwas wie ein Wunder für sie gewesen, meinte sie, das tägliche Leben mit ihm zehre immer noch von diesem Wunder. Matt und Sara und die anderen Paare hatten auch später noch dieselben unterschwelligen Wahrnehmungen voneinander, die sie in den Anfängen ihrer Beziehung gehabt hatten. Alle waren stolz darauf, den bewunderten Partner für sich gewonnen zu haben und selbst von ihm gewählt worden zu sein.

Wenn diese Gefühle Teil des täglichen Lebens werden, helfen sie dabei, die unausweichlichen Enttäuschungen zu dämpfen, die in jeder Beziehung passieren. Liebgewonnene Erinnerungen an die Vergangenheit nehmen Schicksalsschlägen in der Gegenwart die Wucht.

Natürlich kann eine Ehe nicht von solchen Erinnerungen allein leben, sondern muß um andere gemeinsame Freuden bereichert werden. Doch die Idealisierungen der Vergangenheit helfen dem Paar über die Enttäuschungen der Gegenwart hinweg. Die Partner sind so in der Lage, einander zu vergeben, daß sie nicht immer alle Versprechen einlösen können.

Jede Beziehung birgt auch die Gefahr in sich, daß die Träume sich in ihr Gegenteil verkehren. Plötzlich wird der ehemals idealisierte Partner als destruktiv, gefährlich und böse wahrgenommen. Eine solche Dämonisierung passiert oft bei Trennungen. In vielen Scheidungen verwandelt sich all das, was man früher am Partner gut und bewundernswert gefunden hat, in die schlimmsten Eigenschaften, die man sich vorstellen kann. Die furchtbarsten Alpträume treten an die Stelle der früheren Euphorie.

Neben den idealisierten Bildern müssen sich die Partner auch eine halbwegs realistische Sicht von sich selbst und voneinander bewahren.

Die letzte Aufgabe der Ehe besteht also darin, die gemeinsame Geschichte zu feiern und gleichzeitig nicht aus den Augen zu verlieren, daß der Partner auch nur ein Mensch mit Schwächen ist. Ohne Phantasie ist die Beziehung banal, doch ohne eine gesunde Portion Realismus ist sie sentimental und kaum etwas wert.

Zusammenfassung

— •◦• —

Wie sieht das Geheimnis einer glücklichen Ehe aus? Wie gelingt es einem Mann und einer Frau, die als Fremde zueinanderfinden, eine Beziehung aufzubauen, die sie ihr ganzes Leben lang befriedigt?

Die Antwort auf die Frage, mit der ich meine Interviews begann – was finden Menschen an ihrer Ehe gut? – war immer ziemlich offen. Für alle bedeutete eine glückliche Ehe gegenseitigen Respekt. Ausnahmslos sprachen die Paare davon, wie wichtig es sei, daß die Partner einander mochten und achteten. Sie waren gern zusammen. Manche erzählten von der Leidenschaft zu Beginn der Beziehung, erstaunlich viele auch davon, daß die Liebe sich erst innerhalb der Ehe voll entfaltete. Manche sagten, sie fühlten sich in dieser Ehe aufgehoben und sicher, andere, sie begriffen den Partner als Freund und Vertrauensperson. Viele sprachen von der Familie, die sie zusammen aufgebaut hatten. Alle hatten das Gefühl, für ihren Partner den Nabel der Welt darzustellen.

Für die Befragten beruhte der gegenseitige Respekt auf Integrität; ein Partner wurde wegen seiner Ehrlichkeit, seines Einfühlungsvermögens, seiner Großzügigkeit, seiner Loyalität seiner Familie gegenüber oder wegen seiner Gerechtigkeit bewundert und geliebt.

Das erklärt, warum so viele Geschiedene betonen, sie hätten den Respekt vor ihrem früheren Partner verloren. Die Liebe, die Menschen in einer guten Ehe füreinander empfinden, geht mit der Überzeugung einher, daß der Partner dieser Liebe auch würdig ist.

Die Befragten waren samt und sonders Realisten. Sie bestritten nicht, daß es immer wieder zu Konflikten, zu Zorn und hin und wieder sogar zu Seitensprüngen kam. Niemand beschrieb die Ehe als ein Zuckerschlecken, doch alle meinten, daß die positiven Seiten langfristig die negativen überwogen. Die meisten erachteten die kleinen und großen Frustrationen als unausweichlich, egal, wen sie heirateten. Alle hatten bisweilen Phantasien über die Wege, die sie nicht eingeschlagen hatten, aber die Bindung an die Ehe war stärker als der Impuls auszubrechen.

Außerdem waren sie alle der Meinung, daß der Partner in einem wichtigen Punkt etwas Besonderes sei und daß die Ehe die Partner als Individuen fördere. Sie hatten das Gefühl, ihre Bedürfnisse und die Reaktionen des Partners darauf paßten perfekt zusammen. Das erachteten alle als großes Glück.

Die Ehen in dieser Studie hatten alle von der neuen Gleichberechtigung der Geschlechter profitiert. Egal, wie sie die Aufgaben in Haushalt und Kindererziehung verteilten, sie waren sich einig darüber, daß Männer und Frauen gleiche Rechte und Verantwortung innerhalb der Familie hatten. Moderne Ehen sind flexibler als die früheren; Mann und Frau gehen heute auch auf dem Gebiet der Sexualität als gleichberechtigte Partner aufeinander zu.

Als ich die glücklich verheirateten Paare mit den Tausenden von geschiedenen Paaren verglich, die ich in den letzten fünfundzwanzig Jahren kennengelernt hatte, wurde mir klar, daß diese Männer und Frauen bereits zu Beginn ihrer Beziehung eine solide Basis geschaffen und weiter darauf aufgebaut hatten. Viele geschiedene Paare hatten das versäumt. Zahlreiche Ehen zerbrachen, weil sie den Unwägbarkeiten des Lebens nichts entgegenzusetzen hatten. Die glücklichen Paare jedoch betrachteten ihre Ehe als ein nie vollendetes Kunstwerk. Nicht einmal im Ruhestand nahmen sie das eheliche Glück als selbstverständlich hin.

Keine Ehe befriedigt alle Wünsche und Bedürfnisse, die die Partner mitbringen. Jeder der in diesem Buch genannten Ehetypen maximiert unterschiedliche Belohnungen und fordert einen anderen Preis. In jedem Typ werden die psychologischen Aufgaben anders bewältigt. Art und Grad der Zweisamkeit variieren genauso wie die Bedeutung von Kindern, Arbeit und Leidenschaft. Die Werte, auf denen die Ehe aufgebaut ist, unterscheiden sich ebenfalls von Modell zu Modell, obwohl sie überlappen. Die Kinder haben in den unterschiedlichen Typen unterschiedliche Dinge zu erwarten.

Die verschiedenen Ehetypen fordern der Gesellschaft verschiedene Formen der Unterstützung ab. Damit die traditionelle Ehe gelingt, muß es Jobs geben, die genug Geld für einen Alleinverdiener bringen. Außerdem muß die Gesellschaft wirtschaftliche und Fortbildungsmöglichkeiten für den Elternteil bereitstellen, der die Kinder erzieht und dann wieder ins Berufsleben zurück möchte. Die Grundlage für kameradschaftliche Ehen ist die Garantie der Gesellschaft, daß der Arbeitsplatz die Partner nicht überfordert. Darüber hinaus brauchen die Partner in solchen Ehen gute Kindergärten und fähiges Personal, damit sie selbst sich gerade in Krisenzeiten nicht zwischen Arbeit und Familie entscheiden müssen.

Ich habe versucht aufzuzeigen, wie wichtig es ist, daß das Paar und der Typ Ehe, den sie gemeinsam aufbauen, zusammenpassen. Der Gedanke, daß unterschiedliche Menschen sich für unterschiedliche Ehetypen entscheiden, hat wichtige Konsequenzen in der Praxis. Wenn die Paare erkennen, daß jede Ehe andere Gefahren mit sich bringt, können sie die Probleme, die sich wahrscheinlich ergeben, bereits im voraus diskutieren und möglicherweise im Keim ersticken.

Anhand meiner Studie bin ich zu dem Schluß gekommen, daß eine gute Ehe flexibel sein muß. Nach allgemein gängiger Ansicht bildet sich die Persönlichkeit bereits in der Kindheit voll heraus. Soweit ich in meinen Interviews feststellen konnte, ist die Persönlichkeit aber im Erwachsenenalter noch längst nicht vollständig entwickelt; im Verlauf der Ehe muß sie sich manchmal gewaltig verändern. Enges Zusammenleben erzwingt inneren Wandel, nicht nur äußere Kompromisse.

Mir wurde schon bald klar, daß die gängigen Ansichten über die eheliche Kommunikation die Feinheiten der tagtäglichen Interaktion zwischen Mann und Frau nicht erfaßten. Die Paare in meiner Studie hatten gelernt, daß Takt wichtig ist, daß Schweigen Gold sein kann und daß nichts wichtiger ist als das richtige Timing. Sie hörten einander aufmerksam zu und versuchten, ehrlich und taktvoll zu sein. Sie merkten intuitiv, daß echte Kommunikation weit mehr bedeutet als nur den Austausch von Worten. Man muß auf Gesicht, Körper und Launen des anderen achten, weil sie seine innere Befindlichkeit widerspiegeln. In jeder Ehe gibt es Krisen, und in solchen Situationen muß der Partner in der Lage sein, sozusagen in die Haut des anderen zu schlüpfen.

Nur eine ständige Neudiskussion der Beziehung und die Bereitschaft, sie neuen Gegebenheiten anzupassen, kann zum Glück führen. Alle Paare in dieser Studie sagten, sie hätten innerhalb ihrer Ehe viele verschiedene Ehen erlebt.

Anhang

Die Paare

— ·•· —

In der vorliegenden Studie habe ich mich mit fünfzig verheirateten Paaren beschäftigt, die sich bereit erklärten, mit
mir über ihre Ehe zu sprechen. Die Auswahlkriterien sahen
folgendermaßen aus:
1. Die Ehe dauerte bereits mindestens neun Jahre an.
2. Das Paar hatte mindestens ein Kind.
3. Mann und Frau erachteten die Ehe als glücklich.
4. Beide waren bereit, sich zusammen und getrennt befragen
   zu lassen.*

Der Begriff »glückliche Ehe« wurde subjektiv definiert. Die
Paare, die in die Studie aufgenommen wurden, mußten sich
nicht auf eine Definition festlegen; es reichte, wenn beide
Partner die Ehe als glücklich empfanden.

Zu Beginn der Studie lag das Alter der Teilnehmer zwischen zweiunddreißig und vierundsiebzig; das Durchschnittsalter war achtundvierzig. Die Männer und Frauen
waren Stadtbewohner, gebildet und gehörten der Mittelschicht an. Sie waren durchschnittlich bis sehr gesund. Die
Paare hatten im Schnitt zwei Kinder, deren Alter von null bis
vierzig Jahre reichte.

Die kürzeste Ehedauer betrug neun Jahre, die längste vierzig. Das Durchschnittsalter zum Zeitpunkt der Heirat betrug
bei den Frauen 25,5 Jahre und bei den Männern 28,5 Jahre.
Zwanzig Prozent der Paare hatten in den fünfziger Jahren geheiratet, dreißig Prozent in den Sechzigern, dreißig Prozent

---

* Vier Paare schieden bereits beim ersten Interview aus, weil nur einer der Partner
  die Ehe als glücklich empfand.

in den Siebzigern und die verbleibenden zwanzig Prozent in den Achtzigern. Einundzwanzig der fünfzig Paare hatten vor der Ehe mehr als ein Jahr zusammengelebt. Bei den Paaren, die in den siebziger und achtziger Jahren heirateten, hatte die Zeit des Zusammenlebens zwischen mehreren Monaten und neun Jahren betragen. In zweiunddreißig Fällen war die Ehe für Mann und Frau der erste Versuch. In sieben Fällen waren sowohl Mann als auch Frau schon einmal verheiratet gewesen. In den verbleibenden elf Ehen war ein Partner schon einmal verheiratet gewesen.

Zwanzig Prozent der Paare hatten nur ein Einkommen zur Verfügung. Der Mann verdiente den Lebensunterhalt, während die Frau den Haushalt führte. In zwei Fällen arbeitete die Frau ganztags, und der Mann kümmerte sich um den Haushalt. Sechzig Prozent der Frauen und fünfundsiebzig Prozent der Männer hatten eine abgeschlossene Berufsausbildung; neunzig Prozent der Beteiligten hatten das College besucht.

Die Befragten kamen aus den unterschiedlichsten finanziellen Umständen. Weniger als zwanzig Prozent waren in Familien der gehobenen Mittelschicht aufgewachsen; vierundvierzig Prozent der Männer und sechsundvierzig Prozent der Frauen kamen aus ärmlichen bis bescheidenen Verhältnissen.

Die größte religiöse Gruppe waren die Protestanten (46 Prozent); darauf folgten die Juden (40 Prozent) und die Katholiken (12 Prozent). Ein Befragter war Buddhist. In achtunddreißig Prozent der Ehen kamen die Partner aus unterschiedlichen religiösen Traditionen; vierzehn Prozent der Paare waren protestantisch-katholisch, achtzehn Prozent protestantisch-jüdisch und vier Prozent katholisch-jüdisch. Für zwanzig Prozent der Erwachsenen spielte die Religion der Ursprungsfamilie eine große Rolle im Leben; viele waren religiösen Institutionen beigetreten, damit die Kinder eine religiöse Erziehung bekamen.

Die Paare wurden zwischen Mai 1990 und April 1991 von einem Mitarbeiter aus einer Gruppe von fünf klinischen Psychologen befragt, unter denen auch ich mich befand. Die Mitarbeiter arrangierten und führten mindestens ein Interview mit jedem Partner durch, darauf folgte ein Interview mit den beiden Partnern zusammen. Jedem Teilnehmer wurde absolutes Stillschweigen gegenüber dem Partner und dem Umfeld, in dem er lebte, zugesichert. Alle Interviews dauerten mehrere Stunden.

Alle Erstinterviews fanden in der Wohnung oder am Arbeitsplatz des Befragten statt, um den Betreffenden und das Paar in seiner gewohnten Umgebung zu beobachten. Vor dem Interview füllten die Beteiligten einen vierseitigen Fragebogen aus, der über ihre Vorgeschichte Aufschluß geben sollte.

Die Psychologen machten sich Notizen und nahmen die Interviews in den meisten Fällen auch mit Kassettenrecorder auf. Die Aufzeichnungen umfaßten die Äußerungen der Befragten sowie die detaillierten Beobachtungen der Psychologen über Körpersprache und Gefühlsregungen, die Interaktion des Befragten mit dem Interviewer, die Eindrücke des Psychologen über die Motivationen der Befragten sowie seine Eindrücke von dem, was der Befragte möglicherweise verschwieg.

Die Teilnehmer wurden ermutigt, ihre Geschichten so zu erzählen, wie sie ihnen am sinnvollsten erschienen. Alle Interviews begannen mit der Frage »Was ist Ihrer Meinung nach an Ihrer Ehe glücklich?« Darauf folgte die Frage »Was enttäuscht Sie an Ihrer Ehe?« Danach ging es um folgende allgemeine Themenbereiche:

1. Kindheitserfahrungen in der Ursprungsfamilie sowie früheste Erinnerungen;
2. Charakterisierung der elterlichen Ehe sowie der Eltern-Kind- und Geschwisterbeziehungen;
3. Leidenschaftliche Beziehungen im Teenageralter und den frühen Erwachsenenjahren einschließlich früherer Ehen und Phasen des Zusammenlebens;
4. Kennenlernen und Attraktion des jetzigen Partners;
5. Faktoren, die den Entschluß zu heiraten beeinflußten;
6. Erwartungen, Ängste und Zweifel in bezug auf die Ehe;
7. Reaktionen der Ursprungsfamilie auf die Heirat;
8. Chronik der Ehe, einschließlich Umzügen, Arbeitsplatzwechseln und Geburt der Kinder;
9. Die wichtigsten Befriedigungen, Unzufriedenheiten, Kompromisse, Erfolge und Enttäuschungen in puncto Liebe, Sex, Kindererziehung, Geld, Gesundheit, Schwiegereltern und Untreue;
10. Persönliche Begründung, warum die Ehe gut, glücklich oder befriedigend ist,
11. Beschreibung der Kinder sowie der Eltern-Kind-Beziehung im Wandel der Jahre, Verteilung der Elternrollen.

Die Befragung der Beteiligten in ihren eigenen Wohn- oder Arbeitsräumen erhöhte die Atmosphäre der Vertrautheit und erleichterte den Zugang zum Privatleben der Befragten. In vielen Fällen hatten die Interviewer Gelegenheit, die Kinder kennenzulernen, die Interaktionen der Familienmitglieder untereinander zu beobachten und das allgemeine Klima innerhalb der Familie zu erspüren. Unterschiede zwischen den einzelnen Familienangehörigen wie auch Unterschiede zwischen dem Verhalten der Befragten allein und im Beisein des Partners wurden notiert.

Das gemeinsame Interview wurde nach den beiden Einzelinterviews durchgeführt. Bei den Befragungen wurden einige projizierende Tests und Zeichnungen eingesetzt, und die Beteiligten wurden ermuntert, alle Aspekte ihrer Ehe zu diskutieren, auch Widersprüchlichkeiten in ihren individuellen Ansichten. Das Nachfolgeinterview wurde zwei Jahre später vom selben Psychologen durchgeführt. Alle Paare beteiligten sich auch daran; manche Zweitbefragungen fanden telefonisch statt.

Bibliographie

—·—

Angus Campbell / Philip E. Converse, The Sense of Well-Being in America: Recent Patterns and Trends. New York 1980. Campbell / Converse / W.L. Rodgers, The Quality of American Life: Perceptions, Evaluations and Satisfactions. New York 1976.

Christopher Clulow / Janet Mattinson, Marriage Inside Out: Understanding Problems of Intimacy. Harmondsworth 1989.

Calvin A. Colarusso / Robert A. Nemeroff, Adult Development: A New Dimension in Psychodynamic Theory and Practice. New York 1981.

Henry Dicks, Marital Tensions. London 1967.

Erik H. Erikson, Identity and the Life Cycle. Monography 1/1. New York 1959. Dt.: Identität und Lebenszyklus. Drei Aufsätze. Frankfurt 1994.

Sigmund Freud, The Dynamics of the Transference. Dt. in: Studienausgabe in 10 Bd. u. Erg.bd., hrsg. v. A. Mitscherlich u.a., Erg.bd. Schriften zur Behandlungstechnik. Frankfurt 1994.

John H. Gagnon / Edward O. Laumann u.a., The Social Organization of Sexuality. Chicago 1994. Dt.: Sexwende, Liebe in den 90ern: Der Report. München 1994.

John M. Gottman, Why Marriages Succeed or Fail. New York 1994.

Karla B. Hackstaff, »Divorce Culture: A Breach in Gender Relations«, Dissertation at Berkeley University 1994.

Josephine R. Hilgard, »Anniversary Reactions in Parent Precipitated by Children«, in: Psychiatry, 16, 1953.

Carl G. Jung, »Marriage as a Psychological Relationship«. Dt. in: Gesammelte Werke in 20 Bd., Bd. 17: Über die Entwicklung der Persönlichkeit. Hrsg. v. L. Jung-Merker u. E. Rüf. Solothurn 1993.

Daniel J. Levenson / C.M. Darrow / E. B. Klein, The Seasons of a Man's Life. New York 1978.

»Married Life. Longitudinal Perspectives on Marriage«, in: Present and Past in Middle Life, hrsg. v. D. H. Eichhorn u.a. New York 1981.

Janet Reitstein / Martin Richards, Sexual Arrangements: Marriage and the Temptations of Infidelity. New York 1993.

Juliet B. Schor, The Overworked American: The Unexpected Decline of Leisure. New York 1993.

Leonard Shengold, Soul Murder: The Effects of Childhood Abuse and Deprivation. New Haven 1989.

Judith S. Wallerstein / Sandra Blakeslee, Second Chances: Men, Women, and Children a Decade after Divorce. New York 1989. Dt.: Gewinner und Verlierer. Frauen, Männer und Kinder nach der Scheidung. Eine Langzeitstudie. München 1989.

Dank

Ich möchte den fünfzig Paaren, die an dieser Studie teilnahmen, an dieser Stelle für ihre Großzügigkeit und Bereitschaft danken, ihre Erfahrungen mit uns zu teilen. Ich hoffe, daß sie mit meinen Formulierungen und dem, was sie ausdrücken sollen, einverstanden sind.

Im Interesse der Beteiligten habe ich die Beschreibung aller Personen bis zur Unkenntlichkeit verändert. Das ermöglichte es mir, ihre Äußerungen sowie ihre Gesten und ihre Mimik genau wiederzugeben. Ich habe alle Ehen so dargestellt, wie sie mir von beiden Partnern geschildert wurden.

Dank schulde ich auch meinen Kollegen vom Forschungsteam, das so viel zu dieser Studie beigetragen hat. Um den Zusammenhang und die Struktur zu gewährleisten, habe ich jedes Interview so formuliert, als hätte ich persönlich es geführt, auch wenn das natürlich nicht möglich war. Ich möchte mich in diesem Zusammenhang bei Dr. Karen Fagerstrom, Dr. Karla B. Hackstaff, Alice S. Steinman, M.A. und Susan S. Zegans, M.A. und M.S.W. bedanken, die ihre Aufgabe einfühlsam und professionell erledigten.

Besonders möchte ich mich bei Karen Fagerstrom bedanken, die für die statistische Analyse der Daten zuständig war und mir bei der Sichtung der Literatur half. Sie und ich verbrachten zahllose Stunden damit, Muster herauszuarbeiten und Hypothesen zu diskutieren.

Ein weiterer Dank geht an das Rockefeller Study Center in Bellagio am Comer See in Italien, wo ich im Frühjahr 1992 im Rahmen eines Forschungsstipendiums die Aufgaben der Ehe formulierte und die zentralen Gedanken dieses Buches entwickelte. Außerdem möchte ich dem *American Journal of Orthopsychiatry* für die Erlaubnis danken, hier Material aus meinem Artikel »Early Psychological Tasks of Marriage, Part 1« vom November 1994 abzudrucken.

Meinem siebenjährigen Enkel Benjamin Tucker Friedman danke ich für seine Hinweise zu den Spielsachen, mit denen Kinder sich heute gern beschäftigen.

Sandra und ich sind Katrina Kenison sehr dankbar für ihre sorgfältige Lektüre des Manuskripts. Das gleiche gilt für Peg Anderson, die dieses Manuskript einfühlsam bearbeitete, und ihre Assistentin Barbara Lehman.

Größte Hochachtung habe ich vor der Sensibilität und dem Wissen von Irene Williams, der Pressechefin von Houghton Mifflin. Sandra und ich bedanken uns herzlich bei unseren Agentinnen Ginger Barber und Carol Mann für ihre wohlüberlegten Ratschläge und ihre unermüdliche Unterstützung. Besonderer Dank gebührt John Sterling, unserem Lektor, für seine bemerkenswerte Ruhe, seinen unerschütterlichen Humor, sein Einfühlungsvermögen und seine hervorragenden Vorschläge.

Zum Schluß möchte ich mich noch bei meinem Mann Robert bedanken, dessen Liebe, Ermutigung und Vertrauen in mich seit über vierzig Jahren alle Teile meines Lebens durchdringen.

Judith Wallerstein

Liebe – Ehe – Partnerschaft

Aaron T. Beck
Liebe ist nie genug
Mißverständnisse über-
winden, Konflikte lösen,
Beziehungsprobleme
entschärfen · dtv 35082

Alexandra Berger,
Andrea Ketterer
**Warum nur davon
träumen?**
Was Frauen über Sex
wissen wollen
dtv 20017

Barry Dym,
Michael L. Glenn
**Liebe, Lust und
Langeweile**
Die Zyklen intimer
Paarbeziehungen
dtv 35132

Erich Fromm
Die Kunst des Liebens
dtv 36102
**Liebe, Sexualität und
Matriarchat**
Beiträge zur
Geschlechterfrage
dtv 35071

Karl Grammer
Signale der Liebe
Die biologischen Gesetze
der Partnerschaft
dtv 30498

Hugh Mackay
**Warum hörst du mir
nie zu?**
Zehn Regeln für eine
bessere Kommunikation
dtv 36546

Anne Wilson Schaef
Die Flucht vor der Nähe
Warum Liebe, die süchtig
macht, keine Liebe ist
dtv 35054

Peter Schellenbaum
**Die Wunde der
Ungeliebten**
Blockierung und Verle-
bendigung der Liebe
dtv 35015
Das Nein in der Liebe
Abgrenzung und Hingabe
in der erotischen
Beziehung
dtv 35023
**Aggression zwischen
Liebenden**
Ergriffenheit und Abwehr
in der erotischen
Beziehung
dtv 35109

Laurie Schloff,
Marcia Yudkin
Er sagt, sie sagt
Die Kunst, miteinander
zu reden
dtv 36529